企业外包手册

(美) 道格拉斯·布朗 (Douglas Brown) 斯考特·威尔森 (Scott Wilson) 著
逸文 果东 夏翔 译

THE
BLACK BOOK
OF
OUTSOURCING

中国财政经济出版社

图书在版编目（CIP）数据

企业外包手册/（美）布朗（Brown，D.），（美）威尔森（Wilson，S.）著；逸文，果东，夏翔译．—北京：中国财政经济出版社，2007.10

书名原文：The Black Book of Outsourcing

ISBN 978-7-5005-9942-5

Ⅰ．企…　Ⅱ．①布…②威…③逸…④果…⑤夏…　Ⅲ．企业管理—经营决策—手册　Ⅳ．F272.3-62

中国版本图书馆 CIP 数据核字（2007）第 069392 号

著作权合同登记号：图字 01-2005-6207

中国财政经济出版社 出版

URL：http：//www.cfeph.cn

E-mail：cfeph @ cfeph.cn

社址：北京市海淀区阜成路甲 28 号　邮政编码：100036

发行处电话：88190406　财经书店电话：64033436

北京财经印刷厂印刷　各地新华书店经销

787×1092 毫米　16 开　21.25 印张　455 000 字

2007 年 10 月第 1 版　2007 年 10 月北京第 1 次印刷

定价：53.00 元

ISBN 978-7-5005-9942-5/F·8635

（图书出现印装问题，本社负责调换）

序　言

> 我们需要想方设法提高劳工的工作技巧，并进一步在国内外开拓市场。
>
> ——美联储主席，阿兰·格林斯潘

离岸外包，又称为“海外外包”，通常是指为了利用海外廉价的劳动力，而将产品或服务的生产和提供流程交给海外的供应商来完成。在过去的十年里，西方国家与发展中国家签订了越来越多的业务流程外包合同，因为这些国家——特别是印度和中国——的技术工人，愿意领取比发达国家——如日本——的同等水平的技术工人低得多的工资，来完成同样的工作（离岸外包之所以可行，通过低工资节省的成本高于企业不断增长的经营管理成本和相关的风险这一基本前提必然成立）。但是，在20世纪90年中后期，当高薪的专业工作，如电脑产业的专业技术工作也开始被频繁地外包到海外时，发达国家的许多人士开始发出了反对的声音。

于是乎，离岸外包逐渐发展成为企业员工、企业的行政主管人员与政客们讨论和争论最多的问题，也成为全球媒体广泛报道的热点问题。当美国经济在2001年逐渐走出低谷，但失业率却并没有像预期的那样呈现下降趋势时，离岸外包开始被人们指责为高失业率的罪魁祸首，而这段时期的经济复苏也被人们称为“失业的复苏”。例如，在IT业，特别是在软件开发领域，许多美国程序员就是因为公司把业务外包给了低成本的外国技术人员而失去了工作。但是，最近有许多经济学家指出，失业率高于预期并不是因为业务外包海外，而事实是，离岸外包已经对美国经济产生了积极的影响。

历史观察

亚拉巴马州奥伯恩大学教授外包历史的讲师吉姆·瑞恩最先提出了这一观点。瑞恩曾是美国一家企业的高级行政主管。在IT企业开始将业务外包到海外时，他离开了企业界，开始进入高等学府深造，其中包括完成了信息管理系统博士学位。如今，瑞恩已经是电脑科技、决策管理系统和科技应用等研究领域颇负盛名的专家学者。他认为，外包的发展经历了一个逐渐演变的过程，而如今正对全球科技人才市场产生着积极的影响。在瑞恩看来，如今人们对业务外包的恐惧，就好象是20世纪早期人们对工业革命产生恐惧一样。例如，在20世纪初期，全美劳动力的40%都在从事农业生产，而今天，美国从事农业生产的人数只有总人口的2%，而食物的产量却远远高于20世纪初期。[①] 瑞恩进一步解释道：毫无疑问，这种转变对许多农夫来说将是十分痛苦的，但他们的子孙后代将会因为这一转变而过上更好的生活。最初，先进生产技术的应用只会令部分仍然坚持从事农业生产的农户受益，但竞争会使因为生产技术进步而产生的剩余财富在全国范围内得到摊分。这种竞争的结果将是，人们购买食品的费用将大大降低，从而有机会将多余的资金用于开发各种其他的产品。

瑞恩的学生们很快认识到，决定他们工资收入的，不是他们在公司的职位高低，而是他们所拥有的技能和使这些技能能够充分发挥所需要的资金的多少。以开放的态度对待产品和服务的外包行为，可以使我们的技能得到更好的发挥，也能够使我们所拥有的资金发挥更大的效能。在生活中，我们获得某件物品的方式有两种：一种是亲自动手制作这件物品；一种则是让别人先制作出这件物品，然后我们再通过购买的方式得到这些物品。如果从别人那里购买这件物品的所需的成本比你自己动手制作这件物品所需的成本更低，外包也不失为一个合情合理的选项。集中精力在你所擅长的领域，而把其他的业务交给其他人去完成，将会创造出更大的财富。

在目前的外包市场上，如果印度经济一直能够提供低薪的劳动力，那里的电脑程序员能够比美国的电脑程序员以更低的成本编写出同样的程序语言，我们将电脑程序编写的工作外包到印度并没有什么不妥。这与从国外进口电视机，而将我们自己的人力资源用于其他更有效率的领域；或是发明一种新的生产技术，使产品的制造成本大幅降低又有什么不同呢？这也就是所谓的低投入、高产出的原理。在过去的100年里，美国经济发展正是遵循着这样的规律，它将指引我们创造更大的财富。

在课堂上，瑞恩列举了20世纪早期日本的案例。当时，美国民众对于从日本采购商品也曾经进行过激烈的反对；但最终美国坚持了自由贸易的主张，而那些杞人忧天者被证明是错误的。日本并没有偷走美国人的就业机会，也没有毁掉美国的经济。美国的就业率实现了稳步的增长，人们的收入也稳步增加，并进一步刺激了美国从日本和其他国家购买价廉物美的商品。而同一时期，日本的经济出现了停滞不前的迹象。瑞恩总结道，今天担忧外包会对美国经济产生不良影响的观点也是错误的。他同时提醒奥伯恩大学的学生们，平日里应该多点关注业务外包给经济和就业市场以及IT产业带来的转变、挑战和机遇。正是因为瑞恩的远见卓识，奥伯恩大学信息系统专业的学生们由于对信息系统管理以及外包市场的深入理解，在毕业后纷纷成为深受企业欢迎的人才。

---

① "International Trade and Globalization"《Hoover Digest》，2004年春季刊，第1~5页。作者：Joseph M. Miller、Daan Joubert、Marion Butler.

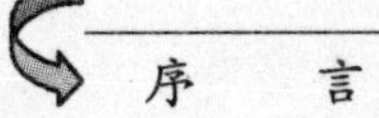

反驳对于业务外包的不实指控

与其他争议性话题一样，关于业务外包的种种谣传在公众间的流传范围也相当之广，这些谣传多半建立在恐惧、前后矛盾的信息和不真实的信息之上。因此，在正式对业务外包活动展开讨论之前，有必要对这些“不实的指控”进行驳斥。

1. 不实指控之一：外包意味着雇用国外的工人，永远取代本国员工的工作岗位。

事实真相：外包指的是聘请独立的承包商来完成企业的某些业务，这些承包商并不一定来自其他的国家。离岸外包才是指将某些业务转交给海外承包商完成的企业行为。许多发达国家的企业会为外包海外的业务编制特定的预算；也就是说，在这种情况下，本国企业员工的工资待遇和工作量并不会因为某些业务被外包到海外而发生变化，发生变化的只不过是他们所从事的工作的种类。

2. 不实指控之二：只有大型企业才会考虑业务外包的经营方式，小型企业将无法从这种经营活动中获得任何好处。

事实真相：在过去，的确只有大型企业会在本国或海外聘请外包服务供应商为其提供部分业务外包的服务，但随着越来越多的企业开始采用这种经营方式，中小型企业也逐渐开始看到业务外包行为所能带来的好处。许多外包服务供应商现在都已经开始针对小型企业提供特别设计的服务项目。事实上，小型企业与大型企业的经营目标是一致的，那就是，以最低限度的成本投入，换取最大的利益。如果不能以积极进取和开放接受的态度对待业务外包行为背后所能带来的种种好处，企业就将面临经营失败的风险。

3. 不实指控之三：关于业务外包，还有第三条不实指控，同时这也是流传最广的一个谬论，即：外包不利于美国的国家利益。

事实真相：在此，我们特别引用美国信息技术协会（Information Technology Association of America，ITAA）出资赞助，由市场调查公司 Global Insight 完成的一份调查报告，对这一不实的指控进行驳斥。调查报告的结论是，业务外包符合美国的国家利益和美国劳工的利益。[①]这份公布于 2004 年 3 月的调查报告指出，软件开发和信息技术外包海外的行为不仅拉动了美国的 GDP 增长，同时也在美国本土创造了大量的工作机会，其中也包括信息技术领域的工作机会。包括 IBM、Electronic Data Systems、Accenture 等大公司在内的美国信息技术协会的会员企业，都已经开始将部分业务外包到诸如印度等工资较低的国家。

报告还指出，虽然将信息技术软件和服务外包海外的行为的确已经、并且还将进一步造成美国本土软件开发和服务类工作岗位的流失，但由此得到改善的、新的经济行为将会创造出更多新的工作机会，其中也包括信息技术产业的新的就业机会。随着业务外包海外所带来的诸多好处逐渐积累，美国的整体经济构成将会变得更加高效合理，因此而获得的更大的经济产出将成倍地创造出多于流失工作岗位的就业机会，而工薪阶层的平均收入也将得到相应提高。

报告还提出了以下统计数据：在2003年美国企业用于信息技术软件开发和服务的支出总额中，属于离岸外包业务支出的金额占2.3%；这一比例在2008年预计将增长为6.2%。于此同时期，离岸外包所节省的企业开支总额，将由67亿美元，上升为209亿美元。报告预计，离岸外包所节省的成本，将会有效地降低美国的通货膨胀，提高美国企业的生产力，降低银行利率，并因此促进美国的经济和提高居民的平均购买力。报告中列举的其他值得注意的统计数据还包括：

• 2003年，业务外包海外的行为使美国的实际国民生产总值增加了336亿美元。

• 到2008年，美国的实际国民生产总值预计将达到1242亿美元[①]，这一数字高于不考虑信息技术软件开发和服务外包海外的经济环境下所能创造的国民生产总值。

• 美国企业2004年投入医疗处方和微技术研究等各项离岸外包活动的资金为160亿美元。这一数字在2008年预计将增加到310亿美元。

• 企业将部分业务外包海外的行为于2003年在美国创造了90000个新的工作职位，预计在2008年，离岸外包将会在美国本土创造317000个新的就业机会。

• 将软件开发和服务业务外包海外将会降低美国的通货膨胀率并提高美国的生产力，从而使美国工薪阶层的实际工资收入得到提高。

下表所展示的，是对2002年到2008年间，业务流程外包服务市场所创收入进行预测的结果（单位为百万美元）：

	2002	2003	2004	2005	2006	2007	2008
业务流程外包市场	$110167	$121687	$131171	$143090	$157033	$300000	$600000

重新看待关于业务外包海外的争论

业务外包行为究竟对美国、英国、欧洲和日本——具体地说，对这些国家的工薪阶层和整体经济——造成了多大的影响呢？在20年前的美国，汽车制造业和其他制造行业高薪工作职位的流失曾一度引起了人们对国家经济整体崩盘的疑虑。但是，虽然这些职位的流失给相关当事人造成了极大的痛苦，但是由此换来的经济的强势增长和科技的不断创新，给美国带来了更多更好的工作机会。

许多经济学家认为，如今业务外包海外的行为，正在重新上演当年制造业工作职位流失的历史。而也有一些人认为，今天企业将高技能服务性工作岗位外包海外的行为，与当年的历史有着根本性的不同，因此有可能给发达国家的经济带来更大的风险。不错，IT业的某些从业人员因为来自其他国家受过良好教育的程序员和软件工程师的竞争，正在失

① 此数字有误。据《世界2007年鉴》“通过数据看世界”预计：2007年美国的GDP将达到13.98万亿美元。见《世界2007年鉴》，中国财政经济出版社2007年1月版，第103页。——编者注。

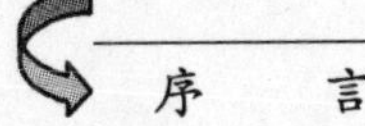

去以前的工作。但是随着经济形式和规模的发展演变，生产技术的创新将会创造出更多的工作机会。

当然，外包会在短期内使发达国家的失业率有所上升，但是，那些指责业务外包行为是导致工作机会流失的罪魁祸首者没有看到，如今的商业经营环境和经营法则正在发生着下列的变化：

1. 经济规模正在由国内经济转变为全球经济；
2. 企业间的竞争正在由人力资源的竞争转变为科学技术的竞争；
3. 市场环境正在从由商业企业为主导的市场转变为由消费者为主导的市场；
4. 经济体制正在由工业经济体制向知识经济体制转化；
5. 雇主与员工之间的关系也在发生变化；
6. 采购商和供应商之间的关系和监管模式也在发生着变化。

对业务外包持批评态度的人只看到某些传统行业工作职位的减少，而没有认识到在新兴行业中工作职位的增加。事实上，不少权威经济学家和企业的高级行政主管都认为，业务外包是发达国家经济重新走上复兴轨道的必经之路。美联储主席阿兰·格林斯潘也是其中一员。他认为，外包在帮助企业适应经济全球化大趋势方面，将会发挥巨大的作用。在大西洋的另一端，英国政府高级经济专员迈克尔·阿瑟爵士在 2004 年 9 月就英国工会组织抗议离岸外包问题发表声明时指出，英国政府不会参与任何措施限制离岸外包。英国首相与印度总理为了商讨两国间进一步发展商业合作而举行的特别会谈，更加巩固了两国间在业务流程外包方面的联系。

为何选择印度

印度已经成为美国和英国许多企业寻求多种外包服务的理想目的地。其中的原因并不难理解。首先，印度是仅次于美国的第二大英语国家，拥有 2.7 亿受过教育的人力资源。[①]此外，在美国和英国企业的支持协助下，印度的外包服务市场——尤其是信息技术开发服务市场——已经日渐成熟。另外，印度在 1991 年出台了一系列引进外资和鼓励技术转让的产业政策，取消了之前一系列限制外资的法规。十几年来，外商对印度的直接投资增长已经超过了 50 倍。

同样值得一提的是，虽然印度的基础设施十分薄弱，但当地的企业已经在信息技术产业找到了适合自己的舞台，使该国成为世界顶尖软件出口大国。印度的班加洛市是许多信息技术外包服务企业和世界级软件开发企业的总部所在地。2003 年，印度全国软件产品的出口总额为 95 亿美元，而班加洛市当年的软件产品出口额就高达 25 亿美元。[②]

此外，向其他国家和地区推广本国的信息技术服务，已经成为印度政府的首要工作内

① 印度政府教育部，www.education.nic.in，2004 年 12 月。

② 印度政府工业部，www.smallindustryindia.com/policies/iip.htm # indus6，http：//siadipp.nic.in/publication/nip0791.htm，1991 年 7 月。

容。创建于1999年的印度信息技术部已经开始着手制定在政府和私营企业普及信息技术的计划。印度的许多大学也纷纷开始提供完善的信息技术教学课程，每年从印度大专院校毕业的软件工程师的人数已经超过7万人。

越来越多的美国和欧洲企业选择将客户服务业务外包到印度，主要是为了充分利用那里的廉价劳动力、快速发展的高科技以及每年以200万人递增的、英文熟练的大专院校毕业生。根据耶鲁大学的预测，到2015年，全球会有330万份白领工作被外包海外，而其中超过一半会被外包到印度。[①]

国 富 论

不可否认，美国和其他发达国家的工薪阶层如今对商业企业将公司业务外包海外的行为感到十分焦虑；但这种焦虑和对业务外包行为的指责，已经远远超过了业务外包本身所应承担的责任。亚当·斯密在他于1776年完成的传世之作《国富论》中已经强调指出："屠夫、酿酒商和面包师为我们提供食物和饮料并不是出于慈悲和善心，而是因为这样做符合他们的利益。"正是在亚当·斯密这一思想的指引下，如今的许多商业企业选择了进入国际市场，通过最大程度地发挥自身资源的能量争取最大的商业利益。只有尽可能地提高企业的利润，商业企业才有可能保持自身的竞争优势，而消费者才有可能购买到更加便宜的产品和服务，即花费更少的金钱，换取更高的生活品质。

① 耶鲁大学全球化研究中心，http://sharif.edu。

目　录

导 论

外包：机遇与挑战

外包行为日趋普遍，但我们应看到，长远来说它可能有利于我国经济的发展。它不过是国际贸易的一种新的表现形式。

——Gregory Mankiw，白宫经济顾问委员会主席，参见2004年总统经济报告

或许你与全球各地的许多商业人士一样，正在积极地探寻应该如何业务外包的工具，充分把握企业所面临的机遇，或战胜企业所面临的挑战——这可以说是一项十分重要，但又很难完成的任务。我们都知道，想要找到一个真正正确的解决方案并非易事。而我们写作本书的目的，就是要帮助读者做到这一点。我们更希望读者能够通过对本书的阅读，在围绕业务外包所展开的各种政治色彩和情感色彩浓重的争论声中，真正了解业务外包的真谛。我们的前人适应了生产技术分速发展和企业经营效率大幅提高所带来的重大变革，我们也能做到这一点。

不论读者您是负责企业外包业务的经理人、正在寻找与外包业务相关工作的求职者、企业家、风险基金投资人，还是正在考虑将部分业务外包是否会对公司的盈利造成影响的小型企业业主，我们都希望能够从个人、公司和企业经营战略的角度，对您把握业务外包的机遇和战胜相关的挑战提出我们的建议。通过阅读本书，您将有机会在全球经济环境发生重大变革的今天，帮助指引您周围的企业或个人迈向更加美好的明天。

人们对外包概念至今认识模糊的原因之一在于，虽然外包正在成为一种主流的企业经营管理模式，但针对业务外包行为展开的分析研究活动却相当不足。对于外包某项业务或某类业务流程进行评估，对外包服务供应商的资料和他们的生产能力进行了解，对生产供应链中各级企业的需求进行调查研究，对外包服务供应商进行同行业类比，对外包服务的地点进行评估所需的信息还显得十分缺乏。遗憾的是，正是由于这些相关信息的匮乏，许多企业正在犯下严重的错误。例如，许多企业在决定将某些业务外包之前，往往都没有进行必要的市场调查和评估，这会很容易使它们为此支付不必要的高额成本。我们写作本书

的目的也正是要帮助读者尽量避免犯下各种业务外包过程中的常见错误。

随着越来越多的企业在经济全球化的大环境中做出将业务外包到海外的选择，企业中负责挑选外包服务供应商的专业管理人员自然需要承担起最大限度地发挥企业现有资源的责任。本书将为这些专业的管理人员提供循序渐进式的指导，以帮助他们更好地认识业务外包的管理流程；同时，我们也将在本书中为他们提供大量的、关于世界顶尖的外包服务供应商和相关就业机会的信息。

如何把握业务外包所带来的变革有可能会是一件十分复杂而艰巨的任务，这一点对于企业的管理层、求职者和希望在业务外包领域创业的企业家来说，都是如此。一项针对将部分业务外包的企事业机构进行的调查显示：

1. 53%的受访企业表示，由于公司缺乏项目管理的技能（如公司缺乏富有经验的外包业务监管人才），企业在业务外包过程中遇到了不少挑战。

2. 58%的受访企业表示，公司缺乏对外包业务进行明确定义的机制。

3. 58%的企业表示，它们没有对外包业务进行准确监控管理的标准。

Global Outsourcing Partnership（www.outsourcingpartnership.com）搜集的数据显示：

4. 到了2008年，外包海外的信息技术服务业务将超过170亿美元。

5. 国际战略咨询公司Celent预计，未来美国银行业和证券业会有230万份工作被外包到海外。该公司预言，到2010年，银行业和证券业企业会将价值175亿美元与经营和技术开发相关的预算用于海外。

6. 在2005年，会有80%的美国企业将某项业务外包出去。Meta集团预计，到2005年底，将有80%的企业把某项与信息技术相关的业务外包给企业外的服务供应商去完成。不过，Outsourcing Price Guide所编制的报告也警告说，在这些发包企业中，70%的企业在针对外包协议的服务内容和合同期限进行重新谈判时，都需要付出比之前签定第一份协议时更大的努力，才能取得比较理想的谈判结果。

7. 85%的外包协议都需要进行重新谈判。Gartner市场调查公司的分析家指出，在2001年至2004年底期间签定的外包协议，有85%的协议都会因为原协议无法满足发包企业的长期发展目标，而不得不在3年之内对其进行重新谈判和修改。

8. 业务流程外包的趋势还将不断发展。Gartner市场调查公司发布的最终调查报告预言道，至2005年，将部分业务外包的企业数量将增加30%，而提供信息技术外包服务的企业的数量则将会增加40%。在2004年间，虽然整体用工人数面临下降的趋势，但仍然会有80%的企业将考虑将部分业务外包给国内外的外包服务供应商。而在这些企业中，又会有80%的企业会因此而增加员工的人数，员工人数增加的比例甚至可以达到30%。

9. Gartner市场调查公司预计，业务流程外包活动的业务量——包括发包业务量和承包业务量——在印度还将获得迅猛增长。全球外包市场如今的业务总额为1730亿美元，到2007年时，其业务总额预计将增长277亿美元。届时，印度将从提供业务流程外包服务中额外获得138亿美元的收入，占新增业务总额的49%。这一预期来自于Gartner公司进行的一项调查。该项调查显示，在未来的两年里，有19%的美国企业会考虑将部分业务进行外包，而目前只有1%的美国企业在这样做。

10. 市场调查公司 IDC 预计，到 2008 年，欧洲企业业务外包总额将达到 96 亿美元，其中主要是财务和会计业务外包，其业务总额将从现在的 51 亿美元，增长到 96 亿美元。

11. 在印度班加洛举行的一次外包研讨会上，专家预计，全球外包业务将以每年百分之七的比例健康成长，预计业务总额将在 2007 年达到 12000 亿美元。届时，这些业务将主要操控在几家主要的外包服务供应商手中。

12. 最新的调查研究显示，到 2015 年，美国本土将有 340 万个工作职位被外包海外，这一预测数字比上一年的预期增加了 10 万。Forrest 研究中心预计，到 2005 年底，美国将有 83 万个服务业工作职位被外包到工资水平较低的国家，主要为中国、印度和墨西哥等国。

13. 新闻报道显示，至少有价值 7500 万美元的政府项目被外包到海外执行。

14. 一份由普华永道完成的调查报告显示，到 2010 年，加拿大将因为离岸外包损失约 75000 份信息技术业的工作职位；不过，它同时也会从美国承接到大量外包的订单，并因此而增加 165000 个工作职位。

15. 研究显示，排名世界前 15 位的金融服务机构将会大幅增加它们将信息技术业务外包的比例。预计相关业务额将从现在的每年 16 亿美元，增长到 2008 年的 38.9 亿美元，平均年增长率为 34%。

16. 美国政府可以外包 90 万份工作。政府对私营企业开放项目意味着将出现 700 亿美元的商机，只不过政策中仍然存在的不确定性，使得政府外包项目究竟会有多大规模较难预测。政府官员估计，大约有 90 万个联邦政府的工作职位适合外包，而布什政府的有关人员称，他们希望到 2004 年 9 月时，能够让一半适合外包的政府项目实现对外招商。

17. 在 2004 年，40% 的 IT 企业已经实现了部分业务的外包或开始考虑业务外包的可行性。根据 Gartner 公司的调查分析，在 2004 年，会有 40% 的 IT 企业会开始认真考虑是否要讲部分业务外包，或已经把部分业务外包到了海外。

18. 加工制造业的企业在 2005 年会将外包部分的业务增加 9.3%。根据 AMR 公司提供的调查报告，加工制造业企业的业务外包比例在 2005 年会实现 9.3% 的健康成长。企业对 IT 技术的投资将集中在供应链的改造和吸引有潜力的新客户等方面。调查显示，受访企业目前已经有 25% 的 IT 业务实现了外包，而有 53% 的受访企业表示，它们还将继续增大 IT 业务外包的比例。在此基础上进行的预测表明，制造业企业业务外包总额在 2005 年将实现 9.3% 的增长。

19. 从现在起，到 2007 年，印度将会失去其在业务流程外包市场所占的份额。Gartner 公司预计，到 2007 年，印度在业务流程外包领域所占的市场份额将从现今的 80%，下降到 55%。

20. 在所有美国劳工失去工作的案例中，只有 2.5% 是由于业务外包海外所造成的。美国劳工部宣称，在 2004 年第一季度，美国共有 182456 人失去工作超过一个月以上，而其中只有 2.5% 的失业人员是因为原先的职位被外包海外而丢掉了工作。另外，因原先的工作被外包给本土的其他企业而失业的人数为 9985 人，占失业总人数的 5.5%。

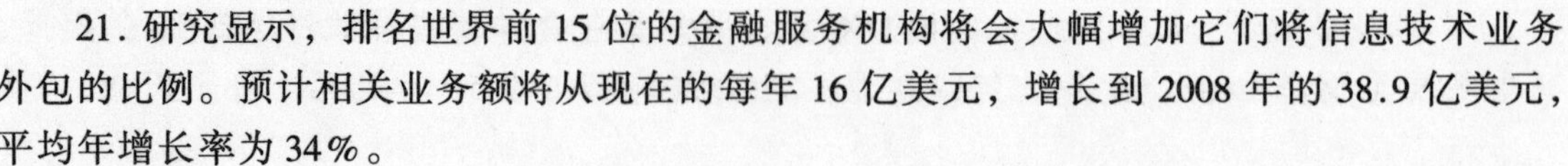

21. 研究显示，排名世界前15位的金融服务机构将会大幅增加它们将信息技术业务外包的比例。预计相关业务额将从现在的每年16亿美元，增长到2008年的38.9亿美元，平均年增长率为34%。

22. 德勤会计师事务所预计，到2008年，美国电信业的550万工作职位中，将有275000个职位被外包到海外。在未来的四年里，美国电信企业将通过把5%的工作职位外包到诸如印度、爱沙尼亚和阿根廷等国的方法，实现节约开支145亿美元的目标。

23. 86%的美国企业将提升业务外包海外的比例。根据位于美国芝加哥的DiamindCluster管理咨询公司的调查报告，大约86%的美国企业计划提高它们业务外包海外的比例。它们认为，业务外包海外会帮助企业节省10%～20%的成本，这一比例比前几年50%的预期要低了很多。大约85%的发包企业和81%的外包服务供应商表示，它们担心立法和政治压力会对妨碍它们将业务外包海外的经营战略。

24. Santa Clara大学商业月刊的最新调查显示，下一轮的业务外包浪潮将主要围绕企业的研发部门展开。这项调查的对象是各类企业的高级行政主管和部门经理。Santa Clara大学教授Robert Henderschott在接受Internetnews.com访谈时表示，虽然企业研发部门的业务之前并没有象生产加工部门和客户服务部门的业务那样被广泛地外包到海外，但越来越多的迹象表明，下一轮的业务外包浪潮将围绕企业的研发部门展开。

正如上面的数字所显示的那样，企业如果不能对外包业务进行妥善的管理，将不仅会花费更多的金钱，同时也将得不到任何的好处。客户对企业将业务外包的行为也会产生疑问，从而最终导致业务外包尝试的失败。

外包与其他流行的商业现象有何不同

要想令业务外包活动取得成功，首先必须要清楚地了解外包和其他流行的商业现象究竟有何本质的不同，了解它有可能给企业带来更大潜在风险的事实。我们必须要面对这样一个现实：在过去几年里美国和英国被裁减的白领职位中，大部分职位一经失去，已经永远不会再重新出现在原有的企业中。随着这一“新经济”模式的发展演变，如今的焦点已经转向了低成本资源在全球范围内的外包。而过去的地区性贸易协议，如北美自由贸易协定（NAFTA），则已经开始失去了其存在的意义。如果您对此还存有任何疑虑的话，不妨看一看针对20家欧洲大型企业展开的调查研究的结果：有75%的企业对离岸外包和近岸外包的投入，在2005年之前将会大幅增长；在欧洲的信息技术服务产业中，外包服务所占的比例将从2002年的29%，上升到2005年的43%。在2004年以后，业务流程外包占信息技术服务业务的比例将获得比其他相关业务迅猛得多的大幅提升。发包企业对技术创新和业务管理过渡的严格要求，将会使市场上出现越来越多的外包服务供应企业。

确凿的证据显示：以往人们赖以寻找工作、创办企业或领导企业的许多经验，如今已经不再适用。外包业务的复杂性正在给企业经理人和专业人士们的工作岗位带来极大的挑战。如果经理人和专业人士们未能及时更新自己的学识和相关工作技能，他们的工作将会被其他具备相关知识的专业人才所取代。

如果您还不相信业务流程外包正在成为一个改变全球商业管理模式的发展趋势，以下由专业调查机构提供的预测数据想必可以令您信服：

1. 2003 年，离岸外包占全球业务流程外包业务的比例只有 1%，但到了 2007 年，这一比例将达到 14%。

2. 全球外包市场预计将以每年 7%的速度健康成长，并在 2007 年达到 12000 亿美元。

根据普华永道公布的调查报告，在接受调查采访的超过 100 家年收入平均在 44 亿美元以上的顶级美国企业中，许多企业都选择了业务流程外包的经营模式。接受访谈的美国企业高级行政主管，有 73%表示，他们所在的企业至少在将某一项业务流程外包给企业外部的外包服务供应商。

普华永道会计师事务所针对全球顶尖企业行政主管的这项调查研究活动，是第一次针对数十亿资产的跨国企业的业务流程行为展开的调查。Yankelovich Partners 调查公司受普华永道委托开展的这项调查活动，就企业高级行政主管对各类业务流程外包行为——尤其是财务会计服务外包的行为——的态度和表现，进行了深层的调查分析。

这项调查活动的对象是来自 19 个国家的 304 位拥有决策权的企业高级行政主管，其中有企业的首席执行官、总裁、财务总监、业务总监以及企业的信息总监。在这些受访企业中，共有 192 家企业（占受访企业总数的 63%）表示正在将一项或多项业务进行外包。而在这些企业中，有 41%的企业已经将公司的财会业务、内部审计业务和税务申报业务进行了外包。超过 300 家来自美洲、欧洲、亚太地区和南美洲的企业参与了这次调查。调查结果显示，全球企业的行政主管们对业务流程外包的兴趣越来越浓厚，而业务流程外包也越来越成为企业的一种重要的战略手段：

业务流程的名称	目前被外包情况（%）	所有受访的行政主管们认为最适合被外包的业务（%）
人力资源管理业务	42	59
财会业务	41	70
工资管理业务	37	70
不动产管理业务	32	65
采购业务	15	33

越来越多的企业高级行政管理人员开始意识到用较少的资源投入换取最大的业务成长的重要性。因此，他们纷纷开始考虑将包括财会业务在内的非核心业务流程实行外包。

对业务流程外包的态度	目前正在将财会业务外包的企业所持的态度（%）	所有受访企业的态度（%）
业务流程外包可以使企业将更多精力集中于企业的核心业务。	94	86
业务流程外包可以使企业不必对人力资源和技术资源进行过多的投资，也可以同样实现提高企业经营效率的目的。	85	76
业务流程外包可以使企业活动更多的盈利，从而有效地提升股东价值。	77	66
业务流程外包可以使客户获得更好的服务。	63	48

对业务流程外包的满意度	正在将财会业务外包的企业（%）	所有将部分业务外包的企业（%）
感到满意的企业	84	84
感到不满意的企业	13	10

超过八成（84%）将财会业务外包的企业对它们所获得的服务感到满意。在这些行政主管中，有三分之一的人表示，他们所在的企业正在考虑将其他业务流程也进行外包。

业务流程外包的三大战略优势	正在将财会业务外包的企业（%）	所有将部分业务外包的企业（%）
保持企业的竞争优势	80	67
有利于企业将精力集中于核心业务	79	75
提高服务质量	77	70

Yankelovich Partners公司的调查结果显示，业务流程外包对企业盈利水平的影响，已经开始受到企业高级管理层的注意。越来越多富有远见的企业首席执行官和财务总监开始将业务流程外包当作提高企业竞争力、盈利能力和股东价值的有力工具：

• 调查显示，84%的大型企业首席执行官们对他们讲公司的部分业务进行外包的经历感到满意。

• 企业界对外包的看法已经发生了重大转变。之前，人们认为外包不过是企业为了在短期内节省成本的权益之计，但如今，已经有越来越多的企业将外包看作是帮助企业实现和保持竞争优势的重要战略手段。

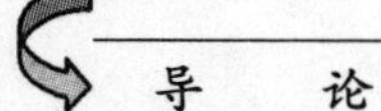

就业务外包管理赋予企业行政主管更多的权力

Michael F.Corbett & Associates Ltd. 公司对超过五百位企业行政管理人员进行的调查访谈发现：

1. 每4家企业中，就有1家企业表示，它们将会把用于业务外包的投入增加至少25%以上。

2. 企业在业务外包方面的投入占企业预算的比例，将会由今天的16.4%上升到19.5%。

3. 业务发展变动比较活跃的企业，如电信企业、高科技企业和专业服务机构，已经把超过40%的业务进行了外包。

4. 寻找创新技术已经被当今的企业视为业务外包的最主要的战略手段。

虽然全球经济整体呈现减缓的趋势，但业务流程外包服务业务依然继续保持着健康稳健的增长。预计在2007年以前，业务流程外包服务业务在全球范围内都将保持9.5%的年增长率。

下列图表对不同行业的业务流程外包业务从1999年到2004年的发展变化趋势进行了对比。

1999年全球业务流程外包市场——按业务性质划分（2080亿，单位：美元）

加工制造服务：49%

分销/物流服务：15%

销售/营销/客户服务：5%

行政管理服务：4%

财务会计服务：6%

人力资源管理服务：13%

付款服务：8%

2004年全球业务流程外包市场——按业务性质划分（5430亿，单位：美元）

加工制造服务：44%

分销/物流服务：15%

销售/营销/客户服务：7%

行政管理服务：4%

财务会计服务：7%

人力资源管理服务：14%

付款服务：9%

自工业革命以来，外包（之前被称为“分包”）已经通过提高相关业务的工作效率，帮助成千上万家企业实现了提高经营利润的目标。几乎每一家美国和欧洲企业都在将公司的某一种业务进行外包，有时甚至连这些企业的内部员工也没有意识到这一点。例如，如今的大型企业已经很少会在美国或英国本土建造加工制造工厂；中国、东欧、印度、菲律宾和中国台湾等国家和地区才是这些企业选择厂址的首选地点。随着互联网和卫星等跨洋通讯技术的飞速发展，企业可以投入更少的人力去完成更多的工作；通讯技术的发展同时也有效地缩短了学习新技术的时间。美国和大多数欧洲国家的企业可以通过将软件开发、财务研究和客户服务等业务外包海外的做法，轻易地节省35%～50%的人工成本。

显然，将公司的部分业务外包而令剩下的内部员工去完成能够创造更大价值的工作，是最符合企业利益的做法。

在未来的10年里，企业将会有大量的经营管理类、技术维护类和行政管理类的业务被外包到海外。在20世纪80年代，属于生产制造业的一系列经营活动被外包到海外；在20世纪90年代，信息产业供应链的许多经营活动——包括信息技术和应用软件开发和维护——开始移向海外。如今，更多的行政管理类经营活动开始被外包到海外。在下一轮的业务外包发展潮流中，多项需要专业技术和知识作为后盾的业务——如人力资源管理业务、远程医药咨询业务、高级会计服务业务和高端的信息技术设计业务，将很有可能继以上各类业务之后，被外包到海外。

我们的会员们相信，外包——而不是设法使企业自身拥有完成相关业务的资源和人力——仍将是企业从事多种经营活动的最佳模式。外包并不意味着相关的业务一定会被外包到海外。离岸外包只不过是业务外包行为中的一个组成部分而已。外包服务供应商既有可能在发包企业所在国本土提供服务，也有可能在海外提供服务，有时也会选择在海内外同时提供服务的运作方式。发包企业需要外包服务供应商最终在什么地点提供服务，将取决于包括客户好恶在内、但绝不仅至于此的多种因素。

——Harris Miller，美国信息产业协会（ITAA）总裁，该协会拥有超过四百家在IT行业的各个领域从事经营活动的企业会员。（资料来源：参议院民主政策委员会听证会，2004年3月5日。）

关于外包的论点争议

从单纯的资本主义的角度出发，业务外包是一项很好的选择。注重经营成本、产品/服务质量和企业经营表现的公司可以借此最大程度地提高企业的竞争力，获得最大的商业利润，同时降低全球各地的消费者购买相关产品与服务所花的费用，并且提高低工资国家人民的生活水平。不利的一面是，高工资国家必须认真面对因为业务外包海外而造成的失业现象。

货币价值

实践经验显示，仅采购业务外包一项，就可以起到以下作用：

- 通过战略外包可以降低供应和服务成本达 10%～25%。
- 降低管理成本达 50%～75%。
- 降低消费者购买相关产品与服务开支达 10%～20%。

在人力资源管理业务方面，将相关的业务流程外包可以将人力资源管理人员去其他员工的比例由 1∶500 提高到 1∶2000，并且可以有效地降低整体客户服务成本达 25%。

正如我们之前提到的那样，在英国和欧洲许多其他国家，很多工人因为原先的工作被外包而失去了工作，现在每天仍然有人因此而丢掉饭碗。据 Forrester Research 调查公司的预测，到 2010 年，美国因为业务外包海外而失去工作的总人数将达到 791000 人，而到了 2015 年，这个数字将上升到 3300000 人。因此，您或在您所认识的人中，很有可能就会有人在下表所列工作岗位上受到外包的影响。

（单位：人）

工作类别	2000	2005	2010	2015
企业管理	0	37477	117835	288281
零售商业	10787	61252	161722	348028
电脑	27171	108991	276954	472632
建筑	3498	32302	83237	184347
生物科技	0	3677	14478	36770
法律	1793	14220	34673	74642
艺术、设计	818	5576	13846	29639
销售	4619	29064	97321	226564
办公室管理	102674	587592	1591101	3320213

对外包持批评态度的人指责企业的所有者忽视或漠视发达国家中劳工阶层和中产阶级的利益，其中包括美英这两个受外包影响最大的西方发达资本主义国家。这种指责的声浪使一些企业的领导人对外包活动感到愤怒、困惑、甚至是羞愧，因此变得不敢在其所在的企业中采取大胆和积极的外包举措。而那些因为外包而丢掉原先工作的人也同样对外包产生了极大的愤慨和困惑。这两类人士都需要好好地学习了解一下外包所带来的机遇。而本书将帮助读者做到这一点。

内包：硬币的另一面

在许多工作机会纷纷由美国、英国和欧洲其他国家流向海外的同时，一些分析家发现，某些工作机会也正在悄然流回这些发达的发包国家。这些分析家正在分析了解这些回流的工作机会是否会对流失海外的高薪、高科技工作有所补偿，使那些因为外包而失去工作的白领重新找到新的方向，使因之萎缩的技术开发领域重新焕发活力。达特茅斯学院Tuck商学院副教授Matthew Slaughter在其撰写的专业报告中指出："外包已经成为一个全球范围内广泛讨论的话题，而我们有必要了解海外公司对美国经济的贡献。" Slaughter在他最近发布的题为"Insourcing Jobs: Making the Global Economy Work for America"（"让世界经济为美国服务"）的研究报告中，对海外公司在美国本土的各行各业——其中包括信息技术产业——雇佣员工的状况进行了描述。这份研究报告指出，这些海外公司在私营企业领域雇佣着5%的美国劳动力，为此支付的工资总额已经高达3070亿美元。*

许多美国人都没有意识到，海外公司在美国和英国雇佣当地劳动力的情况已经由来已久。由于本土业务外包海外而失去的工作职位，通过内包可以得到一定的补偿。根据Matthew Slaughter的调查研究，内包活动在过去的十年中一直呈现稳步增长的趋势。Slaughter在调查报告中写道："在过去的二十几年里，海外公司为美国人提供的工作机会增加了一倍以上。" Slaughter同时写道："海外企业通过在技术研发领域投资和机器设备实物投资以及带动国际贸易等方式，为美国经济的发展做出了巨大的贡献。"此外，Slaughter还发现，海外公司在美国员工工资水平上，也要高于美国本土企业。

下列统计数据可以说明内包的重要影响。海外企业在美国设立的子公司雇佣有540万美国人——这一数字占全美私营企业雇员人数的约5%，比1987年的3%增加了2个百分点。在产品研发领域，内包企业占据着可观的市场份额——将近15%，业务额高达275亿美元，比1992年的9%增加了6个百分点。海外企业在美国设立的子公司在资本投入方面也扮演着重要的角色，目前的资本投资额为1119亿美元，占美国私营企业资本投资额的10%，比1992年的8%增加了2个百分点。最令人吃惊的是，海外企业美国子公司的出口额也十分可观，占美国企业出口总额的20%，高达1370亿美元。在工资方面，海外企业在美国设立的子公司每年支付给员工的工资高达3070亿美元，比美国本土私营企业支付的员工报酬高出6个百分点。内包企业美国本土员工的年平均工资为56677美元，比其他美国本土私营企业员工的工资高出近1/3。而在1992年，这一在工资收入上的差距还仅有20%。

Slaughter认为，内包对美国经济的贡献还不仅止于此。他说道："内包企业对美国经

* "Insourcing Jobs: Making the Global Economy Work for America,"国际投资组织于2004年赞助的调查，在线查询请浏览：www.ofii.org/disputes。

济的贡献还表现在它们与其他美国本土企业建立了积极的业务联系。”许多新建立的内包企业都会选择从其他美国本土企业购买大量原材料和其他产品——这些购买性支出合计高达12600亿美元，占海外企业美国子公司经营总支出的80%之多。

本书的读者群

本书主要针对三大类深受业务外包活动影响的读者群，他们分别是：

1. 发包企业的经理人。如果您是发包企业的经理人，通过阅读本书，您将会了解如何成功地管理企业的外包业务，已经应该如何与外包服务供应商打交道。

2. 求职者（尤其是那些因为原先的工作岗位被外包而失去工作的读者）。通过阅读本书，您将会学到应该如何开创一段新的职业生涯，如何在经济全球化的大环境中找到令人满意的工作。

3. 希望在外包服务领域开创企业的企业家们。通过阅读本书，立志开创自己的外包服务企业的读者将会学到在企业创办过程中的基本注意事项。

《企业外包手册》针对上述人群的需求逐一提出了解决方案，并且就与业务外包相关的热门话题进行了广泛探讨。通过介绍经过实践检验的业务外包管理原则和提出富有创意的解决方案，本书将帮助发包企业、外包服务供应商和处于外包服务供应企业创业阶段的企业家们关注和解决各个行业关于业务外包所特有的问题和挑战。

成功开展外包项目所应遵循的各项操作流程是本书的核心内容。我们在书中提出的解决方案来自于我们作为咨询顾问，为世界五百强企业和处于创业阶段的个体企业家提供服务的实践经验，其有效性完全经得起检验。我们亲身见证了这些解决方案的一个又一个成功案例；而在本书中，我们将与读者分享应该如何将其成功应用于您所在企业的宝贵经验。

现在我们马上就要进入对本书正文部分的阅读了，但在此之前，我们建议读者花些时间，将您希望从本书中取得的收获写在一张纸上，并在阅读过程中随时反思一下，您心中的疑问是否得到了满意的解答。在您自己拟出的这些阅读目标中可以包含以下内容：

应该如何通过业务外包来解决企业在如今的商业环境中所面临的挑战。

应该如何作出正确的外包决策——对于首次开始考虑业务外包行为的企业而言。

应该如何通过业务外包完善企业的经营管理活动。

应该如何将业务外包的信息传达给企业的员工、客户和公众。

应该如何通过业务外包创造新的收入来源。

应该如何通过业务外包降低企业的经营风险。

应该如何成功地开展离岸外包项目。

应该如何起草能够为企业带来附加价值的外包协议。

应该如何从出现问题的外包项目中解脱出来。

应该如何让自己成为业务外包问题的专业人士，并在该领域找到满意的工作。

截至到目前，业务外包理论的热心支持者一直未能向反对者明确讲明某些外包项目失败的真正原因。在那些失败的案例中，帮助发包企业掌握准备国际外包协议的律师们收取的巨额律师费用、跨国业务外包所造成的包括文化冲突在内的种种问题、许多外国政府普遍存在的贪污腐败现象以及其他种种不利因素。（这些因素）往往会使业务外包所节省的企业经营成本消失殆尽。

我们建议读者针对业务外包的案例进行一番粗略的调查研究，您会发现，每三个失败的案例中，就有一个是因为管理层未能就业务外包进行充分的调查研究，或是未能向内部员工们恰当地传递相关的信息所造成的。许多负责业务外包决策的经理人并未——或没有足够的资源——对业务外包行为进行详细的调查分析，而这些详细的调查分析数据往往只出现在由知名咨询顾问公司所撰写的价格昂贵的调查报告之中。

不过，不论您阅读本书的初衷是什么，《企业外包手册》都一定会对解答您心中的疑问有所帮助。现在就让我们一起展开本书的阅读吧！

1

第一部分

如何计划、引导、管理外包活动

第一章 业务外包概述

对我国经济来讲，外包并不是一种威胁——它是一个能够增加国民收入、提高生产力、并促进经济繁荣的大好机会。但是如果任由危言耸听者左右视听而作出愚蠢的决定，我们将失去这一良机。

John Castellani，底特律出版商俱乐部商业圆桌会议主席

2004年2月24日

本书旨在建立外包工作的指导方针，提出我们的见解，激发你对外包的兴趣，使你有能力明确地识别、分析和最大程度地抓住外包带来的机遇。从本书中，你将学习到：

1. 应该如何评估你的业务流程。

2. 应该如何从业务流程中发现外包的机遇。

3. 应该如何挑选承包商/外包服务的供应商/合作伙伴。

4. 应该如何与承包商协商订立成功的外包合同。

5. 应该如何与承包商建立成功的工作关系。

6. 应该如何有效管理同时使用多个承包商的经营环境。

7. 应该如何扭转一个失败的外包关系，或者必要时更换承包商。

8. 应该如何随时随地监控承包商关系。

9. 应该如何落实和跟踪服务水平协议（Service level agreements，简称 SLAs）。

10. 应该如何成功地预见、并尽可能地避免外包活动中可能出现的问题；一旦出现问题又应该如何解决。

11. 应该如何确保外包活动成功。

外包术语

首先，我们希望让每一位读者都能理解本书中所使用的外包术语（参见本书第三章和结尾的术语解释部分），否则本书就不可能达到上面所说的、令读者了解掌握外包知识的目的。因此，我们必须先对下面这两个概念加以定义：

• 外包：从某个外部资源获得服务的行为。

• 业务流程外包（BPO）：企业经营环境下的外包行为。当企业将某项特定的业务流程（比如会计或者工资管理业务）交给精通此项业务的第三方管理，就形成了所谓的业务流程外包。将部分业务流程外包的基本理念是，承包方能够比发包方更为有效地完成相关的任务，从而令发包企业能够集中精力地开发公司的核心业务。

外包围绕着企业的核心竞争力和企业的长期外部关系这两个主要问题，从本质上改写了企业的基本定义。企业针对核心竞争力和与外界的长期关系的定义和定位做出改变，主要是为了实现两个目标：①为终端消费者创造最大价值；②确保企业自身的生产力达到最高水平。下面的表 1－1 中，列出了部分可以进行业务外包的企业职能。

企业外包的好处不胜枚举，为了激发读者对外包活动的兴趣，我们仅将部分好处列举如下：

• 增加创收的机会。
• 改善企业形象和公共关系。
• 避免错失良机。
• 削减经营成本的效果几乎立竿见影。
• 使公司能够专注于核心竞争力。
• 减少或者消除消费者的抱怨。
• 提高消费者的忠实度。
• 压低项目或者活动的费用开支。
• 在竞争中获胜。
• 节省时间和资源。

外包活动的层次

外包活动有三个层次：战术性外包、战略性外包和转型性外包。

战术性外包

战术性外包是外包的初级阶段，此时，企业将部分业务外包的原因通常与公司正面临的难题有关。对许多已经深陷困境的企业来说，外包往往被认为是最直接的解决问题的手段。比较典型的“麻烦或问题”包括：进行资本投资的资金匮乏、内部管理能力不足、欠缺人才和技术或希望裁减现有员工等等。战术性外包通常与大型企业的重组相生相伴。因此，许多战术性外包是为了达成下面的目的：

- 立即达到节省开支的效果。
- 消除未来的投资需求。
- 通过变卖资产获得现金流入。
- 减轻人员工资成本的负担。

战术性外包的重点是合同，具体地说就是，与承包商签订一份能够确保自身利益的合同，然后设法使承包商遵守这项合同中的各项条款。传统上，负责完成这类工作的是企业的采购部门。但是，企业管理层越来越认识到，若想使外包活动取得成功，有必要令每一位涉及到供应链流程的经理人了解外包，并且就外包活动对他们职责所在的业务领域所产生的影响负起应尽的责任。建立和维系战术性外包关系、特别是职能性和全面性的外包关系，是需要企业各部门共同负担的责任。许多企业会把外包合同看作是一纸普通的商业合同，因此往往只将注意力放在怎样协商合同价格之上。事实上，成功的战术性外包的目的应该十分清晰，那就是：用更少的资本投资和管理资源换取更好的产品/服务质量。

表1-1　可以进行商业外包的主要业务

人力资源服务	知识和决策服务	运营支持服务	市场营销服务
福利管理	内容解决方案	建筑和工程	市场营销项目
雇用业务流程外包	电子学习和教育解决方案	再造	印刷
人才招聘业务	要点解决方案	设施管理	市场营销方案的实施
人力资源/人事	采购和购买	全球递送和供应	广告
管理业务	项目管理	保健和医疗服务	销售与销售管理
工资业务	供应链管理	加工制造	战略性规划
专业的雇主组织	系统整合和咨询	办公解决方案	资金募集和资金管理服务
安置员工服务	转型性外包	文件管理	商业交流
智力和人力资本外包	决策支持系统	药品采购	公共关系
员工培训工作	数据分析	调查与研究	网站开发
劳动力咨询与管理	数据提炼	房地产管理	
	数据储存	零售业务	
		科学研究与工程设计	
		电信	
		电话	
		风险资本外包解决方案	
		交通管理	
		物流	
		派遣服务	

续表

消费者互动服务	后勤交易处理	信息技术和软件	金融和会计服务
电话服务中心	行政和管理支持服务	应用技术开发	一般会计业务
信息搜集	后勤业务管理	应用技术维护和改进	审计业务
客户关系管理	银行/支票/ATM/业务处理	应用技术服务供应商	银行业务
客户联络服务	付款业务管理	网路安全和基建支持	金融服务解决方案
政府供应	商业支持系统	数据库管理	信用服务
消费者语音留言和电子邮件留言管理	文件管理和处理	数据中心管理	保险处理
电话销售	表格管理	设计和多媒体	税务服务
订单处理	薪金和福利处理	需求工程管理	出单系统建设
消费者支持	一般交易处理	集体应用技术外包	应付账款管理
技术支持	学费和奖学金服务	技术实施服务	应收账款管理
担保管理	信息收集	企业储存解决方案	账款回收和信用控制管理
消费者反馈	应收账户管理	企业资源规划（ERP）的具体执行	制度监查管理
相关权益人反馈	出单服务	综合性的 IT 服务	管理报告
客户满意度调查	直接和间接采购	灵活技术的处理	
		IT 策略和规划	
		决策支持	
		系统开发	

战略性外包

随着时间推移，当企业越来越意识到业务外包的价值时，它们的目标也会随之发生变化。企业的管理人员们开始认识到，通过将部分业务外包，他们非但没有失去对外包部分业务的控制权，反而能够对自己所负责的业务进行更好的统筹管理，从而能够更加集中精力地从战略的层面上完善企业的管理工作。例如，通过将企业的清洁工作外包，负责企业基础设施管理的企业经理们可以将更多的精力用来筹划如何更合理地使用企业现有或计划添置的资源，而不必再为编制清洁人员工作表格而烦心。负责企业技术管理的经理们可以将管理数据库的工作移交给外包服务供应商，从而把更多精力投入到为内部客户提供服务这一主要的工作任务上。显然，在此基础上将部分业务外包是完全合乎逻辑的。

若要从业务外包中获得更大的利益，就一定要对外包业务的方式方法作出调整。战略性外包所涉及的范围更广，承包商参与外包活动的程度也更深。随着业务外包所涉及的资金不断增长、业务范围不断拓展，发包商与承包商的合作时间越来越长，战术性外包有可能逐渐升级为战略性外包，成为一项企业经营的战略手段。更重要的是，随着企业管理层对待业务外包的认识逐渐成熟，发包与承包商之间的关系也将从买方和供应商的关系，逐渐演变成商业伙伴的关系。

战略性外包关系强调的是建设长期的合作伙伴关系和追求长远利益。与战术性外包阶段不同的是，在战略性外包阶段，企业将不再同时与众多承包商合作，而是只与少数经过仔细挑选的供应商合作，以求达成最高的生产效率和最佳的产品/服务质量。而发包企业与承包企业之间的关系也将随之从卖家——供应商的关系（通常是在利益上存在冲突的关系）最终发展为双方平等、强调互惠互利的长期合作伙伴关系。

转型性外包

转型性外包是第三代的业务外包形式（参见表 1－2）。第一阶段的战术性外包是指在现行规则下开展的业务外包活动；第二阶段的战略性外包是一种对企业进行重新定义的行为；而第三阶段的转型性外包，则是一种对企业的核心业务进行重新定位的行为。若想在如今的商业环境中生存下去，企业必须在周围的环境迫使其做出转变之前，抢先采取措施适应市场的挑战。就此而言，业务外包正是试图寻求转变的企业的行政主管们可以依赖的有力工具。那些决定开展转型性外包业务的企业经理们认识到，转型性外包的最大特点在于，它能够利用企业外部专业人士的优点和长处，给企业自身的经营管理活动带来有益的变革。在转型性外包活动中，外包业务的承包商已经不再是一个能够帮助企业提高工作效率和摆脱非主营业务困扰的工具，而是一股能够提高市场份额和心占率（mind share）的强大动力。

表 1－2　　转型性外包与传统型外包的对比

转型性外包	传统型外包
着重企业的核心业务	着重某项具体的经营活动
以创造价值为中心	以削减成本为中心
有助于管理经营活动中的不确定因素	协助企业加强管理与控制
在企业的战略目标发生重大变革的情况下实施的一项新的经营管理措施	在商业环境无重大变化的情况下采取的一项经营管理措施
在全球经济一体化的大环境下，结成的一种新型的合作关系	通过外部（主要是 IT 业）专家的参与，提高企业的经营表现
旨在创造长期价值的成本控制和业务重组措施	剥离企业的非核心业务，一次性地削减低效率的成本投入

外包业务的各个阶段

表 1－3 展示了业务外包必须经历的各个阶段：

1. **战略准备**。在决定将业务外包之前，首先需要确定将业务外包的目的和外包业务的范围，并对其可行性进行评估。另外，还需要就投入的时间、预算和必要的资源进行总体评估。

2. 确定范围。确定业务外包的基本要求和承包商必须具备的服务水平标准。确定哪些业务需要外包，哪些业务仍然需要由企业自身完成，应该如何协调外包业务和自身业务之间的关系。提出招商意向书（Request for proposal，简称 RFP）；收集和分析承包商的反馈；最后选定一家或若干家承包商提供外包服务。

3. 谈判。与选定的承包商进行谈判，直到商定和最终签署合同。

4. 执行。将原先由企业自行完成的工作转交承包商完成的过程。

5. 管理。企业对外包业务进行监控管理的过程，包括为确保业务外包取得成功而对与承包商的关系进行重新谈判。

6. 完成或者中止。在这一阶段，企业需要决定是否与现有的承包商继续合作，还是中止旧的合作关系，转而与新的承包商开始合作，开始一个新的循环过程。当然，企业也可以决定将外包业务重新收回，由企业内部的某个部门来负责完成。

表 1-3　　成功的业务外包模式

决定外包	确定外包 业务的范围	协商讨论 签订合同	策划 预算和预测 项目实施	成本/预算管理 合作伙伴 关系管理 整体运行 业绩监控	完成合同 成果汇报	维护和支持
战略准备	确定范围	谈判	执行	管理	完成	支持

外包过程中总会出现一些难以预料的问题，而且在合同期限内遇到的问题也会不断变化。但是，在业务外包活动每一个步骤中，总有一些固定的规律可循。如果你不能把握这些规律，你和你的同事们最终就很有可能会得出“业务外包并不适合我们的结论。”若想不在统计数据中被归为失败者，就必须在签订外包合同之前投入足够的时间对项目进行评估，并且将企业自身总结出的经验与教训融入合同的条款之中。

记住，外包业务的承包商是你的合作伙伴，你所要做的，是向他们发出重要的指令，指导他们应该如何提供符合标准的服务；而他们将负责开展和管理日常的业务。要想使外包业务的质量达到你所提出的要求，关键在于与承包商发展、建立长期的合作伙伴关系。你要让你的合伙人深入了解你的业务，这样他们才能既满足你当前的要求，又能在将来为你提供更好的服务。总的来说，如何处理与承包商的关系，已经成为当今企业行政管理人员最重要的工作任务之一。

对不断变化的外包环境进行监控

随着外包环境的发展变化，企业管理层在进行外包决策时，会面对一些自相矛盾的信息而感觉无所适从。外包市场的成长以及目前种类繁多的外包服务都使决策过程复杂了许多。为了能够作出正确的选择，企业首先必须能够认准它们将业务外包的原因，明确外包过程的成本和效益。经理们也必须能够根据自身的需求，确定需要外包的业务以及相关的外包服务提供商。下面，就来探讨和澄清一些容易造成混淆的概念性认识：

1. 单纯的外包与服务供应商关系的区别。正如前文中所定义的，单纯的业务外包是指将原先由企业自己处理的业务交由其他企业完成的经营行为。而企业与服务供应商的关系，则是指企业委托一家专门提供类似服务的供应商，处理企业自身能够完成的某些业务。两个概念的区别在于，承包商的身份和对外包业务的经验有所不同。

2. 外包服务与咨询服务的区别。许多企业认为自身既在提供咨询服务，又在同时提供外包服务。不幸的是，它们中的许多企业并没有真正了解这两者之间的差别，并在提供服务的过程中混淆了自身的定位。事实上，外包服务与咨询服务的差别十分明显：咨询顾问的职责只是建议企业应该如何去做；而外包服务的供应商则负责身体力行地“去做”。但是，有时候咨询顾问也会提供某项商务服务或是产品，因此有时也充当承包商的身份；有时，承包商也会提供咨询顾问服务，暂时充当咨询顾问的角色。通常来说，外包服务商和咨询顾问之间的差别是很容易区分的。大多数提供专业服务的公司不是咨询顾问公司就是服务供应商，或是同时兼具两者的身份。

3. 外包与委外任务的区别。外包关系是高附加值和长期进行的，也就是说，它们不是一次性的交易。与其形成对照的是，委外任务涉及的只是把企业很有限的业务部分转交给另一家企业，往往体现为一年期或更短期的合同。委外任务的客户通常会对任务的完成情况继续直接或间接地监督指导。委外任务是一个新兴的概念。它有助于企业评估承包商完成外包任务的能力。由于如今的商业环境充满了不确定性，老练的经理们在未确定将业务外包能够取得确实的好处之前，不会轻易做出将业务外包的决定。此时，先以委外任务的形式将部分业务交由承包商处理，将会在有效地控制风险的前提下，帮助员工们了解将业务委托外来机构完成的好处和影响。例如，可以尝试聘请承包商来帮助企业建立人力资源管理技术；在客户需求超出企业的生产能力时，委托另一家加工制造企业协助企业完成订单；或是委托专业快递公司投递加急包裹等。正如前文所探讨过的那样，与委外任务相比，业务外包关系是高层次的、以合同的形式维持一段固定的时间——通常以年来计算；此外，如果未发生重大变化，发包企业与承包商之间的关系将会继续维持下去。发包企业与承包企业经常一起定义外包服务的内容，双方会频繁地互动和沟通。外包服务是根据发包方的具体需要量身定做的。

外包与全球资源利用

许多企业的高级官员正在组织一个新的联盟，以对抗反对将企业业务转向海外的呼声，但是他们知道，要成功地说服人们接受业务外包的概念，必须要开展大量的公关工作，而他们正准备对此展开行动。尽管外包可以说是一个完全中性的词汇，但在反对者的

鼓吹下，它似乎越来越成为一个难听的字眼。因此，主张将部分业务外包的企业领导者正在努力地试图将“外包”从人们的辞典中抹掉。

主张业务外包的企业联盟赋予将部分业务移向海外的行为一个新的定义——“全球资源利用”，这是一个刺激性较小的名词。这一修辞上手法上的改变，说明了该企业联盟正力图向外界传递一个新的信息，即阻挠企业将部分业务移向海外将会降低企业的竞争力，并最终导致工作机会的减少。

经济增长和美国就业联盟（the Coalition for Economic Growth and American Jobs）正在白宫、商务部和美国贸易代表办公室进行游说，把全球资源利用的新概念灌输给这些政府相关部门。

商业圆桌会议主席 John Castellani 在接受《议会日报》（Congress Daily）采访时说道，这项新的支持业务外包的公关运动，是为了回应民主党在竞选活动中对业务外包进行的激烈抨击而发起的。他说，“我们所担心的是，如果我们不对此（民主党人士反对业务外包的言论）作出反应的话，我们就有可能需要承担经济负增长和就业率降低的风险。”Castellani 和联盟中其他人士把他们的反对者称为“孤立主义者。”

Castellani 认为，全球资源利用是形容企业将部分业务移向海外的更恰当的名词。因为几十年以来，外包一直是指企业为了有效地降低成本，而把部分业务外包给其他本国生产商的行为。而全球资源利用指的是参与国际市场的经营行为，正如 Castellani 所说：“全球资源利用是指在国外从事适合在国外进行的产品生产活动，而在美国则从事我们最拿手的事情——设计和创新。”

政府官员看来还没有决定是否要用“全球资源利用”这个新鲜的词汇来替代以往对“外包”的称谓。但由于经济顾问委员会（Council of Economic Advisors）主席 Gregory Mankiw 的极力反对，布什幕僚已经在有意避免使用外包这个字眼。

有关当局也已经开始避免使用“外包”这个字眼来描述开放私人企业参与政府项目竞标的行为。相关的政府官员表示，“竞争性资源利用”能够更恰当地形容将部分政府职能转包给私人企业的行为，因为如果现有的政府机构能够在与私人企业的竞标中获胜，相关的政府工作就不会被外包出去。

面对业务外包的挑战

每一个能够帮助企业解决某项难题的有力工具在使用过程中都会面临挑战，业务外包同样也不例外。业务外包所面临的最常见的三个挑战是：

1. 如何选择合适的合作伙伴。
2. 如何建立有效的监督管理机制。
3. 如何解决敏感的劳工问题。

上面提到的这些挑战与难题对经理们来说，似乎并不难理解。但“意外性转换”却往往令经理们感到吃惊不已。那么，什么是“意外性转换”呢？简单地说就是，将某些业务外包的企业可能并没有认识到外包业务的特性和提供外包服务的承包商的经营风格，会对外包活动的成功与否产生影响。如果承包商的经营风格与发包企业不同，就会令外包业务产生令发包方意想不到的变化，这种变化有时是正面的，有时则是负面的。因此，应该时刻对这种可能发生的情况保持警惕。

经理们另一个易犯的错误是，忽视了“真正的工作”是在外包协议签订之后开始的。为避免出现实际工作与合同内容不符的情况，发包企业必须把外包当作一个个具体的项目来执行，为外包活动明确设定一个具体的期限，然后对其间的每一个步骤进行严格的监督管理。

业务外包的行为会使企业的经营管理活动发生变化，这种变化需要相关的企业和员工学习掌握新的经营管理和工作技巧。例如，那些通过业务外包而使企业成功实现瘦身的企业行政主管们应该得到奖励。同样，那些通过与第三方结成合作伙伴关系而帮助企业解决了资金和资源调配问题的经理人，也应该受到奖赏。在如今的商业环境中，企业应该尽量地采用固定成本较少、而可变动成本较多的经营模式。在任何时候，一家有竞争力的企业都应该拥有一批出于节省成本或提升产品/服务质量的目的而设计的业务模式。

LOU DOBBS：这位反对“出卖美国”的圣战勇士的真面目

2004 年 3 月，James Glassman 在《Tec Central Station》日报中撰文指出，一贯以反对企业外包行为著称的 CNN 评论员 Lou Dobbs，一方面在以他的名字命名的投资通讯中赞扬波音和华盛顿共同基金等公司是最有价值的股票投资对象，一方面却又在 CNN 电台的专栏节目“Lou Dobbs Tonight”中，对这些公司将业务外包到海外的行为大加指责。

2004 年 6 月，Zachary Roth 在 CJR 的 Campaign Desk 节目中，也对 Dobbs 前后矛盾的言行提出了进一步的指责：与一般的投资顾问不同，Dobbs 对他所推荐的公司的褒奖已经超出了描述其投资潜力的范围。他常常以其特有的方式，不遗余力地赞扬他所推荐的企业是所谓的优秀的企业公民。在以他的名字命名的投资通讯中，Dobbs 会给某些公司加上特别的标识，并辅之以“下列公司被‘Lou Dobbs Money Letter’推荐为好心人经营管理的优秀企业”的注解。这些文字的煽动性是十分明显的，它等于是在告诉潜在的投资人说：你们购买这些公司的股票不仅仅是在进行一项明智的投资，也等于是在为社会作贡献。

Dobbs 在 3 月刊的投资通讯（订阅该投资通讯的年费为 398 美元）中特意使用了一张图表来吹捧位于明尼苏达州的 Toro 公司的投资前景，这家公司的主营业务是制造户外环境维护设备。Dobbs 在文章中告诉读者说，Toro 公司是长期投资的理想目标，赞扬 Toro 公司是“道德准则的典范，拥有许多美国企业所欠缺的品质”，并称该公司的“组织监督机制能够兼顾股东、员工以及消费者多方的利益。”他在与 Toro 公司首席执行官 Kendrick Melrose 进行的访谈对话结束时，坦白地告诉对方：“我很欣赏你对待公司股东、员工和消

费者的方式。”

我们不禁要问，Dobbs在对Toro公司极尽赞美之时，是否也十分认同Toro公司在2002年将15%的工作岗位——大约为800个职位——由美国本土转移到墨西哥Juares市的行为。此外，我想Toro公司的首席执行官Kendrick Melrose对于本公司为什么会“荣幸”地出现在Dobbs列出的“出卖美国”的企业的黑名单上，也会很感兴趣。Toro公司并不孤单，自Dobbs的投资通讯刊行以来，一共向投资者重点推荐了14家企业，而其中有8家都因为将部分业务外包，而出现在Dobbs在CNN网站上开辟的“出卖美国”的企业黑名单上。

总　结

生产力是十分重要的，这一点恐怕没有人会提出质疑。对企业来说，生产力意味着用更少的投入取得更大的产出。对消费者来说，生产力意味着可以花更少的钱买到想要的产品或服务，并用节省下的钱购买其他新的产品或服务。这将带动经济的增长。

在1900年的美国，有超过40%的劳动力在农场工作。而今天，比例不到2%的美国人创造着整个美国所需要的食物，并且产量远远超过100年前。与此同时，日常购物支出在个人收入中所占的比例也远远低于一百多年前我们祖辈的支出与收入比例。今天，我们可以用额外的金钱去建造更大的房子，去购买新式电脑、新款轿车、IPODS和大屏幕电视，并在假期出外旅行。

因此我们不难理解：人们在购买食物上所节省下来的金钱，间接地造就了1900年以来出现了众多新的产品和新的服务项目，同时也造就了新的就业机会。

政治家们、君主们、部长们、牧师们以及慈善团体的工作人员们几十年来一直在致力解决世界范围内的贫困问题。饱受贫困折磨的数以十亿计的贫穷国家的居民，要想有朝一日过上我们美国人民如今所过的幸福生活，惟一的机会就是发展经济。而经济发展的动力在于提高生产力。

在2005年，人们已经清楚地认识到，业务外包是提高生产力的重要途径。将部分业务交由劳动成本低廉、技术要求不高的外国员工来完成，可以有效地大幅提高承接业务的第三世界国家的生产力水平。

将业务外包会使产品价格下跌，美国人和欧洲人在购买了他们所需要的产品后，会有更多的钱剩余下来；他们会进而用这笔钱购买新的产品和新的服务，并由此创造出新的产业和新的工作职位。这种现象在美国、英国和其他发达国家可谓普遍存在。

在2004年度的美国总统大选中，执政的共和党和在野的民主党围绕美国企业业务外包的问题上演了一幕幕政治闹剧。所幸的是，业务外包的合理性已经越来越为人们所认可，这也称得上是新世纪里最为重要的一项商业理念的转变。

时至今日，业务外包对很多企业来说仍然只是一个抽象的商业概念。但认识到外包的真正价值，对相关的各方都有好处。企业的领导者们或迟或早，总会自觉或不自觉地参与到业务外包的活动中来。在《企业外包手册》中，我们将超越理论的和抽象的概念，就业务外包问题提出切实可行的行动方案。

如果我们现在就积极地采取行动的话，企业业务外包的前景并不一定会像某些所谓专家所预测的那样黯淡。希望本书中所提的建议能够帮助读者掌握之前的学习和工作中所不曾掌握的技巧，从而更好地应对业务外包给我们的工作和生活所带来的转变。

经济全球化和企业为了提高生产力而将业务外包，是我们后半生都将不得不面对的现实问题。而我们的后代也必将生活在同样的现实之中。面对我们所讨论的业务外包给商业环境带来的革命性转变，有些人会感到痛苦不堪，有些人则会抓住机会飞黄腾达。无论是对希望很好地把握外包机遇的企业经理人而言，还是对于新近毕业的大学生和正在寻找外包工作的其他人士来说，本书都是一本很好的指导性读物。

第二章 外 包 决 策

外包是20世纪最伟大的企业和行业结构转变之一。
——畅销作家和 Dartmouth 商学院客座教授 James Brian Quinn

决定是否要将企业的业务外包是一项艰巨的任务。因此，我们建议你在作出最终的决策之前，首先完成下列的“基础的”工作：

- 为企业确立战略发展方向。
- 认清企业的核心竞争力，并确定企业的战略目标。
- 草拟一张外包服务供应商/承包商的名单。
- 组建一支执行和监督管理外包业务的工作团队。

除非迫不得已地需要在短时间内作出战术性的外包决策（例如因为短期内生产能力不足、人员紧缺或是生产上出现了问题，而必须进行业务外包），否则必须在符合企业战略目标的基础上，就业务外包行为制定出一套完整的发展方略。企业的领导层必须对企业的核心竞争力和战略目标进行认真的评估，从而使企业能够集中核心资源，充分发挥自身的核心竞争优势。事实上，核心竞争力就是企业的与众不同之处。因此，在开始计划将业务外包之前，必须对什么是企业的核心竞争优势保持清醒的认识。

企业领导层在就开展业务外包进行决策时，应该重点考虑以下四个方面的问题：

- 利用外包战略性地提升企业的核心竞争力。
- 妥善解决员工、工会和社会因外包而产生的问题。
- 实现总体成本最低化或生产价值最大化。
- 充分认识到外包行为对企业内部经营活动的影响。

我们建议，在进行外包决策时，必须采取一套系统的、有建设性的方法，使所有相关权益人都能够参与到决策的过程中来，重点围绕上述的四个方面的问题搜集资料，然后再作出合乎逻辑的决策。与此成为鲜明对比的是，不经过全面的分析就盲目地决定开展业务外包活动。我们的建议也与那些在20世纪90年代后期曾一度十分流行的外包决策模式有着鲜明的差别；如今，已经有越来越多的案例开始表明，当时的外包决策模式没能充分考虑到发包方与承包商的总体成本问题。

用最佳的方式进行外包决策

对业务外包进行内部分析的主要目的，是评估由企业内部完成该项业务和由外部的企业完成该项业务，在成本支出和收益上会有哪些差别。目前，大多数企业普遍使用的内部分析方法都不甚健全，为此，我们特此向读者介绍一个更为优越的评估工具——外包决策计分卡（见图2－1所示）。使用外包决策计分卡，将有助于确保你所作出的决策：

考虑外包的业务/服务项目：______________________________

资源评估

1. 该项业务是否属于我们核心竞争力的一个组成部分？	是	否
2. 该项业务是否会长期存在？	是	否
3. 公司内部是否有专业人士能够提供该项服务？	是	否
4. 公司内部的专业人士是否有时间提供该项服务？	是	否
5. 我们是否能够合法地将这项业务/服务进行外包？（该项外包行为是否会受到联邦、各州或者当地政府各部门的限制；外包对象是否属于政府禁止与其进行商业往来的国家；相关行为是否受到企业政策、法庭强制令的制约。）	是	否

风险评估

1. 将此项业务外包是否会对企业的经营活动造成损害？	是	否
2. 将此项业务外包是否会造成相关技术的缺失，并对企业产生负面的影响？	是	否
3. 是否会出现服务质量下降的问题？	是	否
4. 解决突发问题的时间是否会因业务外包而缩短？	是	否
5. 外包行为是否会对企业执行目前合同的效果产生负面的影响？	是	否

目标和目的评估

1. 是否能够对该项业务/服务的目标进行准确定义？	是	否
2. 该项业务/服务的目标是否是长期性的？	是	否
3. 是否可以对该项业务/服务所要实现的目标进行客观的衡量？	是	否
4. 企业目前是否已有评估此项业务/服务的衡量尺度？	是	否
5. 如果此项业务/服务的既定目标和目的没有实现，是否会对企业产生负面的影响？	是	否

供应商评估

1. 外界是否存在能够为此项业务/服务提供承包服务的供应商？	是	否
2. 供应商与本公司的宗旨及战略目标是否协调一致？	是	否
3. 供应商是否具备提供这项业务/服务的能力？	是	否
4. 公司以往是否与这家供应商有过接触或联系？	是	否
5. 据外界反映，该供应商是否有能力提供高质量、甚至是更优质的服务？	是	否

图2－1 外包决策计分卡

- 更加全面；
- 更加准确；
- 更有条理性且更容易掌控。

在我们推荐的这套评估工具中，包含了众多企业在对业务外包进行评估时很少涉及的问题。最重要的是，在使用外包决策计分卡时，我们既考虑了业务外包对发包企业经营活动的影响，也考虑了与承包企业建立合作伙伴关系的必要性和相关成本。

外包决策计分卡中的问题分为四大类，每一类都由五个问题组成。第一组问题的目的是对企业所拥有的资源进行评估，以确定企业是否有必要将某些业务进行外包。假如这前五个问题的答案显示业务外包的做法不成立，该项业务或服务还是不要外包出去为好。如果前五个问题表明将业务外包确有可行之处，那么就需要接着回答随后的三组问题，以找出外包活动中存在的问题和可能出现的障碍。

确认公司的外包需求

决策的第一步就是要确认公司对业务外包的需求，设定企业的业务流程和各项经营活动的优先次序。这一步骤包括三项主要内容：

1. 确定企业的战略利益和战略目标。企业的总体战略规划、信息资源的战略规划以及企业评估业绩的标准，都是企业领导者在明确企业发展方向时所必须考虑的问题。企业能够实现既定的战略目标，是判断业务外包活动是否取得成功的基础。属于企业核心竞争优势的业务活动在一般原则下最好不要外包出去。但是，如果其他企业所提供的资源和技术能够有力地弥补企业现有资源的不足，这种原则还是可以被打破的。

2. 明确需要外包的业务以及将该项业务外包的原因。此时应该考虑的因素包括：将此项业务外包是否能够帮助企业节约成本，是否能够提高现有的服务水平，是否有助于企业向一个不同的技术平台过渡，是否能够弥补企业在新产品开发和新技术开发方面的不足，以及是否能够帮助企业解决员工人手不足的问题。

3. 把决策过程放在一个客观的框架内。虽然外包可能会受到某些企业经营业务范围以外的因素的影响，但判断某项业务是否应该外包还是应该严格地遵循基本的商业管理原则。对业务外包的各种可能性进行严密的分析，将会有力地帮助企业管理层作出正确的决定。

系统化、有条理地进行外包决策，将会降低企业的经营成本和减少产品生产/服务提供延误的现象；有时还会因此发现企业内外包的机会，从而在保留现有工作职位的基础上，有效地降低企业的总体经营成本。此外，经过缜密策划而形成的外包关系，还将会进一步提高对产品和服务进行适时管理的效率。

确认业务外包的原因

有无数的原因可解释为什么企业经理人会考虑将部分业务进行外包。我们在讨论应该如何进行外包决策之前，首先需要对哪些原因导致企业将业务外包进行一番总结归纳。以下是一些最常见的致使企业将部分业务外包的原因：

1. 获得新的技能。企业可能会发现自身员工的技术水平无法适应企业的某项工作要求，而且技术水平的缺失将在长时间内影响企业的经营效率。这个难题可以通过将这项工作转包给专长此项的外包供应商来解决。这些外包供应商的管理能力出色、拥有经过专业培训的经验丰富的员工以及最新的处理方法和技术手段。这是企业将高技术含量的业务，如工程和计算机服务，外包出去的最常见的原因。

2. 获得更好的管理。企业可能会发现某项业务由于管理不善而没有达到要求的标准。管理不善的征兆包括人员流动过快、意外缺勤增加、产品质量低劣以及无法按时完成工作任务等等。负责质量管理的经理们虽然不情愿，但却又不得不承认，把相关的业务外包给服务承包商，从而使其得到相关领域内最好、最富有经验的专业管理人员的管理，是一项不错的选择。

3. 将精力专注于实现企业的战略目标。许多经理每天都会花费不少的时间和精力去处理他们职能范围内的琐碎事务。如果能够把这些战术层面上的工作交由外来的外包服务供应商来完成，企业的管理团队将会有更多的时间处理如市场定位和新产品开发等，对企业的发展更为重要的战略项目。

4. 将精力专注于核心业务。有的企业可能只有很小的一部分业务职能关系到它们的生死存亡，这些企业有可能会希望精力集中用于处理公司的核心业务，而把其他的业务分配给一批外部的供应商来完成。随着商业环境的变化，企业甚至可以外包一些重要性有望在今后降低的当前的核心业务。如果能够找到更适合的外包服务供应商，企业甚至可以考虑把关系企业生死存亡的核心业务外包出去。在这种情况下，企业只需保留自身员工做得比供应商还好的那些核心的业务。

5. 避免进行数额巨大的投资。企业可能会发现某项业务因为缺乏投资而达不到理想的经营表现。如果公司想继续开展这项业务，最终将必须为了实现现代化经营管理而作出一项大的投资。在这种情况下，如果企业能够把这部分业务外包出去，将可以永久地避免这项投资。

6. 适应快速增长的市场需要。假如企业的市场份额正在快速增长，管理团队将会因为工作量的集聚增加而疲于应付。在这种情况下，管理团队在公司运营方面将会十分渴望获得额外的帮助。此时，外包服务供应商可以介入公司的部分业务，使管理团队从庞大的工作量中解脱出来，从而将主要的精力集中用于企业的核心业务。

7. 为了应付超负荷的工作状况。企业有的时候会发现，由于未曾预料的超出控制的

原因使某项业务不堪重负。在这种情况下，当自身员工不能满足生产需要的时候，使用外包服务供应商的服务将会有效地在节省成本的基础上，解决工作超负荷的问题。

8. *提高企业的灵活性*。这与运用外包来处理过量工作的情况十分相似，但在这种情况下，外包服务供应商将负责处理企业的所有外包业务，而不是在企业业务超负荷时，临时性地承接相关的业务。当某项业务的工作量大起大落摇摆不定的时候，砍掉该项业务内部员工的固定开支，而将相关业务转包给一个只须按完成工作数量多少来支付报酬的供应商，对企业来说或许会是一个更好的选择。这一做法会将企业的固定成本转换成可变动成本——外包服务供应商的收费将直接地随着相关业务的工作量而变动。

9. *改善财务比率*。有些公司十分在意它们的经营指数，有时它们甚至不惜通过将部分业务外包来改善相关的经营指数。通过业务外包，企业可以转嫁掉部分固定资产投入，从而提高企业的资产回报率。能够对改善企业财务比率产生重大影响的业务，通常也是那些占用企业大量资金的业务，例如，保养维护业务、生产制造业务、医院药物储存采购业务，以及信息系统维护业务等等。另一项能够通过外包即刻改善的经营指标是所谓的全时工作当量（Full - time equivalent，简称 FTE；FTE = 每周 40 小时 × 每年 52 周 = 每年 2080 小时）。要想提高 FTE，企业必须外包所有涉及大量劳工的业务职能，如销售和生产加工等。

10. *发起新的战略创新活动*。希望对公司进行重组的企业，可以通过业务外包来彻底改变企业的组织结构。同时，企业的经理们可以借此来提醒现有的企业员工和部门，如果表现不好就可能促成企业管理层将他们的工作外包出去。

11. *改善整体业绩*。企业可能会发现它的某项业务或者某个部门经营成本过高而经营表现不佳，为了激励其改进，管理层可以尝试着把相关部门的业务进行公开竞标。这一做法将会促使相关部门/单位/业务的经理和员工们积极地参与竞争。假如最终结果是内部的员工中标，那么管理层可以要求员工把工作做得更好并且更有效地降低成本开支（要注意的是，你应该预先告诉外包服务供应商，公司的内部员工也将参与竞标。幸运的是，现在的外包服务供应商已经变得习惯于同发包企业的内部员工在竞标过程中进行竞争了）。

12. *降低成本*。外包并不总是为了降低成本。然而，企业有各种各样的理由来强调降低成本，如财务状况不佳和提高经营收益等。借助外包服务供应商来减少支出是可行之路，但并不适用于所有情况。对外包服务供应商来说，同时将几家企业的业务集中在一个地点完成，或是采用集团购买的方式进行采购，将会有效地降低生产成本。外包服务供应商也可以采用租赁的方式购买发包企业部分固定资产，从而达到降低发包企业经营成本的目的。

13. *提升信用度*。企业可以通过与闻名遐迩、信誉卓著的外包供应商签订外包合同的方式来提升自身的信用度。知名的提供商将会确保产品或服务符合相应的质量和服务水准。

14. *赶时髦*。许多企业经理决定开展外包只是因为人人都在这样做。当越来越多的企业开始将部分业务外包出去，这项经营活动本身将变得越来越“稀松平常”。因此，也会有越来越多的企业选择以这种方式开展经营活动。

除了上面所列的这些易于理解的原因以外，也不要忽视那些可能出现的更深层的、影响企业外包决策的因素。例如，也许某项业务或某个部门的经理没有把它们创造的利益充分展示给更高层的企业管理层。许多部门的经理并不善于炫耀自己所负责的业务，也并不善于向高级管理层表明，如果将业务继续由企业内部完成的话，其好处将远远大于业务外包所节约的成本。

你需要对某个部门是否未能表明其真实的贡献进行评估。切勿把一位完全胜任、但不善于自我表现的内部员工的工作外包出去。如果负责判断企业是否需要将业务外包的经理对此有所怀疑的话，最好能够聘请一位独立的咨询顾问，让他们对内部员工的真实表现进行评估。正如我们在上面曾经提到的那样，许多企业现在都开始要求自身的部门或业务经理与外包服务供应商进行竞标，以此作为保留业务由企业内部完成的条件。有时候，在作出外包决定之前对内部员工的能力进行调查，能提供压倒性的证据来终止外包。

企业高层管理人员也必须要记住，并非总有必要将全部的业务部门和单位外包出去。相反，应该争取让众多外包服务供应商集中完成该部门的某项适合外包的业务，而将其他业务保留在公司内部进行。这样做也能降低外包服务供应商试用期间的风险。把少量的任务置于风险之下，就能验证这家承包商是否有能力胜任更重要的工作。

【提示】 将会计、材料管理和人力资源的工作进行外包的风险不大。因此可以考虑在与外包服务供应商之间建立起互信之前，先将这类工作外包出去，然后再进一步地外包更多的重要业务和与企业核心业务联系更加紧密的业务（例如信息系统、工程、销售和市场营销、公共关系、加工制造、消费者服务、电话服务中心等等）。

开始你的外包之路

一家大型企业在将业务外包时所采用的策略比较具有代表性。该公司首先选择将战略价值最小的业务外包出去，作为检验外包关系的问路石；这样做的好处是，即便供应商达不到合同的要求，也不会严重危及到企业的整体利益。只有在承包商能够把这些低端的业务完成得很好的情况下，发包的这家大型企业才会开始考虑把战略价值较高一些的职能外包出去，并承担较大一些的风险。

当你开始认识到利用外部资源也是企业实现经营目标的一个选项时，需要对内外资源进行成本及利益分析。在并不完全理解外包所能带来的利益的情况下作出外包的决定，企业很容易陷入在人员配备方面无所适从的难题。要想确实了解外包的必要性，需要考虑以下这些基本的问题：

- 向外包服务承包商有效地传达企业业务外包的目标和目的。
- 准备一份战略性外包的设想和计划。
- 开展审慎调查并选择合适的承包商。
- 建立长期的外包关系。
- 慎重起草与承包商的外包协议。

• 与受到影响的个人/团体就企业缩减成本和进行重组的可能性展开讨论。

• 设立资源总监（Chief Resource Officer）来保证高级行政人员对外包活动的支持和参与。

• 以小心谨慎的态度对待人员配置的问题。

• 持续不断地检验外包业务各项指标的完成情况，并对业务外包活动在财务方面的影响力变动情况随时进行评估监控。

表 2－1 中所展示的，是部分业务外包活动中的常见问题以及相应的解决方案。

表 2－1　　开展业务外包活动的常见问题及对策

外包业务常见问题	判断准则对策
开展外包业务的目标不明确。	在计划的初始阶段，认清外包项目的目的，外包项目所能利用的企业资源，以及确定适合的外包形式。
对外包项目缺乏理解使对企业内外部资源进行成本和收益评估的工作变得十分困难。	给予充分的时间对项目进行全面的调查研究，尽可能与每一位内外部的专家进行接触。
因不能在平等的基础上对内外部资源进行成本和收益分析而得出一个不准确的分析结果。例如，在分析 FTE 成本时完全没有考虑协议的软性成本。在考虑到软性成本的情况下，因为自身资源的原因，发包企业的成本比简单地根据 FTE 计算的成本要高。发包企业将业务外包的总体成本也会与企业单纯支付给承包企业的款项不同，因为如果将业务外包，发包企业将不必再负担部分现有资源的经营成本（例如，杂费和场地使用成本等等）。	用列表和加权平均的方式对比内外部资源的情况，使用统一的评估标准。 用文字清楚地列明各项成本支出的计算公式和计算数据。这将使你更了解哪些成本在评估时已经被考虑在内。
由于不清楚企业各项业务的主次关系，很难对成本和收益作出准确分析。	根据企业的战略发展规划确定各项业务的主次关系，并制定各项评估标准。号召相关各方和企业管理层同时参与决策。
由于某些软性成本和收益很难用数据表现，例如“经营优势”或者“技术优势”等，使得评估相关成本的工作变得十分困难。	确定各项业务的主次关系，将有助于对软性成本和收益进行评估。根据企业的总体目标设定考核的评估标准和依据。

在下一章里，我们将讨论在将业务外包之前需要了解的信息。在阅读第三章之前，让我们先熟悉一下下面的业务外包指导原则。

• 起草项目建议书（RFPs）、选择承包商、以及签订外包协议仅仅是旅程的开始。

• 建立外包关系的第一个年头最为关键，要想长期持久地发展外包关系，就应该在第一年建立起有效的监督管理体系。

• 每两年就要准备对你的 BPO 合同做重大的修改。修改范围包括扩展外包的业务范围、补充完善业务上发生的变化、以及添加运用新技术的条款等等。许多发包企业的经理人都会担心把业务外包出去将导致企业对相关的业务失去控制权。这种担心是可以理解的，但是在大多数情形下，这种担心都是不必要的。事实上，如果能够对外包业务实施有效的监控和管理，你就会发现，你对相关业务的控制权甚至将超过当初由企业内部负责完成相应工作的时期。这是什么原因呢？因为将业务流程进行外包时，清楚明确地列明服务水准的外包协议将会确保发包企业获得介绍外包业务进展情况的月报表和测评结果。如果承包商的服务质量没能达到协议中的要求，就会产生罚金。

- 业务外包能够取得成功的关键在于，企业是否能够对整个过程进行精心的管理，并把相关信息及时准确地传递给有关各方。强化外包的监管体系，包括设立资源总监（chief resource officer）的职位，将确保各方之间进行正常有效的交流。
- 企业内部管理的供应链体系已经开始出现向海外转移的趋势。如果之前你还从来没有考虑过企业向海外发展的机会，那么现在就开始好好想一想吧。抢在董事会或是首席执行官提出要求之前，准备好一套执行方案。聪明的经理人应该懂得揣摩企业高级管理层的意图。

第三章 在将业务外包之前你需要知道什么

> 在经济萧条时期，将业务外包的企业的经营表现优于标准普尔和纳斯达克上市公司的整体表现。
>
> ——摩根斯坦利添惠（Morgan Stanley Dean Witter）

各种规模的企业现在都在通过与战略外包企业结盟的方式，以达到改善企业的经营管理水平、增强生产能力、提高生产效率的目的。外包能够有效作用于任何产业任何规模的企业；外包项目成功与否，与公司的类型和大小没有直接的关系。就是说，外包项目的成功取决于项目策划执行（包括培训）的情况如何，是否选择了合适的合作伙伴以及是否与承包商就外包服务的内容达成了清楚灵活的协议。由于行业的差异，企业外包的业务各不相同。例如，按揭公司可能会将市场开发业务和客户联络中心的业务交由第三者完成；生产消费品的公司可能会将与客户保持良好关系的业务外包给专业的公关公司；银行可能会将 IT 业务外包给专业公司；而工程公司则会选择外包日常文件设计处理业务。

但是，业务流程外包（BPO）也绝非是一项能够轻易完成的任务。中等规模的企业对此尤其感到畏惧，因为它们往往缺少能够在长时间内保障外包业务顺利进行的内部专业人才。要想直面这些挑战，企业必须认识到：

• 需要从一个全新的角度上对公司现有的业务流程进行评估，以确定哪些业务需要外包，哪些业务不应该外包。寻找一个适合的外包服务供应商需要发包企业对承包商市场进行全面的了解，了解的内容包括对方的生产/业务能力、运作流程、工作质量以及创新能力。搜集和分析这些信息，特别是了解海外承包商的信息，是一项复杂的、需要投入大量时间与精力的工作。

• 衡量外包关系——合同和服务水准协议（SLA）——的价值，需要技术、法律以及企业经营管理流程方面的各路专家的参与。同样，要想对外包业务实施有效的监管控制，发包企业或许有必要在承包商所在地设立代表机构或派驻代表人员，同时使承包商充分理解发包企业的企业文化。

• 若想有效预防业务外包过程中的不确定因素对企业的影响，降低可能的风险，发包企业在与承包商订立外包协议时，就需要预先为自己留下后路，即在业务外包活动遭遇失败时，能够快速地将业务转移给第二家承包商。

影响企业外包决策的主要因素是什么

即便你现在正在面临着将业务外包的巨大压力，也一定要预先花上些时间来对这项重要的决策进行评估。只有这样才能找到适合的海外承包商，并与之建立长期健康的合作伙伴关系。

要想知道究竟应该去向何方，就必须了解你自己背后的推动力在哪里。我们在下面列出促使企业将部分业务外包的十大动因，希望能够对你了解企业的下一步行动方向有所帮助：

1. 实现企业改造，从而大幅提升企业的经营表现。企业改造的目的在于大幅提升经营表现，例如降低成本、提高产品质量、提升服务水平以及开发企业潜能等等。但是，提高效率需要企业加大对核心业务的投资；而当非核心的业务被长时间忽视时，企业的整体经营效率和生产能力将会被削弱。此时，如果能把非核心的业务外包给一家世界级的服务供应商，就能最大程度地体现出企业改造的好处。

2. 达到世界级的生产能力。世界级的承包商在技术、经营管理模式和人员方面投入了巨大的资金；同时，它们从为众多发包企业合作的过程中，积累了大量的相关经验和技能。这种特性化和专业化的结合为客户创造了竞争优势，同时也使发包企业不必再对相关业务进行技术和培训方面的投资。而原先负责相关业务的员工可以在外包供应商那里找到更多的工作机会。

3. 回笼现金。外包经常涉及到将资产从发包企业转移到承包商那里的情况。发包企业目前所使用的设备、工具、车辆以及经营许可证等资产，都具有相当的价值，并且往往会被发包企业转让出售给外包服务的供应商。而获得这些资产的外包服务供应商将会反过来利用这些资产为发包企业提供服务。根据相关资产的价值，这类销售行为能够为发包企业带来金额巨大的现金收入。发包企业在将这些资产售予承包商的时候，通常依据的是略高于市场价值的资产账面价值。这种情况下，两者的差价实际上等于是承包商给予发包企业的一笔贷款，贷款的金额会以在外包合同的有效期限内，以外包服务价格的形式返还给承包商。

4. 出于其他目的而解放资源。每个企业都有资源短缺的情况。外包可以使企业将有限的资源从非核心的业务活动——最常见的是人力资源管理业务，转移到为消费者服务的业务活动上来。企业可以将这些多出的人力——或至少是部分员工——转移到附加价值更高的业务活动中去。那些目前负责处理内部业务的员工将有机会转去处理外部与消费者有关的业务。

5. 重新评估问题重重的业务职能。外包并不意味着放弃管理的责任，也不是解决难题的正确方式。在某项业务似乎难于管理或正在失去控制时，企业需要找出背后的实质性原因。在没有完全搞清楚提高业务表现所需具备的条件，不清楚自身希望从外包服务供应商那里得到些什么以及必要的资源是什么的情况下，将出现问题的业务外包并不能改善当前的困境，反而可能激化矛盾。如果企业连自己都不了解业务到底在哪里出现了问题，自然也就没有能力对外部的外包服务供应商就今后业务的开展和完成情况进行清楚的表述。

6. 改进企业的业务重心。将某些业务外包，可以使企业腾出手来集中精力于它的核心业务，并借助企业外部专业人士的资源满足客户的需要。

7. 使企业能够获得充足的资本投资资金。为获得企业的资本投资资金，大多数企业的各部门间经常会展开激烈的竞争。决定将资本投资投到哪里去，是企业高级管理层必须作出的最重大的决策之一。非核心的业务部门，在与直接生产产品或提供服务的业务部门进行此类竞争时，往往处于绝对的劣势。外包能够减少投资非核心业务的需要，代之以通过资本支出来获得资源，也即根据每项业务的实际需要，多次分散地进行资金调配。通过削减非核心业务的资本投资额，企业还可以大幅提高资本投资回报率，从而改善企业的财务状况。

8. 降低经营成本。事无巨细都要亲力亲为的企业可能会承担各种高额的产品研发、营销以及调度费用，所有这些成本开支最终都会转嫁到消费者头上。而外包服务供应商由于大规模专业化生产而形成的低成本优势，将会帮助发包企业降低运营成本和提升竞争优势。

9. 最大程度地降低风险。企业进行的任何投资都有可能存在巨大的风险。市场营销、同行竞争、政府管制、财务状况以及技术能力在今天都以电子化的速率在发展变化。企业若想跟上这一发展变化的趋势，势必需要极大地加大投资的力度，而投资风险也将因此而大增。相反，外包服务供应商所进行的投资，是为了同时向许多客户提供产品或服务，也因此分散了风险，使单一企业遭受巨大损失的风险大大降低。

10. 获得本身缺乏的资源。许多企业将业务外包，是因为它们本身不具备所需要的资源。外包是企业、特别是处于启动阶段的新成立企业，获得所需资源的重要渠道。

图 3－1 根据业务外包的驱动因素，对外包“大饼”进行了划分 。表 3－1 则描绘了富有竞争力的外包劳务市场分别位于哪些地区。

降低费用	53%
度过企业合并后的整合阶段	10%
提高质量	19%
应付膨胀的业务	11%
其他	7%

图 3－1 外包的主要驱动因素

表 3-1 富有竞争力的外包劳务市场的分布地区

	劳动力素质、教育程度、技术水平低的地区	劳动力素质、教育程度、技术水平高的地区
高成本劳动力市场		美国 英国 加拿大 爱尔兰 以色列 新加坡 澳大利亚
低成本劳动力市场	菲律宾 匈牙利 墨西哥 智利	印度 东欧 中国

进入外包的核心

我们在前文中曾经提起，但在这里仍然值得一提的是：外包决策的关键是了解你所在公司的核心竞争力是什么。一般的规律是：不要贸然外包企业的核心业务。相反，企业应该考虑把那些企业经营活动必须涉及，但另一家企业能够更有效率地完成的业务，率先外包出去。如行政管理类的工作在多数企业都被看作是非核心业务，因此交由外人去完成并非难事。大多数常见的行政管理工作如会议安排、预定行程、预约登记等现在都可以在远离公司办公地点的地方完成——尽管在起初的时候你的上司对此可能会有点惴惴不安。其他的行政管理工作例如填报税务报表、确定保险合约、催收未达款项以及确保遵守各州及联邦法令等，也都可以通过遥控更好地完成。

其他能够令业务外包取得成功的主要因素包括：

- 高级管理层/所有者必须一如既往地支持这一经营理念。
- 管理层必须预留足够的时间来确保业务的顺利交接。
- 每个公司都有自己独特的企业文化，因此适当的培训是很关键的。
- 在将业务外包时保持适度的灵活性是至关重要的。

【提示】在 20 世纪 30 年代，美国经济学家 Ronald Coase 提出过这样一个问题：如果市场上能够提供一家企业所需的所有业务服务，那么为什么企业不把所有业务都外包出去呢？Coase 得出的答案是，因为转移成本的存在。理论上，企业可以以虚拟方式实现经营管理，从人力资源管理到宣传材料的印刷，以至到市场调查和业务拓展等一系列经营管理工作，都可以通过外包的形式来完成。但问题在于，在外包合同设计和执行过程中，都会产生相应的成本。

Coase 认为，一家企业要成长到一定的规模，才能有效地协调各项资源，将外包协议的成本降到最低。75 年以后，我们正在实现 Coase 的假设。

专业术语更新

与外包有关的专业术语，正与软件开发和其他高技术领域的专业术语一样，已经开始出现泛滥成灾的趋势。最近，外包术语辞典里又增添了四个新的名词，分别描述企业因外包项目的地点不同而采取的不同策略。

1. 境内外包，或者是国内外包。一个形容在本国内寻找外包服务供应商的术语。就美国来讲，境内外包就是指聘请美国公司提供外包服务。

2. 近岸外包。近岸外包指的是与一个邻近国家的公司签订外包合同，邻近国家通常是指那些与发包企业所在国家接壤的国家。对美国来说，近岸外包会在加拿大或者墨西哥开展；而对英国来说，近岸国家指的则是爱尔兰。

3. 海外或者离岸外包。离岸外包指的是与地理上相距遥远的公司签订外包合同。常见的离岸外包所在的国家包括菲律宾、印度、爱尔兰和乌克兰。

4. 最佳口岸外包。这是一个刚刚出炉的最新的名词，用来描述能提供沟通更顺畅、生产能力更强和成本更合理的外包服务的国家。

参见术语表中更全面的外包名词列表。

回答关键的问题

除了要认清决定外包的主要推动力以外，在作出外包决策之前先回答一些类似下面的问题是有益无害的。

准备阶段的问题。在与潜在的外包供应商就业务外包问题展开接触之前，或对是否要将某项独立的业务、某个部门的业务或某个项目进行外包作出最终决策之前，最好能够回顾一下这些问题。如有可能，潜在的外包服务供应商最好也能够向你提出这些问题，以便它们能够为更好地提供符合你所在企业战略目标的服务，为你创造更高的价值。

1. 你是否真正理解了那些促使你开始考虑将业务外包的现象？

• 这些现象的内涵是什么？相关的事实和技术问题是什么？

• 这些现象对企业的经营造成了哪些问题？在企业中的具体表现如何？有多严重？解决这个难题的意义是什么？

• 对你、对你所在的企业来说，如果外包没有达到预期的效果，后果将是什么？

• 还有谁/什么会受到影响？会受到怎样的影响？

2. 你是否理解需要将业务外包的主要原因及局限性？

• 问题是怎样/在哪里产生的？

• 在此之前，阻碍问题解决的原因是什么？

3. 你是否理解企业的经营目标和将业务外包的好处？

• 将业务外包的理想的结果是什么？
• 解决问题或是将业务外包的好处是什么？
• 如何衡量业务外包行为是否取得成功？
• 取得预期成果所要付出的代价是什么？

4. 你是否能够全面地了解问题的全貌？

• 高级管理层是否认识到问题的存在？
• 是否有什么被遗漏的地方？
• 你为何会认为外包是企业进行内部整改的最佳方案？
• 是否会有任何人或任何事阻碍业务外包取得成功？

与成本、质量、时间有关的问题

将业务流程外包应该会让企业在成本、产品/服务质量和完成产品/服务的时间上有所收获。以下是若干具有代表性的、企业在将业务外包之前应该就成本、质量和时间等重要考量因素向自己提出的问题：

与成本有关的问题

• 外包能减少短期和/或长期成本吗？

• 你是否比较过由自己完成相关业务和由外包服务供应商代为完成相关业务在投资收益上的不同效果？

• 你是否想要自行投资完成包括招聘员工、管理员工、解雇员工、调查市场、评估经营状况、设计产品、开展市场营销、提供产品/服务和评估各项经营管理方案在内的所有业务？这样做是否可行？

与质量有关的问题

• 你是否拥有能够有效实现经营目标的内部资源？以战略优先性作为出发点，将资源用于某项业务是否是最好的选择？

• 你将怎样最有效地向客户提供质量合格的产品/服务；在产品/服务需求不断发生变化的情况下，你又将怎样通过扩大或缩小生产规模来控制质量问题？

• 你是否可以从其他企业那里获得最佳的经营管理经验和世界级的产品/服务质量？

• 你想要将哪一部分业务进行外包，是整个部门的业务还是某项单一的业务？抑或

是某个具体的项目？

- 计划外包的业务是否为企业的核心业务？是否应该将核心业务外包？你是否已经清楚地了解了企业的核心业务有哪些？
- 你是否希望从业务外包活动中获得有价值的合作伙伴关系？
- 哪些业务最适合你所在企业的企业文化？

与时间有关的问题

- 将业务外包是否会提高企业提供产品/服务的速度和质量？
- 企业是否能够在有限的时间内完成和提供客户所需的产品/服务？当许多公司得知外包的成本或是购买新的电脑软件的加总成本是多少时，它们往往会选择“借鸡生蛋”——即“build it”（“Build it”是一个常见的IT业名词，意思是从第三方那里购买某项技术）。
- 企业的资金是否来源于风险基金？如果是这样，投资方通常会对企业何时盈利有一个明确的规划。你是否可以不通过业务外包就能够满足风险投资商对企业盈利水平的要求？

与企业经营战略有关的问题

在将企业业务外包之前，首先应该为以下与企业的经营策略有关的问题找到答案：

- 为了将业务外包，你愿意付出哪些成本和牺牲哪些服务项目？
- 你的公司能够承担多大的风险？
- 外包服务供应商的企业文化与你的企业文化是否十分协调？
- 外包服务供应商在你所在的行业里是否受重视以及经验如何？
- 你将如何针对外包服务供应商作出决策，又将如何解决双方之间可能出现的分歧？
- 哪一位企业主管将对外包的业务负责？
- 公司内部是否做过投资收益或者成本收益调查（外包服务供应商提供的调查分析报告不在此列）？
- 企业是否有若干风险较低的业务可以先期交给外包服务供应商完成，以达到了解对方实际经营管理水平的目的？

发现自身是否具备发包企业的特征以及是否能够从外包活动中获得财务上的好处。

在对企业将业务外包的原因进行评估时，可以分别从以下三个方面进行比较和分析，它们是：自身是否具备发包企业的基本特征，在日常经营管理活动中是否出现了促使企业将业务外包的行为特征，以及将业务外包在财务上对企业来说有哪些好处。

发包企业的基本特征

- 企业在多个地点设有分支机构，每个分支机构拥有独立的经营管理机制。
- 多家分支机构分别拥有独立的后援机构。
- 业务金额巨大且运营成本高于平均水平。
- 在相关的市场上行政管理人员与普通员工的比率偏高。
- 在成本较高的地区拥有较多的员工。
- 企业希望通过收购、合资或者联合来实现增长的意图。
- 若想提升与后援服务有关的配套设施必须进行重大的投资。
- 缺乏专业技能和/或在多个业务领域或地区进行重复建设。
- 无法稳定地提供令人满意的服务。

行为特征

• 为了开展对外业务而使后勤业务的发展受到限制，典型地体现为企业对内勤业务的重视不够、投资不足。

• 没有把内勤人员理解为服务供应商，最典型的表现是对于提升企业服务质量的行为（例如服务水平协议）采取消极抵制的态度。

• 得不到激励的后勤员工们看不到事业发展的前途，或者不清楚应该如何融入企业的整体经营管理体系。

• 财务“环境”不好，并且对标准的财务操作流程不甚了解。

• 内勤业务缺乏持续改进服务质量的意识和追求卓越的精神。

财务上的好处

• 通过改进成本和服务水平达到最佳的经营效果，最立竿见影的回报就是通过改善营运资金的使用状况使企业可以用最少的现金支出取得较大的回报，使企业的直接商业价值得到提升，同时也使企业的财务主管在资金调配问题上拥有更大的主动权。

• 以合同形式来提升企业对经营成果的控制力；通过外包获得经过多次检验的经营方法和生产/服务工具；同时降低了经营风险，增强了信息的透明度。

• 在业务增长的过程中，将业务外包可以摆脱复杂的后勤保障工作的困扰，使企业集中精力于自身的主营业务；同时通过对外包服务供应商加以有效管理和将“后勤工作”变为“外务”，使相应的经营表现得到改善。

• 外包可以提升经营的灵活性，从而使企业更加适应并购或业务自然增长所带来的经营环境的变化；同时，外包还将使企业有机会获得世界水平的经营管理模式、生产技术和企业资源。

表 3-2 简要地概述了业务外包活动对企业经营管理和财务的正反两方面的影响。

表 3-2 外包对企业经营管理活动和财务管理活动的利弊影响

利	弊
经营管理方面	
外包可以被用于改进企业的经营效率，并帮助企业建立更好、更有效的管理体系	失去对日常业务的控制权
有助于改变固有的企业文化和业务操作流程	有可能导致企业对某个外包服务供应商或者某项专有技术产生依赖，使企业更难对商业环境的变化作出反应
能使内部员工集中精力进行企业战略发展规划，并着手拓展新的业务领域或开发新的核心业务	外包协议一定要由具有相关知识的员工加以有效管理，确保供应商有能力完成服务和生产任务 随着时间推移,企业核心业务的定义也会随之发生转变
外包有助于企业从专家那里获得专业的技术指导	外包服务供应商可以提供专业技术，因此，企业内部员工的工作技能和对生产/服务体系的了解程度将会降到最低程度
外包能使企业对立法要求、新型技术以及新的商业需求的出现作出快速反应	存在较高的退出门槛 一旦签署了外包协议，在出现问题的情况下，企业将很难退出和使业务恢复到以前的状态
财务管理方面	
通过卖家的规模效益达到节省设备采购成本和员工成本的目的	存在自身拥有的生产技术过时，而外包服务供应商却实现规模效益的可能性
与自己购买材料和设备相比，预先了解将要支付给外包服务供应商的成本支出将会帮助企业更好地平衡现金流量	只锁定某一个供应商的服务,没有自我生产的能力或没有作好将业务转包给其他外包服务供应商的准备,将有可能在与外包服务供应商续约时发现对方突然提升服务价格
不需要资本投资就能获得所需的技术	外包的成本由合同的条款决定，产品变动或维修等因素都会对成本产生影响 结果是成本可能会很快上升
因为不必每天视察业务的进行情况，节省了管理层时间和进行相关工作所需的资金	对外包协议进行管理的员工成本可能会高于预期

外包的基础

最为成功的发包企业会从高层次的战略角度与供应商结成牢固的合作伙伴关系，运用卓有成效的管理方法，并通过考核业绩和对终端用户满意度进行跟踪调查等方式，不断提高、改善相关业务的质量。如果企业在外包活动中能够遵循以下所列示的四项指导方针，将会获取更大的收益，并实现节省成本的目的。

准备出发——了解哪些业务流程适合外包

当企业决定将业务外包时，最难的一件事就是决定将哪些业务进行外包最为合理。企业不需要外包那些能最为它们省钱的业务。它们必须把注意力放在其他方面：业务的标准化程度、业务与企业主要经营目标的关系、管理层的接受程度、企业对业务外包所带来变化的适应程度、相关法律法规的要求以及在外包中涉及的技术性问题等等。

某些外包服务供应商会根据自己的专业知识和经验，向有意将业务外包的企业提供工具，帮助它们分析哪些业务适合外包，哪些业务在外包前必须进行调整。例如，美国的 eFunds Corporation 所设计的 eFund 业务分析解读系统（PRI™），就属于这样的分析工具。

在将业务外包前还需要对其进行调整，这一点听起来有点不可思议，但却是外包服务供应商能够成功提供服务的必要前提条件。在业务外包前对其经营方式进行提高改良，将会大大提升外包活动的投资回报率（ROI）以及外包业务完成的整体质量。

在与其他企业商讨是否要将业务外包时，对方必须应该是最终提供外包服务的企业。如果对方不是最终提供外包服务的企业，将很难对外包业务可能遇到的困难作出公正客观的评价。

取得统一认识

在企业内取得统一认识，是业务外包的第一步。以前，降低经营成本和人工成本，一直是企业选择将业务外包的最常见的原因。而在当今的商业环境中，外包的驱动力经常是更多地出于企业战略发展的考量，其目的是使企业能够集中精力完成那些能够为企业经营创造附加价值的核心业务。这就意味着开展业务外包活动必须由上而下地进行。高级管理层必须向员工们说明将业务外包的目的，表现出对外包的渴望，并且说服人们此项活动将如何有益于企业的发展。确定外包活动的目标，对挑选外包服务供应商以及对外包业务实施有效的管理，都有着十分重要的作用。统一人们对业务外包的认识，必须贯穿于从最初确定业务外包的目标到外包协议的签署，再到对外包业务进行监管的每一个环节。

在拥有共同认识的基础上，发包企业和承包企业都将对此项经营行为的最终成功作出贡献。外包服务供应商能够帮助发包企业确定比较现实的经营目标，并且为它们创造出相应的附加价值。双方必须对彼此认识和了解作出巨大投资。这项工作包括初期双方在不同认识水平基础上展开的讨论和会谈以及相互学习、就外包协议达成共识等等。

建立有效的业绩考评标准

在建立起业绩考评标准以后，才可以对业务外包活动进行有效的监控，从而确保高质量的服务，并对表现优异或表现不如人意的行为分别给予奖励和惩罚。

在制定考核标准时，应该更多地强调结果而不是过程，并且建立一套标准化的考核评分指标。考评标准必须符合实际，否则将会失去应有的效力。人们在制定考评标准时，往往会对工作要求进行过分细致的规定。例如，假如处理某项业务的周期是7天，那么每两天就对业务完成情况进行一次考核则未免显得没有必要。另外，随着时间推移，考评的标准也在不断地改进提高，通常都会日趋严谨。

建立明确的交流机制

业务外包的合作双方如何交流，依赖于外包协议中的具体规定和外包业务的复杂性。简单清楚的外包服务，如卫生清洁、食物供应或者车队管理（fleet management）等，只需在日常工作中进行操作上的沟通，并出具正式的考评报告就可以达到目的。而当外包服务的复杂程度较高时，发包企业与承包企业之间进行更深入的相互交流就显得尤为重要。相关的交流与沟通工作具体包括共同策划解决业务中出现的问题，对创新性的经营活动展开讨论，对人员的使用情况进行商讨等等。对于这类业务，除了需要通过日常考评报告加以监控外，还有必要编制月报表，以显示经营活动是否满足了先期制定的服务标准和价格以及在工作中出现了哪些问题。

未雨绸缪

不管你在与合作伙伴的交流与沟通上作出多大的努力，你们之间的关系仍然存在破裂的可能，因此事先做好应急规划是绝对必要的。

应该记住，外包不是企业经营的终极目标，它只是企业实现经营目标的一个工具，如此而已。因此，对外包手段的运用应该做到恰如其分。要想使业务外包行为取得成功，企业的管理层必须要注意以下几个方面的问题，其中包括认识企业潜在的问题、了解外包对人力资源管理和员工的影响、考虑资产转移和业务授权的事宜、起草和商讨外包协议的内容以及克服政策上存在的阻碍等等。成功的外包服务供应商能够清楚地认识到这些问题，同时它们也了解这些问题对发包企业和承包企业的自身利益所能产生的重要影响。

将规划变为现实

成功的发包企业清楚地知道拥有一支富有经验的专业团队的重要性。下面将说明发包企业负责业务外包的管理团队，特别是资源总监（CRO），是如何将业务外包的发展规划具体地变为现实的。

【提示】资源总监（Chief Resource Officer，CRO），是发包企业中设立的一个新的职位，我们将在随后的第九章中对其进行更详细的描述。

1. 建立紧密的管理机制。发包企业要想使业务外包活动达到预期的效果，就必须建立密切的监督管理机制。将原来由企业内部员工完成的工作转为外包，需要管理层适时调整经营管理措施。CRO将负责组建一支监督管理团队，以确保外包海外的业务能够在技术上和服务质量上，满足发包企业的要求。

2. 明确地向外包服务供应商说明自己的期望。CRO和他或她所领导的外包业务监督管理团队必须在事前确定外包业务的主次顺序，并确保相关各方也都能够清楚地了解这一点；同时，他们的工作还包括监督管理业务外包的具体流程，确保公司对外包计划作出的修改能够很好地传达给外包服务供应商。

3. 确保业务流程的完整性。只有充分地做好计划，才能有效地完成业务外包的活动。在业务外包过程中，CRO必须积极主动地对海内外的工作团队进行管理，以确保外包活动能够顺利完成，同时使相关各方能够全身心地投入。经理们同时需要认识到，外包活动很容易受预算、时间和产品/服务的交付能力等方面的变化的影响。及早地发觉和发现可能的各种变化，能够大大地减少解决问题的时间，并极大地降低相关的成本。

4. 赋予CRO和外包管理团队充分的权力。在业务外包期间，企业需要高度关注外包活动的进行情况，以应付可能出现的困难，并避免在财务和核心业务方面遭受重大损失。而要做到这一点，企业的高级管理层必须赋予管理团队以充分的权力，使他们能够独立和有效地开展工作。

5. 寻求快速地获得战果。企业应该积极地寻求从外包服务供应商那里迅速地获得收益，以证实双方之间的合作是可靠的和可行的（特别是在外包服务供应商刚刚开始承接外包业务的情况下，就更应如此）。特定的收益必须要和发包企业每一项具体的要求联系起来。有鉴于此，发包企业有必要制定一套实现收益的具体计划，并确定完成各项指标的具体时间和标志。

6. 要充分考虑地域、文化和时区方面的差异。成功管理外包项目所面临的最大的挑战之一，就是应对不同的语言、文化和地域（参见图3-2）的差异。对于任何一个外包项目，有效地沟通表达与项目有关的各项信息，都是项目能否取得成功的关键。而在与海外的外包服务供应商合作时，这一点显得更为重要。发包企业必须对文化的差异所产生的影响有充分的认识，例如，传达出的指令将被如何解读、问题将会如何得到解决以及分派任务的方式如何等等。发包企业外包业务监督管理团队的责任，就是确保每一个项目所要求的工作都得到正确理解，并且在麻烦和问题出现时有一个应对时差的联络机制。当将项目的要求形成文件、技术审查规范、或者确定时间进度表的时候，项目的管理者最好能证实所有的人都对细节理解无误。

7. 进行审慎调查。要发现完全适合的供应商，需要在对其报价和生产经营能力进行评估的同时，对它们的企业文化也作出评估。根据经验，外包服务供应商的内部文化反映的是它们的商业运作理念。每天都有新的外包服务供应商出现，如果你所在的企业要与它们中的一家或多家企业开展合作，就必须清楚地了解它们是否拥有完成外包业务所必需的专业技术以及相应的商业管理和变革管理技能。

地区的吸引力
基础设施
- 电信
- 其他基础设施

国家风险/FDI
- 鼓励政策
  - 吸收外资的鼓励政策
  - 整体政治环境

时区的差异

澳	澳大利亚
中	中国
印	印度
爱	爱尔兰
墨	墨西哥
菲	菲律宾
新	新加坡
英	英国

圆圈的尺寸大小代表专业技术工人的数量

人力资源的吸引力
（素质、成本、技能、英语）

图3-2　地域、文化和时区差异等要素的分解示意图

资料来源：外包管理协会，美国佛罗里达州 Tampa 市，《评估承包企业/发包企业的差异》2004年12月版。

【提示】 如果你在完成上述工作方面需要帮助，我们建议你可以求助于专业的咨询顾问，由它们帮助你开展业务外包活动。类似 Firstoutsourcing.com 的机构可以为企业的资源总监（CROs）和发包企业的专家提供外包服务供应商评估筛选、RFPs 以及外包协议洽谈等服务。

8. *确定服务水准要求*。确定你所在公司的服务水准要求是业务外包的一项重要步骤。它包括对外包的业务进行详细描述，包括在产品支持服务、产品性能、可靠性以及安全性等方面列出具体的要求。

9. *开展基准审计*。资源总监们应该以问卷调查的形式，对外包协议关于服务水平的问题展开调查。具体地说就是，他们应该围绕各项指标设计出一份评分表格，对相关各方的意见（例如，不确定、强烈地不认同、不认同、认同、强烈地认同）进行调查了解，以便最终确定服务水平协议（SLA）的各项内容。服务水平协议（SLA）的相关条款应该分别强调发包企业所希望达到的服务水准。

发包企业可以委托专业的外包服务咨询机构或专家顾问——如 The Outsourcing Partnership（www.outsourcingpartnership.com⁺）——寻找最适合的外包服务供应商。咨询顾问们的工作内容包括：对外包服务供应商进行调查和筛选、以发包企业能够理解的形式和文字提交评估报告以及起草相应的外包协议等等。以下这些问题，将有助于你更清楚地了解你是否需要寻求专业咨询机构的帮助：

- 你是否清楚地了解哪些业务需要外包？

- 你所在的公司是否已经做好了将业务外包的准备？
- 你对于外包服务供应商的服务水平是否已经做好了清楚的规划说明？
- 企业的管理团队对于相关业务在外包情况下的经营表现是否拥有客观的认识？
- 你能确信你将会得到高质量的服务吗？
- 发包企业有必要通过独立的服务水平协议、业务完成情况报告、监测机制、总结会议以及考核评估等手段，与外包服务供应商建立一套完善的对话机制。对此你需要帮助吗？
- 你是否已经为业务外包建立了一套责任和管理机制？
- 在开始寻找外包服务供应商之前，你是否已经拟好了向员工、外包服务供应商和所在社区传达业务外包信息的周详计划？
- 你是否就企业有无做好业务外包的准备进行了认真的评估？
- 你是否确实认为外包是企业最好的解决方案？

开展战略性内包/外包

在过去的二十多年里，企业已经为降低成本、改进服务而开展了重大的业务外包活动，有时甚至更是通过一项全面的外包协议，把整个业务流程都转移到一家单独的服务供应商手中。20年以后，这些企业开始了解到开展“战略外包”的重要性。所谓的战略外包，就是针对企业的长期需求，为了巩固企业的竞争优势，而有选择地将特定业务进行外包行为。当然，与外包服务供应商签订一次性的外包协议也可以达到和实现某些经营目标。但是，与外包服务供应商建立长期的合作伙伴关系，有助于发包企业持续不断地对相关业务加以改进，从而最大程度地实现企业的投资回报，而这一点通过一次性的业务外包活动是无法实现的。开展战略外包有助于企业合理地调动专业技术资源和科学技术资源，使经营行为取得更大的成果。

战略外包的定义是：**积极地调动企业内部和外部的资源与服务项目，以实现企业既定经营目标的目的。**其目的是更有效地使内部的核心业务能够适应不断变化的企业需求。在如今这个注重生产技术的商业竞争环境中，企业若想长时间地取得成功，合理地调配企业内外资源显得尤为重要。

早期介入业务外包活动的企业经理们发现，当企业逐渐发展壮大，而原有的某些业务开始变得不再符合新的商业环境的需要时，原先开展业务外包活动所节约的成本，会在很短的时间内流失殆尽。他们有时候甚至会发现，为了保证生产/服务技术的领先地位，反而要向外包服务供应商支付更多的费用。这些企业经理们从中学到的一条宝贵的经验就是：将一切经营行为与企业的经营目标紧密地联系在一起，才是企业开展各项业务或外包活动的首要参考标准。

这些企业经理人还摸索总结出将这一原则运用于企业经营管理的三条重要经验：

1. 外包最多的服务项目并不是商品服务类项目。削减成本并不总是企业进行业务外包决策时最主要的参考标准。很少有哪类服务项目能够被归类为纯粹的商品，当企业借助某项科学技术或某个服务项目来实现企业的经营目标时，该项技术或服务的商品化特征就将大大减弱。在这种情况下，相关的服务将成为企业经营活动和赢取竞争优势的一个组成部分。企业的资源总监们现在已经开始越来越多地寻找那些对某项业务拥有特别专长的外包服务供应商，来取代之前将业务同时发包给多家供应商的做法，这一转变将使发包企业获得的产品和服务更能符合企业的要求，质量也将更高。

2. 为保持竞争优势，最好将企业所擅长的业务继续交由企业内部各相关部门完成。为了削减成本，一些企业将部分业务进行了外包，但后来却发现这些业务对企业适应市场的变化和保持竞争优势有着极为重要的作用。

3. 外包关系必须富有灵活性并与公司的业务发展相适应。企业经常容易犯下签订刚性死板的长期外包协议的错误，随后才发现它们的业务重心发生了根本性的转变。这些变化的后果是，随之产生的额外成本支出抵消了当初所节约的成本，并使得发包企业和外包服务供应商之间的关系遭到严重的破坏。随着双方企业对分担风险和共同享受业务外包所带来的利益的认识不断加深，寻求富有创意的合作伙伴关系，已经很快地成为双方在商讨外包协议时所重点讨论的问题。能够保持协议条款的灵活性，对于企业将来是否能够取得成功，有时候会比在协议中精心设计违背合约的惩罚条款更为重要。

总的来说，企业进行战略性内包/外包的行为能否取得成功，取决于企业经理的领导能力和出色的管理能力（参见图 3-3）。要想找到一条行之有效的战略性资源合理调配的方案，需要进行大量的分析与思考。

技能（Technical skills）
项目（Projects）
管理能力（Management Capabilities）

内部完成相关业务（Internal Delivery）
在企业内部寻找完成相关业务的资源（Sourcing of Capability of Deliverables）

业务流程（Business Processes）
管理的 IT 服务　合伙的方案（Managed IT Services）
与外部机构合作寻求解决方案（Partnered Solution）

全部外包（Fully Outsourced）

寻找可持续的服务或解决方案（Sourcing of Continuous Services or Solutions）

图 3-3　制定一套具有针对性的业务内包/外包策略

精心制定战略性内包/外包方案

在设计制定业务外包战略时，绝对不要忘记企业将业务外包的近期和远期目标。充分考虑企业内部和外部市场上存在的业务外包机会和业务能力。你最低限度需要在下列基础上设计制定业务外包的具体策略：

- 市场的大环境将会不断地发展演变，外包服务供应商和商业竞争的内涵也都在发生着变化。
- 清楚地列出企业的经营目标，例如准备如何扩大生产规模等等。

1. 对企业内部的生产经营和管理能力进行评估。从短期和长期两个方面，综合衡量企业自行完成相关业务和外包相关业务的经营管理能力：即确定企业准备将哪些业务保留在企业内，将哪些业务交由外包服务供应商完成。企业缺乏对业务外包活动进行有效管理的典型情形包括：以往尝试将业务外包的活动没有收到理想的结果，特别是在需要企业多个部门就业务外包活动拿出创新方案时，企业的表现尤其不尽人意；企业内部各部门之间的关系变坏以及为了降低成本而签署的外包协议产生不良的后果等。

2. 调查外部的市场。仔细调查了解哪些外包服务供应商能够最好地帮助你实现外包的既定目标。如今的外包服务市场十分活跃，甚至可以说有几分杂乱无章。要找出能够满足企业要求的外包服务供应商，你必须要清楚地了解对方的实际经营生产能力以及你所需外包的业务在目前和未来的发展会对它们产生什么样的影响。你是否认为外包服务供应商的市场在未来会发生什么变化？它们是否能够跟上最新的技术发展潮流？简单地说，企业所面临的挑战就是，如何在外部寻找到能够满足企业内部经营目标的外包资源，然后再在平衡各种可能出现的风险的基础上，作出最终的决策。其中的平衡点无疑必须掌握得恰到好处，而作为发包企业，也必须切实地掌握寻找平衡点的技巧。

外包的网上资源

为了方便你做这项调查，在此列出一个详细的网上资料来源：

The Black Book of Outsourcing web site：www.theblackbookofoutsourcing.com

The Outsourcing Times：www.blogsource.org/blog

The Outsourcing Center：www.outsourcing - news.com

Offshore Outsourcing News：www.ecode.org.uk/news

Who's Outsourcing - News：www.whosoutsourcing.com/news.htm

Offshore Experts News：www.offshorexperts.com/index.cfm/fa/home.news

续表

Outsourcing.org News：www.outsourcing.org/modules/news
Global Offshore Outsourcing News：www.machrotech.com/Offshore_Outsourcing/Offshore_outsourcing_events.asp
Computer Weekly Outsourcing News：www.computerweekly.com/Issue333.htm
Offshore Outsourcing Center News：www.oocenter.com/news_corner/bin
PR.Com Outsourcing News：www.pr.com/outsourcing_news.html
ComputerWorld Outsourcing News：www.computerworld.com/managementtopics/outsourcing
Outsourcing Institute News：www.outsourcing.com
Human Resources Outsourcing News：www.hrotoday.com
CIO Outsourcing News：www.cio.com/research/outsourcing
Offshore IT News：www.offshore-guide.com
Offshore Outsourcing World：www.enterblog.com/index.html
The Outsourcing Weblog：www.outsourcing-webblog.com
Contact Center Digest：www.ccdigest.com

3．“选购”解决方案。你是否知道哪一类业务外包的模式最符合你所在企业的外包需要？如果不到市场上去走走看看，恐怕很难找到这个问题的答案。随着外包业务的不断发展，企业已经开始学习采用一些富有创意的业务外包方式，而不再像以前那样，一股脑地将业务的所有部分完全外包出去。

这更像是在商店里选购商品，企业可以根据自己的实际需要来选择将哪些业务外包。业务外包的选项也好比是一个连贯的数轴，轴的一端是企业自行完成相关的业务，另一端则是企业将业务完全交由外包服务供应商完成，而企业事实上可以在这条数轴中间选择任意一点，作为自身开展外包业务的模式。例如，你可以在人员方面使用企业内部的员工，但是从外部获得最新的专业科技；而在另一方面，你可以选择把所有接收订单和发送账单的工作交给外部的服务供应商去完成。

4．对外包模式进行监督管理。对外包模式进行监督管理指的是对多个外包服务供应商的经营管理方法、业务流程以及企业的职责与外包协议的履行情况进行总体监督的工作。有效的管理模式必须打破传统的企业界限，不仅成为发包企业管理机制的一个有机的组成部分，同时也应成为连接内部业务部门与外包服务供应商的纽带。

战略性外包将会使外包服务供应商与企业内部的经营管理机制更紧密地结合在一起。而企业经理人所面临的挑战是，如何找到联系发包企业与承包企业经营管理模式的最佳方案，最大程度地满足发包企业的战略需要。

保持对外包业务的控制权

若要降低外包项目中的固有风险，必须与外包服务供应商保持密切的联系。简单地说就是，借助资源总监对外包项目进行监督管理。建立一套系统的反馈机制，对外包服务供应商的表现进行评估也十分重要，这样有助于增强发包企业落实外包协议的能力。

我们在前面曾反复指出能够从业务外包活动中获取的好处，例如更低廉的成本、更高的服务水平、更优秀的人力资源和技术资源等等。但是，如果我们不同时指出业务外包活动的若干缺点，将是不负责任的。在此列出业务外包的潜在危险不是要骇人听闻，而是希望起到警示作用，使发包企业能够时刻把握住对外包业务的控制权。记住，失去了对外包业务的控制权就等于放弃了对供应商（们）的控制。

- 一旦将某项业务外包出去，将来要想把它收回由企业内部完成将会是极端困难的，而且需要付出较高的成本。
- 最初签定的外包协议可能是极具竞争力的，但是为不得不做的修改你可能要付出更多。
- 强行裁员将会危及现有员工的士气，这种损失有时候是难以挽回的。更危险的是，这将有可能使你所拥有的最有才干和最受市场欢迎的员工另谋他就。
- 管理合同所需花费的时间可能比最初所计算的要高，甚至要超过合同的附加价值。
- 一定要始终如一地坚持对生产和服务的质量进行监控，以避免供应商为了降低成本而损害产品/服务的品质。
- 供应商有许多客户，因此，发包企业的业务有时可能无法得到它们希望中的高度重视和关照。
- 公众会对大型企业裁员持负面看法，这将会影响你的企业形象。

简单地说，保持对外包业务控制权的最有效方法就是，在签定外包协议之前，就与外包服务供应商确定明确的工作关系。具体做法如下：

1. 明确表明你所在企业将业务外包的目的。正如我们反复强调的，业务外包的目的不仅仅是为了降低成本；它的更重要的目的是改进企业的经营重点、获得世界级的生产能力以及解放现有的资源等等。要想找到能够满足企业经营目标的外包服务供应商，就必须在最初的筛选评估阶段明确企业的目标，并且清楚地将这些目标描述给候选的外包服务供应商。

2. 了解外包服务供应商的目标。请记住，发包企业与承包企业之间是一种互惠互利的关系。外包服务供应商也有它们自己的目的和目标，例如不断完善经营表现、增添人手、或是进入新的市场等等。如果你希望双方的合作伙伴关系取得成功，就应该了解对方接受外包业务的目的为何。

3. 理解交易的性质。与外包业务相关的每一个人都必须要全面了解外包业务的服务水平，关联的资产有哪些、定价模式如何等等。

4. 预防问题的发生。如果只是在出现麻烦的时候才会与服务供应商会面，说明你们之间的关系存在问题，就这么简单。预防管理意味着建立一套与外包服务供应商进行经常性会晤或互动的机制。就每天、每月、每个季度、每个年度的交流与沟通会晤作出详细的规定，并且要求所有相关的人员参加双方的会谈。这一做法将使合作双方的关系更加灵活、也更加紧密，并且使业务外包的价值主张不断地得到强化。

5. 将双方的角色和责任融为一体。早在外包流程的建议书（RFP）的阶段就要完善责任的划分，确保外包服务供应商明白它们所要承担的责任。不要忘记把服务供应商的责任写进服务协议，使其成为协议期间的参考评估标准。

6. 建立一套有效的服务水平管理机制。设定能够真实反应业务要求的服务标准——注意，不是某项具体的技术标准；制定服务标准的目的不是对外包服务进行微观管理。例如，企业在将工资业务外包时，重要的是设法保证员工的薪金能够得到准确及时的发放，而不是要求外包服务供应商提供随时备查的工资发放记录。制定少量关键的业务评估标准，比制定几百项注定不会被参照使用的服务标准更加有效。

7. 发起发包企业、外包服务供应商以及客户之间的交流沟通活动。对外包业务进行管理的一项最重要的内容就是在发包企业与外包服务供应商之间建立起一条有效的沟通管道。这不只是指在出现问题的时候，就问题作出的报告；而是指不断地通过外包供应商的专业技能来改善发包企业的经营表现。及时地交流与沟通将会令发包企业了解服务供应商能在哪些方面为公司提供额外的利益以及如何向客户介绍这些由外包活动产生的利益。

总的来说，在维护与外包服务供应商的关系时需要牢记的是：达成一项外包交易通常可能要花费9到12个月的时间，但是它将对企业形成长远得多的影响，可能是5年、7年、甚至10年。与外包服务供应商维持良好的关系将使业务外包活动保持旺盛的生命力和高度的灵活性，从而适应周围商业环境的不断发展变化。

在全面掌握相关信息后，作出明智的外包决策

应该怎样确保将业务外包的行为一定能够使企业从中受益呢？当然，没有人可以对此作出百分之百的保证。但是事实上可以依靠明智的外包决策来提高获得成功的机会。幸运的是，如今的企业行政主管们，不管他们面对的是离岸外包、境内外包、远程外包还是现场外包或是上述各种外包形式的组合，都可以采用多种不同的方法（类似的方法随着时间的推移，正在不断增多）来帮助自己解答上面提出的问题，并在掌握更多信息的基础上作出更加明智的外包决策。

正如前文中提到过的那样，以往，企业经理们几乎完全是从节约成本的角度出发去考虑是否将某项业务外包。当然，外包服务供应商是否有能力提供发包企业所要求的产品和服务也是经理们考量的因素之一，但成本仍然是主要的驱动力。而在今天，如大家所知道

的，外包的内涵更为复杂，出现了许多使外包决策的过程更为复杂化的因素，其中包括：劳动力趋于老化、变幻莫测的政策法规、国与国之间的贸易交流问题、新的经营模式的出现以及许多企业在并购多年以后出现的业务松散的问题。所有这些问题以及不断丰富多样的业务外包形式，使得外包的决策工作变得更加重要，也更具风险性。

如今的企业所面临的许多复杂不明的难题，往往会使得企业的经理们病急乱投医，盲目地采取一些于事无补的所谓补救措施。而把业务外包到海外，就是许多企业的首席执行官们为了解决问题——甚至是在他们自己都不清楚问题何在的情况下——所采用的“万用仙丹”。显然，这些盲目进行的业务外包活动屡屡出现问题是不足为奇的。

有鉴于此，我们一直建议企业的负责人们，要在充分掌握各类相关信息的基础上，再来作出明智的外包决策。这需要经理们全面地分析问题，了解问题，然后再作出决定。企业应该全面地审视自身所拥有的信息技术和业务流程，找出属于企业核心竞争优势的业务和知识产权。在这一过程中，企业应该抽丝剥茧地在企业的经营管理活动中找出那些未被形成文字的管理流程、未形成文字的行为准则、敏感的规章制度以及业务的升级换代频度等在日常经营行为中容易被忽视的因素。凡是被这些因素所影响的业务，在短期内都应该属于不适合外包的行列。通过这样的分析整理工作，企业的决策者将会对各项业务有一个更清楚的了解，从而能够更好地确认哪些业务最适合外包。

在了解了企业的需要及其对待外包的态度和准备程度之后，经理们将会更清楚地知道应该选择用什么样的形式把业务外包出去。这种在全面了解公司各项业务的基础上进行外包决策的方法有很多好处。这样做不仅有助于企业了解业务外包行为所能节省的成本以及在改善业务流程方面作出的贡献，还可以帮助经理们选出最适合外包的业务和相应的外包模式，并避免和消除将不适合的业务外包出去所带来的隐患。

业务外包的模式多种多样，但哪一种才最适合企业的实际需要呢？当发包企业既希望消除将业务全部外包所带来的麻烦，但又不愿意走上全部业务由企业自身大包大揽的回头路上时，寻找富有创意的业务外包形式也就成了惟一的选择。许多发包企业不太愿意将某个部门的业务全部外包出去，害怕这样做的话，一旦与外包服务供应商的合作关系终止，使自身陷入手足无措的境地。这种恐惧的结果是，发包企业与承包企业开始在业务完全自营和完全外包之间，寻找一种相对灵活的合作方式，使发包企业既能够达到减轻工作负担的目的，又能在一定程度上保持对外包业务的控制权。随着发包企业和承包企业的规模不断壮大，类似的富有创意的外包形式也得到了普及和发展。

在这种灵活的模式下，发包企业可以在自营和全部外包之间，选择适合自己实际需要的外包形式。例如，当企业希望引进高科技完成某项业务，又想要保持对公司和业务的控制权时，可以以外包的形式，暂时从外部引进相关的专业技术人员。另外，企业也可以把类似订单处理和发送账单等基本不需要高科技就能处理的业务外包出去。某些企业会外包它们除招聘以外的所有人力资源部门的业务，而有的企业则会选择只把人员招聘的业务交给专门的服务商去完成。

将业务外包的过程很少能够做到标准化，也就是说，大多数业务外包行为都必须根据发包企业的实际情况，进行特别的设计和安排。对那些向你推销它们现有外包服务模式的

外包服务供应商，你需要对它们的背景和经营管理能力进行更深入的了解，必要时可以借用类似 The Outsourcing Partnership（www.outsourcingpartnership.com）等查询工具，对外包服务供应商提供的服务和作出的承诺进行独立的对比分析。再重复一遍，大多数的业务外包模式都是根据企业的实际需要而度身定做的，只有类似工资管理等内容固定、影响范围有限的业务才谈得上使用固定的外包模式进行管理。

需要完成的书面工作

要想作出明智的外包决策，你必须广泛地搜集资料，切实地做好功课——完善计划和做好数据处理。为此，我们在这里强烈推荐发包企业准备出下列的这些文件，并完成相应的工作。它们可能看起来很吓人，但请放心，如果你坚持完成这些工作，就会更好地理解每一份文件和每一项工作的重要性以及为什么在对业务外包进行评估时需要完成这些任务(注意外包项目管理人在整个过程中所发挥的重要作用)。

1. 章程。这份文件通常由指定的外包项目负责人起草，目的是记述外包项目的目的和预期的成果。

2. 成本收益分析报告。这份文件也是由外包项目负责人在相关各方的协助下准备完成。它的目的是确定业务外包活动是否会使发包企业受益。

3. 假设和限制。这份文件应由外包项目管理团队在相关各方协助下完成。它的作用在于描述业务外包的假设条件和企业的限制条件，如：预算、实施时间表、参与的人员、业务发生的所在地理位置以及企业内部对管理层将业务外包可能产生的抵触等等。

4. 具体外包业务的说明书。在外包项目管理团队和其他相关各方参与策划的基础上，由外包项目经理人撰写，由资源总监签字认可。说明书的作用在于明确地列出企业具体需要外包的业务。

5. 成功要素表。该表格的作用在于归纳总结业务外包活动取得成功必须做到的各个事项（注意：成功要素表可以成为外包业务说明书的一个组成部分)。

6. 沟通计划。外包项目经理人起草，作用在于披露和描述相关各方和项目管理团队需要了解的信息以及传递信息的方式方法。

7. 外包工作的分类构成（Work Breakdown Structure，WBS)。这是又一份由外包项目经理人起草完成的文件，作用是定义外包项目各阶段的具体工作。

8. 角色与责任矩阵图。这还是属于外包项目经理人的工作范围，这个矩阵图的作用是标示外包项目管理团队成员在完成 WBS 分类表中各项工作时所扮演的角色和承担的责任。

9. 资源计划书。在这份文件中，外包项目经理人会对完成外包计划所需的物质和人力资源进行总结说明。

10. 采购计划书。这份计划书将视各家发包企业的不同情况，由外包项目经理人或公司的外包管理团队起草完成。计划书中将对从外包服务供应商那里购买何种类型的外包服务进行详细的说明。

11. 风险管理计划书。这份计划书通常由外包项目经理人或企业的风险评估小组起草完成，作用是分析说明业务外包行为可能出现的风险，并提出相应的解决方案。

12. 质量计划书。通常由外包项目经理人和企业的质量管理团队负责完成此份计划书。计划书的主要内容是说明如何进行质量监督，并提出具体的解决方案。

13. 项目日程表。外包项目经理人制作外包项目日程表的主要目的在于，清楚地说明业务外包的流程、持续的时间以及各个具有重要意义的时间点。制作项目日程表有助于企业对业务外包的行为进行阶段性的分析和总结。

14. 预算方案。由外包项目经理人起草，由财务和预算管理人员和/或企业的资源总监负责审批。预算方案会对外包项目可能涉及的成本进行详细的规划预测。

15. 变更管理计划书。外包项目经理人会在变更管理计划书中，就如何发现和管理业务外包活动中可能出现的各种变化，进行详细的说明。

16. 项目实施情况调查清单。外包项目经理人制作外包项目实施情况调查清单的作用在于，对业务外包的实施情况进行逐一调查总结，以便向企业内部的各部门和外部的客户及时通报业务外包的进展情况。

17. 反馈信息调查问卷。从企业赞助人、相关各方、终端客户和业务外包管理团队成员那里广泛地搜集反馈意见，有利于对未来的外包项目作出改进。

本章回顾：开展业务外包活动的各个步骤

我们在这一章里广泛论述了许多方面的内容，因此在转到第四章，开始对业务外包的成本、收益和风险进行评估之前，我们将对确保业务外包活动取得成功的各个步骤进行以下回顾总结：

1. 确认企业的核心业务。第一步是确认企业的核心竞争力和客户价值。企业应该能够清楚明确地回答以下问题：谁是我们的客户？他们真正需要的是什么？我们能带给他们的产品/服务/专业技能是什么？他们愿意为此多付钱吗？我们的产品/服务除了能够提供基本功能外，还能够提供什么额外的支持性功能？

2. 对适合外包的非核心业务进行评估。在这一步，你需要考虑哪些非核心活动适合外包。对此，我们建议企业经理使用连续自我问答的方式，帮助自己对这一问题产生认识。举例如下：

- 我们是否确定公司将长期自行生产某些产品和提供某些服务？如果是这样的话，我们是否愿意进行相关的投资，以维持产品/服务在世界上的领导地位？
- 如果答案是肯定的话，我们是否能够保证对完成相关业务的效率作出客观评价？我们是否能够做到对相关产品/服务质量进行不断改进？我们是否能够在发展核心业务的同时，继续保持这项业务的正常运行？继续由企业自行完成这些业务是否对维护我们的核心业务起着关键性的作用？公司内部对于自行完成相关业务是否已经形成了共识？

• 假如没有的话：我们是否能够通过购买经营许可权或专有技术，使公司长期处于行业内的领军地位？

• 如果答案是否定的话：我们是否能够从全球最好的供应商那里购买到现成的产品或服务？当公司业务需求量增加或变得更加复杂时，是否仍然能够选择从其他公司那里随时购买到所需的产品或服务？

• 假如不能的话：我们是否能够通过与那些拥有技术能力的供应商合作开展项目的方式，达到满足自身生产需要的目的？

• 假如不能的话：我们是否能够通过与供应商签定长期合作协议或采购协议的方式，保证企业能够获得长期稳定的技术支持或其他对企业的经营活动能够产生重大影响的资产？

• 如果不是的话：我们是否能够通过收购或兼并世界顶级供应商的方式来实现竞争优势？如果不能的话，我们是否能够通过建立合资企业或者合作伙伴关系，来避免上述选项的缺点？

• 如果可以的话：我们是否能够建立起有效的管理和奖励机制，将总的交易成本降低到由内部生产这项产品或提供服务所需要的成本以下？

3. 调查候选的外包服务供应商。假如分析指示出企业适合将某一项业务或更多项的业务外包，那么下一步将是对可能成为未来外包服务供应商的企业进行调查评估。在调查评估过程中，应该设法了解以下这些要素：

• 技能基础。外包服务供应商的服务范围是什么？供应商的管理团队的管理技能和管理经验如何？供应商所拥有的管理技能和业务经验对于有效管理我们外包出去的业务流程是否有所帮助？

• 经验。供应商是否拥有在类似的工作期限、难度、技术范畴和地域内，从事相关业务的经验？对方是否能够提供可靠的客户名单，以便发包企业进行查询验证？

• 控制。供应商使用的是什么样的工作汇报和控制管理机制？现有的工作汇报机制是否可以根据发包企业的要求进行修改？是否备有适当的后备计划，以确保数据不被丢失？

• 地理范围。相关业务是否需要有人员在场提供现场支持？如果需要的话，那么供应商、包括它的合同转包人和合伙人能否提供相应的人员到场？在业务量足以负担相关成本的基础上，供应商是否愿意在你的经营所在地附近建立分支机构，对相关业务进行管理？（这样做将会在一定程度上增加你的成本支出）外包服务供应商是否愿意承担可能发生的意外灾难？

• 价格。将业务外包和继续保持由企业内部完成相关业务，在真实成本上到底有何差异？（应该以长远的眼光考虑成本支出的问题，同时将设备和管理费用等“固定成本”，也视为业务外包能够节省的成本）

• 人力。如何对现有员工的前途作出安排（发包公司的在职员工）？员工们与外包服务供应商之间的关系将会如何？外包服务供应商是否了解你的企业所遇到的难题？它们是否能够针对你的需求提供专门的解决方案，或是它们只是想卖给你一类现成的产品或服务？

4. 确定关系发展的共同目标。在你和你的项目管理团队最终选择了业务外包的合作伙伴之后，接下来要做的，就是和对方一起商定一套共同的经营目标和发展战略。

5. 准备合同。再接下来是起草和商讨外包协议，在协议中写明外包业务的具体目标，订立完成相关业务的各项标准、确定项目的激励、监控和沟通机制，注明相关的成本以及类似内容等等。

6. 对经营方式的转变实施管理。开展业务外包的最后一步，是对发包企业内部发生的变化实施管理。这一步骤重要而艰巨，涵盖了人力资源问题、资产转移（转移给外包服务供应商）问题以及对外包业务实施监控管理的问题等等。人事问题的管理将是其中最难处理的一环。业务外包活动经常是由上而下地进行的，低层的管理人员通常惧怕外包，因为他们害怕会因此而失去工作。正如我们在前文中所指出的，关键的员工反而有可能得益于业务外包的企业决策。他们可能被留下来负责对外包服务供应商进行监控管理，并因此获得新的知识和工作技能。其他的人则有可能会被外包服务供应商所聘用，从而有机会为他们专业领域内的世界顶级企业工作，并由此获得更好的职业培训、工作保证以及晋升发展的机会。

外包使商业经营活动发生了革命性的变化，它使企业的经营重心由资源管理转变为注重最终成果的经营表现管理。清楚而简单地说，外包是一件强有力的战略武器。外包管理协会（Outsourcing Management Institute）的调查研究显示，现有发包企业计划用于继续扩大外包业务的预算开支，将占外包业务增长总额的75%之多。

第四章

评估外包成本、效益和风险

> 当面对选择去改变还是去证明不需改变这两种选择时，大多数人都会在寻找证据支持上手忙脚乱一番。
>
> ——Jack K Galbraith

企业经理人在评估业务外包的可行性时，应该在计划、协商、实施，直到外包项目管理的各个阶段，都遵循一套严格的评估方法。与其他典型的项目策划管理过程一样，对业务外包流程进行管理也需要经过六个步骤，它们分别是：

1. 开展可行性研究。
2. 进行详尽的需求分析。
3. 设定评估与承包商（外包服务供应商）关系的各项指标。
4. 建立和完善与承包商的关系。
5. 对与承包商的关系进行监控。
6. 总结与承包商的关系（以决定是否需要延续/终止外包协议）。

开展可行性研究

外包的可行性研究是由四项筛选评估过程所组成的，在进行更详细的评估前，每一个业务外包的设想都应该经过这四项筛选过程。

核心竞争力评估

经过前三章的探讨，我们想读者不会对筛选评估的第一步是核心竞争力评估感到诧异。重复一下早先我们的劝告，如果某项业务属于企业的核心业务，对企业取得竞争优势起着至关重要的作用，那么这些核心业务一般不应该成为外包的考虑对象。也就是说，不要将重要业务与企业的核心业务相互混淆；可以考虑把前者而不是后者外包给一家业内最好的外包服务供应商。

重要业务相对于核心业务的区别在于：属于企业重要业务的经营活动有很多，但其中大部分并不是企业的竞争优势所在；也就是说，它们不是企业的核心竞争力。薪金管理便是一个典型的例子。准确和及时地处理薪金对任何一个企业的成功都是十分重要的，但这只是极少数企业的核心竞争力所在——即那些把为其他公司提供薪金管理服务作为主营业务的企业。

控制成本评估

第二项评估内容是考核对外包服务供应商进行监管的成本。通过预先设定的管理机制对外包服务供应商进行监督管理，是发包企业与承包企业合作的重要内容。外包合同既是对承包商进行监管的重要手段，也是双方合作能够成功的重要保证。如果通过合同无法解决所有未来可能出现的问题，那么就需要采用其他手段对外包服务供应商进行监管，以保证外包工作能够圆满地完成。

目标评估

如果你并不十分清楚希望通过外包实现什么目标，那么将任何业务外包出去都似乎各有利弊。仓促间将业务外包的企业并不一定完全了解它们希望从业务外包活动中得到哪些好处，不久它们会发现自己与外包服务供应商就合同的内容展开无休止的争论；更为不妙的是，它们将无法实现原先希望通过签署外包协议改进产品/服务质量的目的。在前边章节里我们曾经讨论过，外包可以分为战略性外包和战术性外包。它从来就不是为企业的经营管理者洗脱管理不善罪责的工具。在决定是否要将某项业务外包之前，一定要了解这样做所产生的成本和难题以及所能激发出的企业经营潜力。

业务范围评估

外包活动还可以划分为两大类：即（业务的）整体性外包和选择性外包。整体性外包指的是将80%或者以上的业务以合同的形式外包出去；选择性外包指的是将总量低于全部业务活动80%的部分业务外包出去。企业可以选择以头疼医头、脚疼医脚的方式将部

分业务外包出去；也可以系统地、有计划、有选择地将部分业务外包。在下文中读者可以看到，我们就在各种情况下应该与外包服务供应商结成什么样的关系，进行了概括性的归纳总结。

外包并不仅仅意味着把固定成本转化为可变成本——它同时也是企业提高改善商业流程的一种方法。企业可以把多种不同的业务外包，但只有外包出去的业务能够与企业内部的业务实现协调统一的运作时，取得的收益才会更大。这时，企业的成本支出将会降低，而员工们的能力也将有机会得到更大的发挥。成功的关键在于事前充分的准备工作，而这一理论当然也适用于外包，甚至更为重要。当企业就外包作出战略决策时，不论企业选择的是整体性外包还是选择性外包，都等于正式启动了外包程序，而对这个过程中的每一个步骤都需要进行深入细致的监督管理。在做这样一项重大决定之前，企业领导者需要充分考虑到所有的利弊关系以及由此能够节省的成本和获取的收益。而在选择将任何一项业务外包之前，都需要进行详细的评估。

发包企业与承包企业之间的合作关系可以体现为书面的外包协议（纯粹的市场关系），也可以体现为超越协议的合作伙伴关系。有的发包企业认为不能“把所有的鸡蛋放到一个篮子里”。从外包服务供应商的角度看，一份单一性的合同，不管其金额大小，都存在着风险，有可能影响到企业的生存。而中性的外包协议则既能体现市场关系的某些特点，又能体现双方合作关系的某些特点，因此能够占据业务外包的中间市场。

进行详尽的需求分析

当对外包业务进行监管的成本与所获得的收益相比显得过高时，就应该打消将业务外包的念头。但是如果将业务外包的主张能够通过这些初期的评估，接下来要做的，就是对其进行详细的评估分析。首先，必须确定参与评估分析工作的相关人员：谁将对评估分析工作负责？谁来完成这项分析报告？谁将在最后作出决定？当然，这些问题的答案，很大程度上要取决于外包的是哪些具体的业务以及企业在这一时期所处的商业环境如何。

团队

每一个成功的业务外包活动的背后都会有一个担任企业行政管理工作的所谓发起人或是“支持者”；当外包涉及企业总体发展方针的情况下，这位发起人的作用就显得格外重要。当然，对于大规模的业务外包活动，高层管理人员必须要参与其中。对于小规模的业务外包活动，中层管理人员则可以在高级管理层的支持下发挥“起重机”的作用，负担起协调领导（外包活动）的责任。在任何情况下，由管理人员和技术专业人才以及相关的客户代表共同组成外包团队，对于业务外包活动最终取得成功，都是大有裨益的。客户对业务外包的看法和它们各自购买企业产品与服务的目的，对发包企业确定业务外包的范围和评价其中的风险，都有着至关重要的作用。

外包业务评估管理团队的规模大小是根据外包业务的范围和规模决定的，通常较小的评估管理团队反而有着更高的效率，特别是在制订计划的阶段更是如此；之后，随着评估分析工作的深入，团队的规模有可能会逐渐扩大。由相关人员全职组成的评估管理团队总是比那些由兼职成员组成的评估管理团队更加专注于评估管理工作、工作效率也更高。这就是说，由相关人员全职组成专门的评估管理团队，通常只适用于那些规模较大的业务外包项目。此外，最好能够试着让那些有外包经验的成员参与到业务外包的评估分析活动中来，因为他们对于成本和效益评估往往有着更深入的理解。大多数情况下，这意味着从企业外聘请一位专业顾问，最好是位能够在整个业务外包活动中提供建议与帮助的外包问题专家。

一旦作出了向业务外包的下一阶段前进的决定，就应该尽早地确定负责监督管理外包业务以及处理与外包服务供应商关系的人选，同时确定何时与外包服务供应商签订外包协议。应该设法保证让这些人员积极参与合同的制订工作。这主要是因为以下两点原因：

• 理解业务外包事宜的最好方式就是亲身参与外包决策的各个方面。

• 在相关各方开始讨论业务外包的可能性时，发包企业与外包服务供应商双方就已经开始产生某种联系。全程介入外包合作伙伴关系的形成和发展过程，有助于发包与承包双方建立更持久的联系，也是业务外包活动能否取得成功的关键因素。

设定评估与承包商（外包服务供应商）关系的各项指标

在着手开展这项重要的工作之前，首先要认识到，没有哪一家外包服务供应企业能够满足你的所有要求。因此，在挑选合作对象时，发现承包商所具备的重要技术和管理素质，对于发包企业找到最适合的承包商有着至关重要的作用。重点关注以下这些因素：

• 被评估的企业的前景和经营指导方针。

• 以往各年度的资产负债表。

• 客户名单。

• 基础设施。

接下来，则需要遵循以下四个步骤，对承包商展开尽职审阅工作：

1. 了解对方现有的客户资源。

2. 详细了解承包企业的专业能力和企业战略规划；确定对方是否愿意与你的公司共同改善和提高经营策略并实现知识的转移。

3. 分析了解承包企业的核心技术优势。所有的外包服务供应商都会声称说他们会从项目策划、整合和实施等各方面，全方位地支持你的业务外包活动。但实际上，这种可能性很小，没有一家公司能够精通所有的业务领域。如果有哪一家承包企业敢于作出这样的保证，就等于是出现了一个危险信号。千万不要忽视这个危险的信号。这时绝对有必要请对方提供可供查证的客户名单，并打电话进行进一步核实。

4. 详细了解外包服务供应商所掌握的资源，如有必要，应该前往承包商人的所在地进行实地考察。检查对方在硬件、软件、网络及通讯等各方面的配备情况，对他们的基础设施进行评估。

分清外包相关问题的先后主次

为了有效地集中发挥外包管理团队的效能，我们建议企业应该向管理团队的成员们提出下列问题：

企业将业务外包的三个最主要的原因是什么？

- 调整改善企业的经营重心。
- 获得世界级的生产能力/服务水平。
- 增进企业改造所带来的好处。
- 转移资产。
- 分担风险。
- 获得资本。
- 获得现金流入。
- 缩短产品/服务投放市场的时间。
- 降低和控制经营成本。
- 获得自身欠缺的资源。
- 摆脱难以管理和失去控制的业务的困扰。
- 利用海外的人才优势。

业务外包取得成功最重要的三个因素是什么？

- 适合的外包服务供应商。
- 一份合情合理的外包协议。
- 对外包业务进行长期的管理。
- 了解企业的目的和目标。
- 高级管理层的支持和参与。
- 企业文化的兼容性。
- 细心关注人事问题。
- 具有战略眼光和相应的发展计划。
- 近期的财务合理性。
- 从外部获得专业知识的途径保持畅通。
- 与受影响的个人和团体进行开诚布公的交流。
- 使“内部”员工比例和外包的业务实现合理的组合。

续表

选择外包服务供应商的最重要的三个因素是什么？ • 合同条款的灵活性。 • 现有的关系。 • 所在地点。 • 价格。 • 以往与之有业务往来的企业的反馈意见/企业声誉。 • 资源的范围。 • 对质量的承诺。 • 企业文化是否匹配。 • 额外的具有附加价值的生产经营能力。 对你所在的企业来说，哪三个领域的问题最具挑战性？ • 时间。 • 专业能力。 • 业务广度。 • 预算。 • 是否能够找到外包服务供应商。

业绩考核

无论你在经营活动中运用的外部资源还是内部资源，考核衡量它们的价值是任何项目成功的关键。在业务外包活动中，企业应该量化由内部提供服务的成本和对外寻找外包服务供应商的成本，建立一个公平的比较基石，使上述两项活动的成本分析比较成为可能。考核工作也应包括企业的内部和外部资源满足终端用户需要的能力。某些考核评估工作的起点是：

- 服务水平。
- 价格/性能参照水平。
- 消费者满意度调查。
- 量化客户的期望值。
- 内部现有的技术。
- 基础设施和生产/服务工具评估。
- 提高改进的机会。

正确的考核方法是企业对面临的各项选择进行评估的关键，因此要对企业优势与劣势进行分析，并且对哪些选择更适合企业的需要进行评估。在考察了解终端用户的需求或外

包活动的实际效果时，使用的参考数据必须是准确的和可以验证的。越来越多的外包服务供应商开始运用全新的考察评估方法，使发包企业得以对业务外包活动进行成功的监督管理。在聪明的外包服务供应商和老到的发包企业间签订的最新协议中，注重对外包服务供应商的工作表现与外包项目的结果进行监控的考核评估方法和数据，已经取代了注重对工作过程进行考核评估的传统方法。初次进入外包市场的发包企业和承包企业，都有可能会因为老到的前辈企业如此精于此道而感到诧异。

这里我们提供一些重要的提示。在为轻松取胜做最初安排时，就应该确定好目标。许多买家历经挫折才理解到在邀请一个外包者以前必须要知道他们自己的目标。在你的组织中全方位地传达你的目的，这会有助于建立明确的期望。在确定管理卖家成绩的衡量标准的很久之前，许多新的外包买方就签订了外包合同。主管人员将会发现如果衡量体系越早地明晰到位的话，这项外包关系和流程会越顺畅。

将精力集中用于对少数几类评估考核标准进行测评。经验老到的发包企业只会选择很少几项指标加以监督考察，但却在同时相应地提高奖惩的力度，这样做可以起到集中精力、缩减企业资源以及强化与外包服务供应商关系的作用。首先应该删减那些过程复杂、占用众多人力资源而且消耗时间的监督考核方法。

尽量将考核工作由必须有人员亲自参与转为可以依据最终结果进行评判的方式。例如，一家印刷公司可以要求它的外包服务供应商改变以往统计完成某项工作需要多少小时的考核方法，转而计算每个小时完成多少订单。这一计量方法上的小小变化，有助于外包服务供应商集中精力提高生产效率。

外包的成本收益分析

进行成本收益分析能使企业的决策者了解和掌握业务外包活动的所有与预算有关的问题。这项分析工作能够借助定量化和定性化分析指标，有效地验证业务外包活动是否有助于企业实现既定的经营目标和取得预期的成果。简单的成本对比分析并不能揭示所有的收益或成本问题。

即便某项外包解决方案看起来会花费很多资金或者耗费许多时间，但全面的成本收益分析有可能会证明，在长远来看，这将是符合企业需要的最佳方案。而只有书面的、全面的成本收益分析，才能证明这项决策是正确的。

在进行成本收益分析时，应该记住以下要点：

- 收益分析和成本分析同样重要。即便某项外包解决方案看起来成本较高，但它仍然有可能是符合企业需要的最佳选择。

- 如果缺乏具体明确的目标，或是缺乏有关成本与收益的可靠信息，将很难证明或肯定将业务外包的可行性。

【提示】 我们在这里不可能提供一套简单的、对业务外包或内包进行成本收益分析的标准模型，因为企业的经理们必须根据自身所处的环境来决定外包业务所需达成的目标、各项业务的轻重缓急以及对企业的重要性。这里所描述的参考指标，只是企业经理们在进行决策时所应该考虑的部分重要的注意事项。

找出被忽略的成本

很多时候一些成本很不容易被发觉，但外包服务供应商却会通过。发现这些潜藏着的成本，对企业进行成本收益分析是至关重要的。下表可以帮助你做好这项工作。

定量直接成本	相关业务由企业内部完成是否会发生成本?	相关业务外包是否会发生成本?
人工成本	是	是
附加成本	是	是——隐藏在合同中
材料/供应	是	是
维护保养/许可证费用	是	是
培训成本	是	是
合同	是	是
通讯	是	是
新设备成本	是	是
新软件成本	是	是
租金	是	是
水电费	是	是
差旅费	是	是——可能隐藏在合同中
定量直接收益	**相关业务由企业内部完成是否带来收益?**	**相关业务外包是否会带来收益?**
节省的员工工作时间所创造的货币价值	是	是
新的经营效率所创造的货币价值	是	是——具体收益可能会依照企业内部和外部资源分别提出的技术解决方案进行评估。
定量间接成本	**相关业务由企业内部完成是否会发生成本?**	**相关业务外包是否会发生成本?**
行政管理费用	是	是——隐藏在合同中
部门费用	是	是——在某些情况下

续表

定量间接收益	相关业务由企业内部完成是否会发生成本?	相关业务外包是否会发生成本?
降低其他机构或公众的成本支出	是	是——这是一项项目成本
合同管理成本	否	是——这将包括投入的内部资源和时间
服务公民水平的提高	是	是
对企业的经营架构形成支持	是	是
解决方案的灵活性	是	是
定性的项目收益和成本	相关业务由企业内部完成是否会发生成本或存在风险?	相关业务外包是否会发生成本或存在风险?
使消费者更方便地购买到企业的产品/服务	是	是
提升服务质量	是	是
对员工、其他机构、公众产生影响	是	是
改善法律环境	是	是
提高产品/服务的安全系数	是	是
提升产品/服务的敏感度	是	是
企业策划投入的时间	是	是
开展特定项目投入的时间	是	是
存在经营风险	是	是
存在技术风险	是	是
存在关系风险	是	是

确定具体的外包成本收益分析标准

在开始分析之前，首先应该用文字描述出外包活动的不同类别（例如，过渡性质的外包或者部分业务外包）以及外包的主要目的。而成本和收益分析将会围绕着这些分析总结出的各项活动展开。在接下来的这个小节里，我们将从定量和定性两个方面，对开展成本收益分析时应该注意的问题加以说明。

• 进行定量分析时应该注意的事项。尽管我们曾经警告过，进行外包决策不应完全以——或是主要以——降低成本为目的，但削减成本仍是管理层热衷于将业务外包的主要原因之一。然而，由于外包的原因和形式的不同，并不是每一个外包项目都能做到节约成本。例如，通过外包来合并整合数据处理中心会取得降低成本的作用，但对一些需要高技术和大量资源的业务来说，外包可能反而会比由企业内部完成相关工作付出更多的成本。

避免某些成本的发生，是企业选择将某些业务外包的另一个主要原因——例如，外包可以使企业避免为了安装新的生产线、成立新的部门或应用新的技术而额外聘请员工；也可以使企业避免在瞬息万变的技术领域进行金额巨大的投资；也可以使企业避免为了赶工完成订单而造成额外的资金损失。设法找到那些持续发生、但可以通过业务外包来避免的经营成本。正如并不是所有的业务外包活动都能起到降低成本的作用一样，由于外包的原因和形式不同，并非所有的业务外包活动都能起到避免某些成本发生的作用。而且也正如不能以节约成本作为外包的惟一动因一样，避免某些成本的发生也不应该成为判断是否要将业务外包的惟一标准；不过，避免某些成本的发生仍然可以被视为业务外包活动所能带来的一项潜在的好处。

最后，当比较内部作业和外部承包的人力资源成本时，不要忽略了企业在这两种情况下分别产生的管理成本。即便在外包服务供应商是“项目负责人”的时候，你所在公司的相关人员仍然需要参与到项目的管理工作中去，以确保外包业务能够达到你所在企业的要求，同时令发包企业和承包企业之间的交流保持顺畅。表 4－1 列出了典型的定量外包成本和评估它们的方式。

表 4－1 典型的外包成本

实际成本的类型	评估的标准
项目成本	在业务开展的周期中，从始至终都会发生的成本。在对项目成本进行评估时，需要仔细列明内部作业和外包分别可能发生的成本，以确保所有的相关成本都已经被计算在内。同时还需要保证在衡量比较两者所造成的成本时，应该使用同样的尺度和标准，例如同时比较人工成本、时间成本、硬件购买成本和软件购买成本等等
管理成本	不论某项业务是由企业的内部员工来完成或是由企业外部的机构来完成，发包企业都仍然有责任对这项业务的完成情况实施管理。如果使用内部员工，管理成本将要包括项目负责人的成本。如果使用外部员工，相应的管理成本将包括监管外包协议实行情况的发包企业相关负责人的成本
后期成本	在外包项目完成之后，还将会产生维护和强化等后期成本。企业自行完成相关业务或是由外包服务供应商来完成相关业务都会产生一定的后期成本。但如果相关业务是经外包完成的话，发包企业必须确保自己能够取得相关的知识/技术转让资料，以便于企业内部的员工们在外包服务供应商撤离企业之后，仍然能够维持业务体系的正常运作

• 进行定性分析时应该注意的事项。你可能已经想到，对业务外包活动进行定性分析时所应重点考虑的三个主要因素分别是：时间、风险和员工安排工作。完成某个项目所需要的时间，是决定最好使用哪类资源的一个关键因素。企业现有的资源可能会因为必须负担其他的职责，或是因为资源本身缺乏，又或是因为所需技能缺乏等缘故，无法按时完成有关的业务。这些因素显然会对项目的成本产生影响。尽管运用企业的内部资源完成该项目在成本上也许更加实惠，但项目对于时间的要求却可能使企业不得不向外寻找更加昂贵的外包服务。

确定风险是对外包业务进行评估的一个重要的组成部分。因为风险因素能够对项目成功与否产生决定性的影响，因此它也将直接影响企业进行决策的主次顺序以及成本与收

益。在将某个项目的全部业务或部分业务外包出去时，在外包协议中必须清楚地声明你所在企业的重要风险因素，以避免出现外包的业务无法满足企业要求的情况。对企业的内部和外部资源进行评估，了解各类资源的实际工作能力，将有助于企业管理层决定采用哪类资源完成相关的业务。表 4－2 指出了外包企业所面临的主要风险。

总而言之，对业务外包进行风险评估可以分为四个步骤：①发现潜在的风险；②了解风险存在的原因；③分清问题的主次顺序；④有针对性地解决问题。

表 4－2　　发包企业的主要风险

风险的类别	需要重点考虑的因素
运营风险	外包服务供应商具备相应的技能，能够保质保量地完成业务要求的能力；根据法律法规的变化、目标任务的变化、服务内容的变化，调整经营方式的能力；平衡企业所需的和外包服务供应商实际经营表现的能力。管理层由上而下的支持和终端用户对企业将业务外包的行为的接受程度，是外包能否取得成功的关键因素
技术风险	相关业务应对生产/服务技术的发展变化或者新型技术产生的适应能力；公司现有的技术架构是否能够满足业务的需要
关系风险	在对外部资源成本与内部资源成本进行比较时，需要认识到，如果选择外部资源而不选择内部资源，就会有关系风险的存在。这些可能导致发包企业与承包企业间出现问题的风险因素包括：发包企业对服务质量的期望值过高；外包过程中出现意外的成本支出；承包商队需要改进的地方回应迟缓；外包服务供应商没有按时完成生产任务以及业务外包活动对员工工作满意度、士气和工作量的影响等等

员工：人力资源问题是成本收益分析中一项重要的考量标准。避免给已经超负荷工作的员工更多压力，是企业领导者有时在决策过程中不得不认真考虑的一个问题。因此，请员工们参与到业务外包的决策活动中来，也有着重要的战略意义，因为员工们的表现直接影响着整个企业的生产/服务水平。了解与员工们密切相关的问题，将有助于发现之前没有考虑到的相关成本和收益。表 4－3 会帮助我们完成这项工作。

表 4－3　　业务外包的员工安排问题

相关问题	重要性
内部的人力资源	确认企业目前的工作负荷量。需要了解的问题还包括：现有的员工能够完成额外的工作任务吗？企业各项经营活动的优先顺序是什么，在完成业务的时间上又有何要求？了解工作对员工们的意义。了解他们的工作动力和兴趣为何？公司是否会从聘请外来人士完成某项新的、富有创意的活动中受益？要充分考虑到选用外包服务供应商的服务对现有员工的影响。在开始就决定哪些内部员工会受到影响以及他们将面临什么样的命运——是再分配、转到外包服务供应商那里继续工作或被解除工作合约。这样做对员工的士气/员工的流失率会产生什么样的影响？确定外包服务供应商管理层所必需具备的素质和技能。企业内部的员工们是否具备必要的专业技能？如果不具备的话，他们是否能够通过学习获得这些技能？如果是的话，这些人是否有足够的时间完成相关的学习

续表

相关问题	重要性
外部的人力资源	外部人力资源的工作能力如何？请他们提供简历并进行评估。目前开展的业务是否需要进行部分外包？外部人员是否能够一直工作到合同结束？如何确保你想要的这些企业外的工作人员会在你的项目上长久工作下去？因为市场上围绕技能和服务所展开的竞争，外包服务供应商同样也可能经历人员流动。外包服务供应商的员工流动对你的业务会产生什么样的冲击？外包服务供应商的人员是否符合你所在企业的素质和要求——例如同样的工时、企业文化和主动性
后备方案	在业务外包过程中，随时可能会发生许多变化。如果选用外包服务供应商的服务，有关的外包协议迟早将在某个时点上结束。因此，必须对各种可能发生的变化进行适当的监控、跟踪和管理，并且对各项变化对外包协议可能产生的影响作出评估。必须认识到，外包业务的交接过程是十分复杂的，它包括对外包服务供应商的经营管理环境进行评估、将外包的业务收回企业内部以及变更外包服务供应商等等。若想顺利地完成这类转变，就必须了解和掌握相关员工的工作能力和技术水平
获得专业技能	获得企业本身并不具备的专业技术人才，是企业选择将业务外包的一个常见原因，在预算/时间紧迫的时候则更是如此。而对此持反对意见的人士则认为，企业应该让内部的员工们学会开展新的业务项目和学习新的技能，使他们不断地面对新的挑战和获得新的机会，这样做将有利于提升员工的士气，降低员工流失的可能性。然而要做到这一点，企业需要投入足够的时间和金钱给予支持。选择让企业内部的员工承接和完成新的项目，而把现有的服务外包出去，将会有可能达到降低经营成本和确保外包协议高效成功的目的。这是因为发包企业熟悉原先由自身完成的业务，从而能够对相关业务进行有效的监督和管理，并且比较容易判断出外包服务商所提供的产品/服务是否能够达到企业的要求。此外，从外包服务供应商那里获得相应的技术资料也十分重要，这样做将会避免对某一个外包服务供应商的过分依赖

找到问题的本质

正如我们在上面所阐述的那样，进行成本收益分析时，要全面地识别、权衡和评估所有与业务外包项目有关的成本和收益。本章中所列举的部分分析内容，只是所有应该考虑的众多因素中的一小部分。在分析完成以后，接下来要做的就是将所有的信息汇总到一起并进行比较。如果外包的成本超出收益，那么就应该优先采用内部资源；反之亦然。即使针对实际支出成本进行的定量分析表明业务外包的成本支出更高，但定性分析又显示这样做是必要的，你至少也能够通过成本收益分析，得到作出最终判断所必需的重要依据。

第五章 可外包的业务

外包可以被视为一个周而复始、循环往复的过程。它开始于决策过程，之后是对外包合同的管理，然后是结果评估，最后是为了对合同作出修改或是为了挑选新的外包服务供应商而对之前签订的外包合同进行重新审视。但要迈出第一步，即作出将业务外包的决策，你需要了解所有可能外包的业务，包括现在已有的业务和其他可能参与的新业务。本章将向您介绍您现在可以考虑外包的业务和不久的将来可以考虑外包的业务选项。

可以考虑在今天进行外包的业务

图 5 - 1 显示了企业如今将业务外包的情况。图 5 - 2 则把业务流程外包(BPO)划分为几个最为常见的类别。全球预测数据库(Worldwide Forecast Database)提供了与业务外包相关的历史数据;对今后五年 IT 业务外包和业务流程外包(BPO)的发展趋势进行了预测;同时根据服务行业、地区和国家的分类方式,对企业将业务外包的情况进行了总结分析。现在,想必你对目前企业业务外包的情况已经有所了解;接下来,再来看一看外包在未来的发展趋势。

信息技术	55%
行政管理	47%
分销与物流	22%
财务	20%
人力资源	19%
加工制造	18%
客户联络中心/电话服务中心	15%
销售/市场营销	13%
地产/物业管理	11%
交通运输	9%

注：因为受访者选择了一个以上的答案，因此加总数据超过 100%。

图 5 - 1　今天正在外包的是什么

【提示】很少有可以承接外包业务的企业完全做好了与发包企业打交道的准备，因而，我们建议发包企业可以联系一家客观的服务代理机构，如 Outsourcing Providers Inc.（www.outsourcingprovides.com），从它们那里获得能够帮助企业做出正确决定的信息。

人力资源
- 员工薪金及服务处理
- 员工培训与发展
- 招聘/任用
- 员工福利
- 管理
- 401K

销售，市场营销，客户服务
- 客户服务
- 客户分析
- 电话服务中心
- 消费者信息服务

业务流程外包

支付服务
- 贷款管理
- 信用卡/银行卡服务
- 支票处理服务

财务和行政管理
- 文件管理
- 票据管理
- 账款追讨业务
- 应收账款业务
- 应付账款业务
- 簿记服务
- 会计服务
- 股东服务

物流
- 存货和仓储服务
- 工业管理
- 完成/接受订单
- 运输和商品配送

资料来源：Gartner Dataquest Research 市场调查公司：全球外包业务预测数据库，2004 年 8 月 18 日。

图 5－2　常见的 BPO 类别

各州的法律法规不尽相同

美国每个州的立法者们都试图草拟和通过法律来禁止离岸外包，这些法律之间的细微差别常常令人迷惑，这的确是一个复杂的问题。

而使事情更加复杂的是，一些州签署了世界贸易协定，因此它们不能歧视高额的外包合同。在这些州内，禁止签订价值超过 477000 美元的外包合同将是违反世贸协议的。

各州同时也受到北美自由贸易协定（NAFTA）的约束，这就使禁止向墨西哥和加拿大外包业务变为不可能。

美国政策国家基金会（the National Foundation of American Policy）是一家针对贸易和移民问题做调查的非盈利组织。该组织的执行理事 Stuart Anderson 认为，根据宪法，各州并不具备禁止离岸外包的法律权力。

续表

尽管许多州的官员们都有限制离岸外包的下意识反应——而且有时也曾经发生过收回或者重新谈判外包合同的情况——但大多数的州立法机构还是采取了比较中性的态度，为离岸外包打开了方便之门。

已经通过的法律

阿拉巴马州：鼓励本州内专业服务外包活动。

印地安纳州：给予本州公司高于州外其他公司1%～5%的价格优惠。

马萨诸塞州：禁止外包目前本州雇员所从事的任何业务。

田纳西州：将数据录入和电话服务中心的业务优先提供给本州的企业。

辩论中或悬而未决的立法事项

正在考虑禁止将业务外包到海外的州包括：阿拉巴马州、亚利桑那州、加利福尼亚州、科罗莱那州、康涅狄格州、乔治亚州、夏威夷州、伊利诺斯州、印地安娜州、爱荷华州、堪萨斯州、肯塔基州、路易斯安娜州、马里兰州、密执根州、密西西比州、密苏里州、内布拉斯加州、新泽西州、新墨西哥州、纽约州、北卡罗来纳州、俄亥俄州、罗德兰州、南卡罗来纳州、南达科塔州、佛蒙特州、弗吉尼亚州、华盛顿州、威斯康辛州。

特拉华州：各公司将必须披露将业务外包到海外的经营活动；对美国本地工作提供15%的优惠。

佛罗里达州：要赢得本州的合同，必须雇佣本州的居民。

爱达荷州：本州居民将有本州工作的优先权。

宾西法尼亚州：即将开始对业务外包海外的调查。

西弗吉尼亚州：对电话服务中心采取限制，包括颁布了为期7年的将本州电话服务中心业务外包到海外的禁令，因为外包将会导致本地居民失去100多个工作职位。

行政命令

亚利桑那州：禁止将新的州政府服务业务外包到海外。

佛罗里达州：对离岸外包的影响开展调查。

密歇根州：该州的资金不能用来激励或鼓励企业将业务外包到海外。

明尼苏达州：该州合同必须提供给能够创造“最佳价值”的外包服务供应商，而提供服务的工作地点，也是最佳价值的考量因素之一。

密苏里州：不得将州政府合同提供给那些计划雇佣海外员工的公司。

数据来源：美国政策国家基金会（the National Foundation of American Policy），州立法全国会议，各州报告，2004年9月。

正在出现的外包机遇

不言而喻，技术进步正对业务外包活动产生着巨大的影响。而最近的趋势是，越来越多的白领工作开始向海外转移，特别是医疗、政府工作、制药、财务服务、保健产品以及销售业务等。在这一部分，我们要向读者介绍一下目前市场上正在发生的情况。而在本章的结尾部分，我们概括性地列出了各类适合外包的业务。

案例研究：外包实务

为了抑制不断攀升的成本，在加利福尼亚州 Tampa 市执业的 Mike Doyle 医生开始考虑是否要将行政管理工作外包出去——也就是说，聘请专门的服务机构来处理日常的行政管理工作，包括向患者派发账单等。最初，Doyle 医生对于让第三方来处理患者的账单心存疑虑，害怕这样做会失去对应收账款的控制。而实际的情况是，由于共同付款、拒付、退回、抵扣、保险公司的延滞以及重复付款等多种原因，大多数业者早已失去了对应付账款的有效管理。

与许多诊所一样，Doyle 医生考虑将行政事务外包是为了节省开支。出于这种原因而外包的业务通常包括：薪金处理、患者账单管理、员工福利管理以及设备维护等等。医疗外包服务机构能够更有效和更经济地完成这些业务，因为他们是这一领域的专家。

在收到从业者文件后的 24 到 48 小时内，大多的医疗收费账单就能寄出，因此不会对现金流造成影响。Doyle 医生发现，与自己的收费部门相比，医疗收费服务机构更善于管理账单处理流程；并且因为所处理的交易量大的缘故，他们拥有比普通诊所更完备的电脑管理硬件和软件。Doyle 的办公室要想保持最新的技术，自身的员工就必须要定期地接受重新培训并且要经常不断地升级他们的电脑，而从业者要支付所有的软硬件升级以及昂贵的“学习曲线”的费用。因此，Doyle 医生认识到，将行政管理业务外包的选择是正确的。而成本效益分析可以很好地说明这一点。

假设诊所业务一年可以收费 1000000 美元，这样的业务水平需要 3 位职员来处理制作和发送账单的业务。外包医疗服务机构一般收费标准是账单总额的 5%～9%。因此此类业务的外包费用将在 50000 到 90000 美元之间。如果一个职员的年收入在 22500 到 25000 美元之间，聘请 3 位职员的成本支出将在 66000 到 75000 美元之间。这个数据还只是指员工的薪酬，如果考虑税金、包括社会福利金以及联邦和各州的失业税雇主需要承担的部分，诊所还将在薪金的基础之上再多支出大约 10%左右。如果再加上额外福利，包括养老年金和利润分享计划、医疗保险、残疾保险、教育返还、带薪病假以及员工事假等项支出，还会产生 10%～30%的额外支出。将聘请员工的各项支出加

总，诊所的成本支出将在 79000 到 105000 美元之间。

通过外包，Doyle 医生还可以成功地削减掉许多其他的相关费用：诊所员工需要工作空间。假设负责制作发送账单的员工需要占用 150 平方英尺的办公空间，Doyle 医生目前所租的空间按每平方英尺 15 美元计算租金的话，将意味着他要为这些员工额外付出 2250 美元。这还只是一个基本的成本支出，多聘请几位员工还会增加诊所的物业税和维护费用，以及水电费和办公费用在内的其他成本支出。邮递费用是另一项被忽视的常见费用，而有些医疗账单服务机构已经将这笔费用包含在收费之中，也就是说，诊所不必再为邮寄账单而支付邮费。

通过外包，Doyle 医生可以集中精力地为患者提供服务，而不必再为发送账单问题而头痛。

医疗

作为这一领域的先驱，印度的 Wipro Technologies 公司创造了一种针对医疗诊所患者的服务模式。他们的放射线专家可以检查美国患者的扫描图片，也就是说，印度的医生将根据美国放射学院（American College of radiology）、健康护理组织的鉴证合作委员会（Joint Commission of Accreditation of Health Care Organizations）、全国质量保证委员会（National Committee for Quality Assurance）制定的西方标准来确定放射线检测结果。扫描的数据将会迅速地返回给美国的医疗护理机构（从印度买入放射检测结果的美国医院，则必须根据这些标准来对海外医生的工作负责）。

这种方式的外包，其好处是能够减少医疗护理的成本、缩短放射检测的时间以及增强整体护理水平。在美国的监狱和乡村地区已经开展了类似的操作模式，例如，在某些地区，监狱或乡村诊所会将 X 光检查工作交给城市里的医生完成，并由他们进行“电话诊断”。

销售人员

伴随着虚拟公司和互联网爆炸性地增长，销售人员外包已经成为整个企业业务流程外包市场中一个快速发展的领域。在初次进入一个市场和介绍一项新产品到一片广大的地区时，将销售业务外包给专业的服务供应商是一项极好的策略，不少分销商和小型加工制造企业已经开始利用这一经营手段。分销商们利用已经建立起的销售队伍，同时代理多家制造企业的产品。例如，Fisher Scientific 公司就因为它同时代理销售几乎每一类实验室装置、设备和其他用品而闻名，公司的销售可以同时向客户推荐介绍多家厂商的产品。

政府服务

电子管理，或者称为E—管理，可被解释为利用电子手段来对公众传达政府的服务和信息。政府通常缺乏对当前新兴IT技术的认识，而作为政府合作伙伴的私营企业（外包服务供应商）则可以向政府部门介绍多种IT科技和其他相关资源，以便政府能够作出正确的选择。

政府可以对各类项目进行数字化管理，以达到节省时间、成本和其他资源的目的。私营外包服务供应商通常能够以更低的成本、更有效率和效力地完成相关的项目。将日常繁重的项目运营、维护和管理工作交给更专业的公司打理，不失为一个不错的选择。外包也使政府有机会摆脱业务堆积成山的历史性难题。

与私营企业发包商一样，政府机构将业务外包的最大好处在于，政府官员们能够集中精力处理他们所擅长的业务，因而大大提高工作效率。

零售服务

由于技术的进步，地理界线和时区已经不再是零售企业在全球经济下争夺市场份额时所面临的主要问题。将部分服务外包的零售企业将越来越多，而发包企业将可以更好地让内部员工们集中精力处理公司的核心业务。

医药行业

在新的市场环境中，医药行业需要为药品从发明到销售寻找新的解决方案。有效地利用信息技术正成为企业赢得和保持竞争优势的关键要素。外包是医药公司（特别是小公司）不需传统上必须的基础投资，就可以通过医疗诊所渠道来使药品销售成为可能。

企业可以首先到印度以及其他生物科技发达的国家去寻求药品的开放与实验工作。合作开发将成为继协议外包之后的又一波重要的发展趋势。

财务服务

财务服务外包，是在所有领域中发展最快的领域。为了实现降低成本和提高竞争力的目的，财务服务企业正把外包作为他们战略发展计划的一个组成部分。财务服务的外包服务供应商，如安永会计师事务所，正面临着承接外包财务业务的重大发展机遇。财务服务的发包方对于外包过程中客户信息的保密性和财务系统的安全性的信心也越来越高涨。

一项由Economist Interlligence Unit所做的最新的调查研究指出，大约30%的受访企业外包财务和会计业务；他们中2/3（65%）的企业认为业务外包的做法是成功的——其中有57%的企业表示外包取得了成功，更有8%的企业表示此举非常成功。

自然，成本的节省和生产能力的增加是这些企业选择将财务业务外包的主要动力，但该研究也确定了财务和会计正越来越被看作是一个企业转型的催化剂。

医疗保健信息

提供医疗保健服务的业者也正在开始探索业务流程外包的可能性。他们这样做并不仅仅是为了节约开支，而是因为他们已经认识到，从降低营运成本所节省的资金可以用于改善患者和员工的安全、提高护理病患的质量、更新医疗设施/器械/设备以及增加专业人士的收入。

但是，一定要注意的是，在外包使医疗保健机构有机会改进服务质量和减低成本的同时，也有可能带来泄露患者个人隐私的问题。

更多的想法、项目和业务

以上所述的业务外包领域，对于所有存在外包可能性的行业来说，只不过是九牛一毛。正如你在以下的列表中所看到的，业务外包的可能性几乎是无穷无尽的。

市场调查和分析	市场营销
市场调查和分析	市场营销计划开发
消费者需求调查和分析	产品和服务广告
消费者满意度测量	产品和服务推广
外部企业和技术调查和分析	消费者服务
图象设计、陈列和多媒体	直销
2D/3D 图形	市场营销宣传
年度报告	**销售**
音频/视频演示（AV）	销售计划开发
广告板/海报/展示	现场销售
书籍/录像/专辑/CD 封面	创造行业领先优势
宣传手册/促销传单	电话中心销售/电话服务
图象设计	直接邮件销售
工业设计	销售广告
交互式演示/CD—ROMs	电话促销
版面设计/桌面设计	销售团队
包装	预定和销售运行

续表 1

产品调查、发展、生产和运输	**媒体和娱乐**
产品调查和开发	广告
产品试样和测试	电影制作
生产资料和技术评估	动画
材料和供应品购置	印刷和出版
入境物流管理	咨询服务
部件生产	摄影
产品组装、测试和包装	**消费者关系管理（CRM）**
产品分配、仓储和运输	
产品安装和服务	消费者订单处理
服务调查、发展、员工安置和交付	消费者服务、要求和投诉处理
服务调查和开发	系统开发和管理
服务样本和测试	**人力资源管理**
生产资料和技术评估	劳工赔偿
材料和供应品购置	人力资源战略发展
人力资源获取和开发	员工的招聘、挑选和雇佣
服务交付给消费者	员工发展和培训
重新安置员工	数据储藏和数据采集
培训项目	嵌入系统
再就业服务	E—商务应用
基本和可变的补偿计划开发和管理	**IT 数据录入**
雇员满意度	
工作场所健康和安全管理	数据控制审计
雇员利益管理	工作系统的日常报告
内部宣传	数据录入软件和确认表格
执行搜索和就业招聘	消费者数据发送
劳工关系管理	核查证据和确认审计
人力资源信息系统（HRIS）开发和管理	**IT 程序设计**
信息和通讯技术管理	
信息和通讯技术战略发展	C, C + +, Visual C + +, Java, Javascript, Java Beans, Java Server Page(JSP), Enterprise Java Beans(EJB)，ASP(Active Server Pages)
数据中心设计和管理	
分布系统设计和管理	
桌面/移动系统设计和管理	Visual Basic
数据网络设计和管理	Microsoft Access
通讯系统和网络设计和管理	Novell Networking
互联网服务/网络主机	EDI and integration
应用开发和管理	Bar coding and handheld data collection
企业资源计划（ERP）系统开发和维护	DOS，Windows 95/98/2000，Windows NT
数据、数据库管理和维护	商业和工业系统
帮助桌面服务	电子数据表，Word 文字处理和各种第三方应用支持
系统安全和控制管理	
信息系统维护/维修	PC 硬件和服务
IT 培训	编程、软件和数据库
应用开发	应用/软件开发
IT 咨询和 re – engineering	数据库设计和管理

续表 2

主机数据中心 终端客户支持 全部信息技术分割外包	企业系统 编程 IT 培训 PDAs 和手写设备 项目管理 QA/测试 程序脚本和实用 IT 安全 程序技术支持/帮助桌面/电话中心 无线程序
IT 支持服务	
软件开发服务 应用开发和管理 重组	

IT 应用开发 旧版本的维护 新功能开发 驱动程序开发 新应用程序开发 适配器维护 编译和国际化 **IT 应用测试** QA/回归 比较能力测试 BUG 测试 设立测试单元 测试单元自动化 **成套应用外包** 特性化应用 应用主机 **执行服务** 产品寿命管理 咨询 样机开发 专业服务扩展 技术评估 验证概念 **电话中心**	**安全管理** 安全隐患评估/防火墙/侵入监测 身份管理 网络监控 灾害恢复 商业持续 综合保障 建筑 保护网络服务 机动人员安全 保护邮件和内容管理 电子邮件快速恢复 工作场所恢复 电话和网络恢复 **IT 管理和行政** 应用综合 应用集合 应用管理 架构 资产管理（系统运营） 带宽管理 电话中心管理 配置管理 意外事项管理 数据中心管理 数据搜集 数据管理 数据库管理 文书

续表 1

订单管理 隐私服务 保证管理 配送 客户收费 客户联系 消费者意见处理 市场调查 质量保证 服务质量（QoS） 安全 软件开发 软件执行 储存管理 系统设计和开发 系统实施 系统维护 系统管理服务 系统运营 测试 声音/数据结合 网络开发 **IT 软件和硬件** 所有相关功能 **学院：K—12，大学** 讲师 行政 图书馆管理 **IT 基础设施** 通信 升级和配置信息管理软件 贯彻一个 XML 策略 将电子商业（e－business）与 CRM、ERP 等管理系统相融合	硬件工程 问讯台管理 高度实用性 主机管理 基础设施 安全服务 网络管理 网络监控 网络性能 工作流程提高、评估和标杆管理 应用集合 系统实施和综合 系统维护 升级 备份 灾难恢复 **网站设计、开发和营销** 广告条/网络广告 域名/DNS 服务和注册 接入口 电子商业咨询 电子邮件营销 Flash 动画 网站管理维护 互联网营销 搜索引擎最优化（SEO） 网站内容/拷贝 网站开发—动态/数据库 网站开发—电子商务 网站开发—静态/HTML 网络图表/界面涉及 **关系管理** 客户服务 获得客户 维持客户 留住客户 越区销售/清债销售（up－selling）

续表 2

管理因电子商业程序和商业系统变化而带来的变化	内部销售
电子商业运行	民意调查
EDI 基础设施创立的管理和日常运行，一个新 XML 策略的管理	**社区管理**
电子市场发展	管理长久的合伙关系
ERP 综合	开放新的卖家和消费者的电子商务渠道
通讯监控	定义电子商务要求
贸易伙伴管理	
订单处理	商业过程和内勤外包
	不动产工程和维护
401（K）计划记录维持	能耗管理
实业管理	**资本资产管理**
供应渠道管理（SCM）	资本资产规划开发和项目管理
客户管理（CRM）	资本资产业务管理
会计：处理应付账目、应收账目或者总分类账	资本资产工程和维护
薪金	**物流和配送**
存货	货运审计
硬件维护	咨询和培训
内部审计	货运经纪
福利管理	租赁
福利行政处理	仓储
医疗和福利管理	配送管理
限定贡献/限定福利管理和客户服务	物流管理
医疗赔偿管理	信息系统
资产管理和职工安置	物流运营
文书管理	**经营和设备服务**
文书编排和格式	食物和自助餐厅服务
文书成像、保存和分发	邮件室服务
打印和出版	航运和接收
集中拷贝服务	安全
财务管理	停泊
购买和采办	复印
业务处理	

续表3

一般会计	记录管理
税务和税务管理	运营信息系统
财务管理信息系统开发和维护	供应和存货
CPA（会计、审计、税务规划）	设备维护
财务规划	设备管理
合并和收购	设备信息系统
筹集权益资本	**行政服务**
筹集借贷资本	
风险资金	秘书/文员服务
	数据录入
不动产管理	抄写服务
不动产规划、开发和项目管理	记录管理
不动产业务管理	车队管理
旅行服务	车队运营
工作场所物料管理	**医疗、保健和诊所服务**
公司服务	放射线拍片/远距X线拍片
采购	病理学/远距病理诊断
公共关系管理和对外宣传	药品经营
法律服务	医疗供应配送
尽职调查（due diligence）	医院集中供应
事项规划	病历
广告和广播	**工程、CAD和建筑**
表演	建筑
广告概念	CAD/AutoCAD
广告设计	化学工程
艺术/创新指导	民用工程
音乐/音频	电子工程
印刷广告/生产	能量
视频/影片生产	环境工程
法律	工业工程
	整体线路设计
公司法	材料工程
刑法	机械工程
劳工法	经营调查
家庭法	科学计算

续表 4

金融和证券法 移民法 国际法 IP/商标法 诉讼法 医疗法 不动产法 税法 **交通** 车队管理 车队运营 车队维护 工业—specific infomerical 生产 媒体购买和计划 媒体生产 户外广告 印刷广告 促销产品 公共关系 电台广告 电视广告 网络广告 **教育和培训** 认证和评估 计算机培训 公司培训 教课 比较文化培训 课程完善 多元培训 电子学习（E-learning） 外语 领导能力提高 管理培训	**审计** 记账和税务服务 收账 法学会计 税务谈判和代表 **广告** 品牌 商户对商户 设计服务 种族或文化聚焦 室内广告 建筑工程 生物医学工程 化学工程 民用工程 海岸和海事工程 绘图和图解 电子工程 失败分析 水压工程 机械工程 采矿和地理技术工程 石油和煤气工程 产品设计 质量工程 反向工程 安全工程 结构工程 交通工程 **环境服务** 空气和排气管检测 空气质量工程 石棉清除 褐田（brownfield）

续表 5

专业发展	生态恢复
项目管理培训	环境应用谨慎
质量管理培训	环境管理
安全培训	环境许可
性侵犯	环境处理工程
团队建设	FIFRA 研究
技术培训	工业卫生
培训评估	含铅涂料管理
培训事项规划	泄露监测和修理
培训服务	诉讼和争议援助
培训商家管理	模型补救
学费处理	服从 RCRA
工程	回收
意外重建	风险评估
建筑设计	沉积物质量研究
场所改进	场地调查
土壤和地下水监控	保险服务
泄露规划和反应	医疗账单
储藏罐管理	抵押贷款处理
暴雨管理	付款处理
巨资工程	承销
处理系统管理	风险资本
垃圾管理	**保健**
废水工程	保健设计
水供应开发	保健管理
分水岭管理	电子健康诊断
现场设备管理	电子医疗记录
儿童白天看护服务	保健信息管理
设备维护	保健管理咨询
设备管理	HIPAA 诊断
食品服务管理	JCAHO 摹拟调查
IT 运营	法律医护咨询
门卫服务	医疗直观显示
洗衣服务	医疗账单和收款
办公室管理	医疗码
	医疗专家见证

续表 6

<table>
<tr><td>电力工厂管理
安全管理
场所维护
空地规划和设计
统一安全服务
售卖服务

金融

资产管理
银行和金融服务
经纪服务
索赔判决
收款服务
信用卡处理
信用服务
电子核对处理（E－check processing）
代收账款
现场服务
财务规划
薪金管理
服从监管
安全培训
薪水调查
防范性侵犯培训

法律特别服务

行政法
商业和公司法
企业成立
合同
版权服务
环境法
专家见证
移民法
知识产权法
劳工和就业法
法律索赔处理</td><td>病历
法医诉讼援助
收入业务咨询

具体人力资源职能

背景调查
福利管理
投诉管理
多元培训
教育和培训
雇员关系
雇主责任管理
雇佣管理
雇佣筛选
经理主管人员报酬
录用和招募
HR 处理
劳工关系
新职介绍

制造

服装和式样
汽车产品
化学
计算机硬件
建筑设备和材料
电子和电子设备
能量产品
食品和饮料
礼品和工艺品
健康和美容产品
家用器具
家用物料
工业用料
制造
矿产品、金属和材料</td></tr>
</table>

续表 7

法律医护咨询	办公用品
法律研究	包装和纸质货物
法律文书	印刷设备
诉讼援助服务	电台和电视设备
律师帮办服务	餐馆和食物业供应
专利服务	安全和护卫产品
物业法	运动和休闲产品
商标服务	电信设备
	纺织品和皮革
管理	玩具
标杆和最优方法	运输设备
变化管理	**营销管理**
公司治理	
过渡时期管理	竞争力分析
知识管理	直销
办公室管理	道德和文化侧重
经营管理	事项营销
组织发展	全方位服务营销
项目管理	特定工业
质量管理	国际营销
战略规划	互联网营销
	引导一代人
营销计划创立	市场调查
公共关系	**服从监管**
销售演示	
电话营销	服从 CRA 监管
	服从环境监管
多媒体	服从 FDA 监管
3 维图画	服从 FTC 监管
音频	服从健康和安全监管
CD 和 DVD 授权	服从 HIPAA 监管
设计服务	服从 HMDA 监管
图表	服从 OFAC 监管
宏媒体 Director	服从 Sarbanes - Oxley 监管
宏媒体 Flash	服从 SEC 监管
媒体复制和变换	**安全和保护**
模型建立	

续表 8

多媒体解决方案 照片润饰 摄影 流动媒体 视频 视频会议 网站设计 **印刷和出版** 书本设计 书本装订 覆膜和碾压 印刷 出版 修补和重新装订 **研究和发展** 航空宇宙和国防 化学 能量 环境 信息技术 医疗 药品和生物技术 食品存放 危险物品存放 物流服务 邮寄 订单完成 促销配送 反物流服务 供应渠道管理 运输 仓储和储存 **技术支持** 24/7 技术支持和问题解答	资产保护 电子安全措施 经理主管人员保护 调查服务 威胁评估 统一安全 视频监视 证人保护 **小型企业** 企业形成 企业贷款和租赁 企业计划创立 小型商业咨询 风险资本 **笔译服务** 口译服务 语言培训 软件和网站本地化 翻译服务 **供应渠道和物流** 配送 付款调查 第三方结算 记账 日记账分录 现金和银行付款分录 信用卡会计分录 法定责任 **报告和分析** 法定报告 财务报表分析

续表 9

安装和产品支持 **雇员 IT 问讯台** 一级和二级多渠道内部应用支持 与台式机、笔记本电脑、OS、收缩性薄膜包装产品及连通性等有关的系统问题解答 办公生产性工具支持，包括浏览器和邮件 新服务要求 产品使用疑问 IP 经营问题 具体问题传递给指定人员解决 远程诊断（密码重设，台式机控制） **应收账款** 银行通知清理 客户账单 未结账款清理 编码错误 客户结算 **应付账款** 现金使用和分配 信用额度退款 贷款处理 投诉处理 申请处理 核对 应付账款 时间和费用报销 卖家付款 福利管理 医疗保险索赔 **信用服务** 支票处理 信用和收款管理	**账户调节** 银行 总账 第三方结算 资产和负债 分支机构会计 **薪金处理** 总账过账报告 季度地方税表 季度州失业税表 次日处理 表 941 联邦税表 全体雇员的 W—2 表 W—2 州扣交款摘要说明 W—3 联邦扣交款摘要说明 年底地方税务调节 表 940 联邦失业税表 **订单录入、处理和管理** 销售订单录入和检查 产品配置检查 合同勾对 报价 **出单、出票和付款** 发掘培训需要 培训管理 特别培训要求 **人力资源（HR）—福利管理** 保健和退休计划信息的传递 调控资格 回答有关覆盖层面的问题 请假的记录

续表 10

信用卡和/或借记卡处理 **供应渠道管理** 第三方和第四方物流 运输管理和仓储 **人力资源（HR）—薪金** 收据和薪金数据分析 报告和薪金税的缴付 发款（通过支票或电子付款）和通知雇员 发款给第三方（例如，雇员 IRAs）和将数据汇报给最终使用者 **人力资源（HR）—人事管理** 雇员关系 雇员雇佣期和记录管理 雇员沟通 引导新手上岗 迁调和派驻国外管理 劳工管理和遵从当地规定 **人力资源（HR）—教育和培训** 派驻国外管理	保持退休收入历史、登记、退休或既定权利预估和福利终止管理 **人力资源（HR）—雇用和招募** 履历表管理 发掘雇佣需要 工作描述和说明 选用过程管理 报酬处理 推荐人证实 新雇员介绍 签证归档和管理 **组织发展** 培训—雇员发展 业绩管理 遵守政策和法律规定 **雇佣数据管理** 雇员数据和记录管理 HRIT 和信息服务 雇员和经理自助服务 **劳动力规划** 招募和劳动力规划 招募新人、筹措资源、安置职工 背景调查 药物检查

第六章

选择外包服务供应商

> 选择外包服务供应商是一项远比调停工资纠纷重要得多的企业决策行为。你最好能够选择一家能提供灵活的业务模式的供应商，它应该具备行业领先的技术水平以及能够帮助你所在的企业实现战略目标和创造利润。
>
> ——eFund Corporation 公司主席兼首席执行官 Paul Walsh

能够胜任外包业务的服务供应商不在少数，而它们的类型和规模则千差万别。既有顶级的能提供全方位服务的大型企业；也有次一级的，擅长某些特定业务的外包服务供应商以及规模较小、服务于发包企业战略发展需要的外包服务供应企业。若想在这些外包服务供应商中作出明智的选择，就要从企业战略的角度出发，确定自身希望成为一家什么样的企业以及哪一家外包服务供应商有能力帮助你实现这一目标，并改善企业的财务状况。要作出这样的重要决定，你必须要做到方法正确、纪律严明、并且全神贯注。以下是在选择外包服务供应商时，需要依次完成的各项工作：

1. 召集负责挑选外包服务供应商的工作团队。
2. 搜集外包服务供应商的信息，要求潜在的外包服务供应商提供相关的信息。
3. 建立切合实际的工作日程表。
4. 制订外包服务供应商的工作内容清单。
5. 对当前的企业经营目标和业务进行定义和评估。
6. 为了做到客观公正，在开始招标工作之前，先制定出评估和评分标准。
7. 撰写招标计划书（RFPs）。
8. 对投标的企业进行评估。
9. 挑选适合的外包服务供应商。

表 6-1 外包服务供应商工作内容清单样本

外包服务供应商的任务	外包服务供应商的职责
在业务范围内提供事先同意的业务外包服务	安排足够的员工、设备以及其他资源投入业务外包服务，对相关的设施、设备和操作系统进行所有必要的保养和修理维护，并且根据与发包企业达成的协议，保质保量地完成相关的工作
对重大的系统事故和异常状况提供一周 7 天、每天 24 小时的全天候监控和支持	编制事件报告日程表
监控每天批量生产的过程，完成日常业务活动（例如数据备份）	从发包企业确定的负责员工那里获得授权，对业务流程经营管理体系进行增加、升级、删除或者修改
建立业务恢复机制，以便在外包业务遇到灾难性的问题时，能够将业务调整恢复到之前的状态。将业务恢复机制变为整体业务的一个组成部分，使客户能够免于受到任何自然和人为失误的影响	在遇到灾难性问题时启动升级管理/危机管理机制/及时通知资源总监或者其他指定的项目负责人
出具和分发分期报告，对产品/服务达到的水平进行评估	就产品/服务水平进行汇报
按要求提供外包业务管理机制运行的全面记录	依照服务质量计划中所列明的安全原则，对外包业务管理体系包含的所有信息以及传送到系统内的数据保守机密

如果你所在的企业自身不具备管理业务外包流程的经验，我们强烈建议你应该寻求一家经验丰富的咨询机构的帮助。但无论企业最终是自行完成业务流程监管的任务，还是在咨询顾问的帮助下完成此项任务，都需要投入必要的时间，全面地认识和了解业务外包对你的公司意味着什么以及确保发包与承包双方合作关系的成功和实现企业的经营目标还需要些什么。

表 6-2 招标计划书样本

对外包服务供应商经营表现的要求	相应的评分标准（1~10 分）	备 注
经营的稳定性		
客户满意度		
与其他相关各方的关系		
独立评估		
人事管理		
资产所有权		
合同的特别条款和奖惩条款		
服务水平协议		
退出策略		

续表

对外包服务供应商经营表现的要求	相应的评分标准（1~10分）	备　注
实地考察		
实施相关业务的计划		
联系点		
对外包服务供应商所提供服务的要求		
服务能力		
服务的软件和硬件		
服务的可度量性		
服务水平		
报告要求		
服务范围		

了解你的需要

虽然正像我们所说的那样，发包企业可以在众多的外包服务供应商当中作出选择，但所有的外包服务供应商都可以分为两大类别：一类是提供全方位服务的外包服务供应商，一类是有选择性地提供业务外包服务的供应商。如果你将业务外包的初衷是令内部员工有机会将主要精力集中用于企业的核心竞争力，而将普通的日常管理业务交给其他机构完成，那么最好能够选择提供全方位服务的外包服务供应商；而如果你的初衷是希望外包服务供应商能够有针对性地完成某项特定的业务，那么，那些规模较小但却富有特色的外包服务供应商将会是更好的选项。此外，随着时间的推移，某些业务外包项目可能变得过大，使得单一的外包服务供应商难以应付。这时就需要你考虑同时使用多个能够提供最佳服务的外包服务供应商，以达到满足不同需要的目的。

明确将哪些业务外包属于企业的当务之急，是选择外包服务供应商的重要参考因素。如果经济效益是企业关心的重点，那么提供全方位外包服务的企业能够通过它们的规模效应和经济灵活性，使外包业务的单位成本降至最低。而选择那些专门提供部分外包服务的供应商，则有可能享受到更好的服务质量和更具灵活性的外包协议条款。

企业在决定将业务外包时所面临的最大的难题是，把哪类业务外包最具实际意义。一般来说，企业没有必要将那些能够节省成本的业务外包。它们必须着眼其他方面的问题，例如业务标准化的程度、是否与企业的主要经营目标有关、管理层的认可度如何、公司是否做好了外包的准备工作、落实业务外包工作是否有难度以及业务外包过程中涉及的技术

难度等等。

包括美国 eFund Corporation 公司在内的外包服务供应商，能提供诸如 eFunds PRI™（Process Readiness Index）的决策分析工具，将行业知识和专业能力结合起来，帮助企业就哪些业务流程适合外包，哪些业务流程在外包之前还需要作些改进作出决定。

编写初选大名单

下一步的工作是编制一个针对候选外包服务供应商的初选名单。最好从当前的供应商那里着手这项工作。分析判断它们是否具备承接新的外包业务的能力？了解它们是否对参与竞标感兴趣？它们与你现有的外包服务供应商之间是否已经存在合作伙伴关系？在这里要提醒读者的是：仅仅单方面地锁定一家外包服务供应商的行为存在相当的风险，如果该供应商无法满足发包企业的要求，将会导致长期的、令人不快的后果。我们的建议是，一定要在传统的外包供应商市场中进行广泛的筛选比较。只有通过在市场上多方对比挑选各个不同的外包服务供应商，才有可能彻底了解市场能够为你的企业提供什么样的外包服务，并最终找出符合企业需求的最佳的外包服务供应商，形成一个能够持续创造高额回报的合作伙伴关系。准备外包服务供应商初选大名单是向潜在的服务供应商（见第十章的外包服务供应商指南）发出邀请的第一步。具体的方法可以是由每个评选委员提名一家供应商（例如，由 6 名评选委员组成的评选小组将产生 6 个初选名单）。评选委员会最好是由来自公司的技术、预算、财务（特别是“资金掌控者”）等部门的代表以及来自业务相关部门的员工和经理人等各方组成。

提交 RFIs 和进行复选

在确定了初选大名单后，下一步就是将邀请意向书（RFI）送达到名单上的所有的外包服务供应商手中。在意向书中明确写明回复的截止日期，并事先设计好跟踪意向书的管理机制。复选的过程应该在严格管理和谨慎小心的原则下完成。邀请意向书的准备和撰写过程一般为 4 到 6 周。发包企业的评选委员会将负责草拟信件、文件以及电子版的邀请意向书，并发送到初选名单中所列的外包服务供应商手中。通常，发包企业会与投标者以电话、面谈或者网络会议的形式进行会谈，从而明确发包企业的各项要求以及对外包服务供应商提出的疑问进行解答。对外包服务供应商进行分析评估主要出于两个目的：一是了解外包服务供应商的实际工作能力；二是与特定的外包服务供应商建立必要的信心。这时，企业的资源总监和其他业务外包专家们将会仔细地根据内部评估分析的结果，勾画出业务外包的发展蓝图。

对外包服务供应商进行评估的工作将从战术和战略两个方面进行，评估的重点包括供应商的生产能力、生产成本以及生存能力、服务水平和技术支持能力等等。下列这些问题将会帮助我们评估分析外包服务供应商的生存和发展能力。

1. 外包服务供应商能否适应市场的发展变化?

2. 外包服务供应商是否具备取得成功的人才和管理机制?

3. 外包服务供应商对我们这一规模企业的外包业务是否更能给于足够的重视?

对外包服务供应商进行分析评估的目的，在于把筛选的名单缩短到两到三家。为此，我们建议发包企业应该重点考虑下面的问题:

4. 候选的外包服务供应商是否已经在为你所在行业的企业提供外包服务，它们的这一经营行为是否已经属于企业的战略性业务之一?

5. 候选外包服务供应商以往为类似你所在企业规模的其他企业提供服务的记录如何?

6. 候选外包服务供应商的商业客户有多少? 在过去的12到18个月内，它们的客户数量增加了多少?

7. 候选外包服务供应商从与你所在企业类似的企业所获得的收入是否少于总收入的25%?

8. 候选外包服务供应商的商业伙伴的质量（不止是数量）如何?

对外包服务供应商进行分析评估的最后一步，是由外包服务供应商依据发包企业外包项目管理团队所精心设计的模式，对外包服务供应商们提出的各项解决方案进行说明和展示。展示说明材料应该以外包业务和外包服务的特色为中心，并适时地向外包项目管理团队展示未来可能发生的各种情况。外包服务供应商分析需要对说明展示的质量、展示中所表现出的生产能力和满足发包企业需求的能力进行分析比较。此时应该重点参考以下要点:

9. 牢记业务外包的目的是为了解决发包企业的需要和难题。因此，在倾听展示和作出决策时，应该时刻以自身的实际需要为重心，而不应为外包服务供应商销售人员准备的展示资料所左右。

10. 恰如其分地外包确实需要帮助完善的业务，重点解决你当前所面临的难题。

11. 确保投标过程具有竞争性。

12. 运用谈判技巧来达到节省成本、降低风险并为合同提供长期保护的目标。如果你不准备用自身现有的人员来完成这项工作的话，可以聘用类似“第一外包”(www.firstoutsourcing.com) 或“外包伙伴” (www.outsourcingpartnership.com) 的发包企业顾问或其他中介服务机构，提供专业的咨询顾问服务。短期的咨询服务费用支出，可以避免企业因为不善于外包谈判而陷入长期的被动不利境地。

13. 建立监管机制以监控外包服务供应商在整个外包协议期间的表现。我们在本书第九章中，将对不断发展的业务外包监控业务展开进一步的探讨。

【提示】 对外包服务供应商进行分析评估是一项需要耗费大量时间和其他资源的工作，但若未能完成这项工作，则是导致企业业务外包活动最终失败的主要原因。

什么是最关键的参考因素：挑选外包服务供应商时，这些评估指标的重要性真的那么

高吗？

在筛选确定了最终的候选名单之后，接下来应该以电话访谈或面谈的形式，确认它们满足你所在企业实际需要的能力。你需要了解的信息有：

- 它们正把资源投向何处？
- 它们目前和以往的客户对它们的评价如何？
- 它们的经营管理方式与你的企业文化是否吻合？

你所要做的就是，判断哪一家外包服务供应商最具备在预算内按时完成相关外包业务的实力。

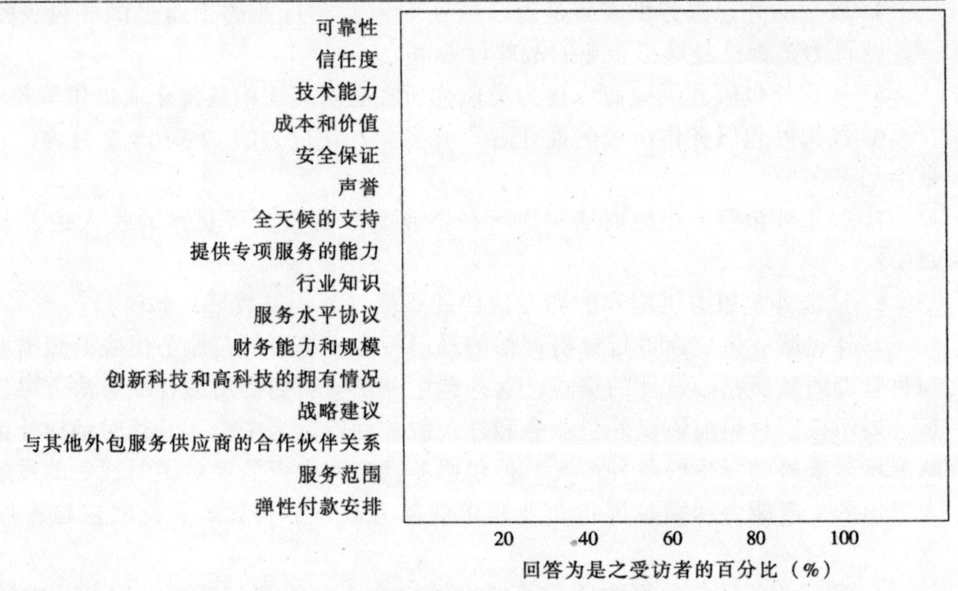

图 6-1

注：允许多项选择。在1到10的评分制度下获得的8到10分可确定为“重要性高”。

数据来源：《信息周刊》(Information Week)。调查对象为700位从事企业经营及技术研究工作的专业人士，2002年11月。

如果面谈的结果令人满意，那么就应该在可能的情况下，安排进行实地考察活动。实地考察的内容包括：与对方的管理团队以及即将与你的外包业务管理团队共同工作的员工会面；对他们的数据中心进行评估；仔细观察他们是如何回答你所提出的要求和问题的。通过实地考察，你将可以极大地缩小目标企业的范围。

在实地考察结束以后，你可以进一步将候选名单中外包服务供应商的数量缩减到最后的2~4家——它们应该是那些在类似领域进行技术和资源投资，拥有相似的基础设施和良好的口碑，并且与你的企业文化相互吻合的企业。

出具项目意向书

向最终的候选企业出具项目意向书（RFP）是信息搜集工作的延续。在你提供给最后四个候选人的项目意向书中，一定要明确说明你对服务水平的要求、所有关于成本的考量因素以及基本的经营管理要求。

在从最终的候选人那里收到填写完成的项目意向书后，应该要求对方企业中将要负责你所外包业务的团队对他们的服务内容进行一番演示和说明。在这个演示过程中，你应该重点关注对方提供外包服务的能力、企业文化问题以及相应业务的成本问题。询问的重点包括：

1. 外包服务供应商是否会对它们的服务团队进行现场管理，以便实现更好的交流与互动？

2. 外包服务供应商是否位于你的企业或分公司所在地？

3. 外包服务供应商在谈判中的表现如何？它们在谈判中是否能够灵活应变，将很好地展示出它们在日后会如何处理可能发生的各种变化。

如果你决定同时使用多个外包服务供应商的服务，应该安排它们在一起会面洽谈，以确定它们会以什么样的方式进行协调合作。如果一家或一家以上的外包服务供应商在这种场合下表现出不愿合作的态度，对你来说这将是一个危险的信号，说明它们不能以团队的形式进行相互协作。理想的外包服务供应商应该凡事以团队的整体利益为重，而不是只顾维护其自身的利益。

确定所有的成本

您可能已经注意到，降低和节省成本一直是本书所强调的考虑将业务外包的重要因素，但却绝不是决定性的因素。如果外包服务供应商无法保持它在成本方面作出的保证，那么今天的低成本在明天完全有可能转化为更高的成本。如果在将业务外包时不重质量、只顾追求低成本，不仅将可能使你失去你自以为节省下的成本，还有可能造成使业务外包活动失败的更大的成本浪费。因此，我们最好能够同时从长期和短期两方面考虑业务外包的成本因素。

1. 常见的业务外包的短期利益包括：

- 能够使发包企业将资源和精力集中于发展企业的核心竞争力。
- 能够降低外包业务的人工成本和专门雇佣员工所造成的其他损耗。
- 能够使留下的核心员工有机会掌握更新的工作技能并获得更好的工作机会。

• 能够提高企业在项目管理、风险管理、提供产品与服务等方面的技能和管理水平。

• 有助于企业对业务进行纪律化管理。

2. 常见的业务外包的长期利益包括：

• 在外包协议期间，发包企业将会对外包业务的成本拥有比较清楚的认识。

• 发包企业和承包企业可以就解决难题和开展创新实践活动进行紧密合作。

• 可以使特定的业务得到富有经验的专业人士的管理。

• 如果能够在外包协议的制定和实施阶段，运用各种综合的手段对外包业务进行有效的管理，发包企业的员工将有机会提高自身的职业技能、并拓展就业机会。

比较外包服务供应商的企业文化

在选择外包服务供应商时，如果对方的企业文化与你的企业相互吻合，彼此合作的成功几率就会大大增加。但是应该怎样来判断双方的企业文化是否吻合呢？这一判断的过程很难用言语表述清楚，因为它来自于直觉，甚至与情感有关，并且需要企业对对方及其员工进行评估，了解他们如何完成各自的工作以及彼此之间关系如何。观察和感受对方的办公室内的办公气氛，员工的着装和他们的工作态度也是言语之外能够反映出某些信息的重要线索。

"读懂"企业文化的另一个重要因素是观察在公司里在台前幕后作决定的是谁。是由管理层在作出所有的经营决策，还是较低级别的员工有权在他们特定的工作领域里作出一般的决策？

其他需要留意的因素包括：

• 冒险的行为是否受到鼓励，还是"不要惹事生非"的心态在主导员工的行为。

• 公司是在争取提供更好质量，还是只求完成任务？

• 公司能否使每位员工都感觉到他或她是企业有价值的成员，又或者是只知关心业绩和利润而忽视员工们的感受？

• 公司是否会奖励那些敢于突破常规、采取创新行为的员工？又或者是因为"我们一直是这样做的"，所以员工只需按部就班地以原有的方式完成工作？

• 工作气氛是紧张严肃还是轻松随便？

外包服务供应商的企业文化并不一定完全与你自身的文化一致。只要这两种文化并不冲突，合作应该没有障碍。一般来说，不论是人与人的合作还是企业与企业之间进行合作，双方都会有一个相互协调适应的阶段，双方企业的员工彼此之间也需要相互适应。

外包的各个阶段

希望从业务外包活动中寻求最大利益的企业，通常会在希望与发包企业建立良好和互利关系的外包服务供应商主导下，进行系统的相互合作。尽管外包关系的范围和实质内容广泛多种多样，但一般都会经历六个阶段。

第一阶段：协调发包企业和外包服务供应商的期望值

第一阶段有三个主要目标：

• 共同决定你的业务需要。

• 归纳总结各种可能的外包方案。

• 在期望值相同的基础上，共同设计建立一种能够确保发包企业和外包服务供应商利益的合作关系。

第二阶段：明确业务外包的监管方式

在确定将哪一个特定的部门、业务、服务项目或者业务流程外包以后，你和你选定的外包服务供应商应该设计制定一套相应的监管方案。监督管理的内容包括外包协议的履行情况、外包服务的进展情况、交流沟通的渠道、经营表现总结、服务水准评估以及合作双方对彼此关系进行管理的总体情况等等。

回答下面提出的问题，将会有助于你建立一套理顺与外包服务供应商合作关系的管理模式：

期望值。发包企业将如何与外包服务供应商协调建立统一的外包服务期望值？发包企业将如何帮助外包服务供应商履行这项外包服务？发包企业能够为外包服务供应商提供些什么？

监控。在监控工作展开之前，外包服务供应商提供服务的质量如何？实施监控的方法是什么？在监控开始前发生了什么？怎样来确定监控的目标？

沟通与汇报。发包企业进行监控评估的日程安排如何？出现和解决问题时的监督控制程序又是如何？发包企业对特别的或者突发的紧急事件采取了什么样的预防措施，特别是当外包服务供应商位于海外的情况下，怎样解决相关的问题？定期汇报的时间、内容和形式是什么？

外包业务范围变更。在外包业务的范围或内容需要变更时，双方会如何妥善地处理？

协议的修改。应该如何修改外包协议，以便更好地反映发包企业的需求？经营活动达到什么样的水平会自动促使合作双方对外包业务作出修改？

终止双方的合作关系。外包协议在什么样的情况下可以提前终止？发包企业和外包服务供应商需要做些什么才能提出终止协议的请求？终止协议会产生哪些费用？

第三阶段：确定收费标准

决定收费的标准和最终的价格始终是一项极为敏感的任务——而且理由充分。一项长年的外包协议往往会涉及几千万甚至几十亿的资金。此外，当发包企业与承包企业之间的业务外包合作关系涉及到如购买设备和雇佣对方员工等问题的时候，外包服务供应商将会根据发包企业的财务记录、资源质量、整合相关设施的能力以及其他许多的因素，作出重大的投资决策。

通常，外包协议可以分为明确标出价格的协议和浮动价格的协议。在明确标出服务价格的协议中，外包服务供应商将会承担和消化成本变化的风险，为发包企业提供成本的保证。明确外包服务的收费价格有助于发包企业掌握了解项目的最终成本，但假如外包协议没有认真拟订好的话，它也可能会产生相反的效果。如果价格设定得太低的话，确定服务的收费价格会削弱外包服务供应商的灵活性，并因为害怕超出协议规定的成本预算而不敢积极采取有力的行动——如改变企业固有的经营目标或是紧跟新技术的发展潮流等。

浮动定价可以使外包服务供应商保持更高的灵活性，也会使双方的合作关系更加稳固。浮动的价格往往建立在使用外包服务的频率、提供服务的复杂程度、风险分担的情况以及其他各类因素的基础上。与发包企业建立风险分担的合作关系也将使外包服务供应商从发包企业那里得到更多的支持，并因此更好地携手共进去实现共同的经营目标。

【提示】为了在发包企业控制成本支出和外包服务供应商保障自身收益的立场间找到一个适当的平衡点，开展业务外包活动的商业企业在签订外包协议时，正在越来越多地采用固定收费与灵活收费相互结合的方式。

第四阶段：拟定服务水平协议

编写有效的服务水平协议（SLAs）能够明确便于双方对外包业务完成情况进行考核的对象和标准。作为标准外包协议的重要附件，服务水平协议（SLAs）的拟定，通常需要精通法律和生产技术的专家共同参与，因为这份文件通常涵盖范围广泛、内容复杂。重要的是，大多数业务外包活动失败的原因都在于发包企业和外包服务供应商双方均未能表明应该如何对完成特定项目的过程进行评估。因此，对发包企业来说，明确相关业务所应达到的质量要求、采用统一有效的方法对外包业务进行监控，是取得成功的关键。

一份实用的服务水平协议书首先会对外包业务的基本要求进行表述，如业务外包的起止日期、对外包行为进行监督检查的日程安排以及应该如何书写和保存外包业务完成情况的文件记录等等。其后，服务水平协议书需要认真地对外包服务涉及的范围进行描述，内容包括：

• 提供服务的资产、设备和基础设施。
• 提供服务的种类。
• 外包服务供应商在业务外包期间将作出哪些决策。
• 发包企业在业务外包期间将作出哪些决策。

同样重要的是，在服务水平协议书中列明收费的明细，清楚地注明奖惩的有关规定：

• 各个阶段的收费金额。
• 相关的工作量。
• 外包业务的完成质量。
• 针对超过预期的表现和不如预期的表现分别有哪些奖励和惩罚条款。

在选择特定的外包业务表现评估标准时所参考采用的方法，其中包括：

• 根据企业将业务外包的目的来设计制定评估标准。
• 选择能提高问题诊断能力、引起人们的注意力和改善工作表现的评估标准。
• 针对每项外包业务，限定采用有限的一到两个评估标准。

在发包企业与外包服务供应商之间，对相关的服务水平规定得越是周详，外包项目就越容易取得成功。

第五阶段：多方寻求外包服务供应商

一段相互信任、富有成效的业务外包合作关系，在某种程度上会制约企业为自身业务寻找其他外包途径的机会。当外包业务量大量增加的情况下，外包服务供应商有可能会以各种方式影响发包企业的企业决策。因此，包括波音公司、摩托罗拉公司和宝洁公司在内的许多企业，都没有把所有业务或主要的核心业务外包给某一家服务供应商去完成；相反，它们都不约而同地选择了同时与多家外包服务供应商签订外包协议，以期为每一项业务寻找最佳的外包供应商。虽然这种经营模式具有许多优点，但也同样面临着诸多挑战，因为要成功地管理各项业务相互衔接的“接缝地带”，就需要企业制定深思熟虑和协调一致的实战策略。

通过与多家外包服务供应商签订外包协议，发包企业能够更广泛地从外包服务供应商那里获得专业的生产/服务技术，同时使自身对单一供应商的依赖减少，使企业的业务充分覆盖不同的地区，并鼓励外包服务供应商之间培养建立良性竞争的机制。但是，发包企业必须要扮演起协调人的角色，卓有成效地协调和管理不同服务供应商之间——其中也包括与企业内部各部门之间——的联系纽带，使各方的共同努力产生预期的效果。

第六阶段：捆绑式地开展业务外包活动

越来越多的企业开始尝试将信息技术外包（Information Technology Outsourcing，ITO）和业务流程外包（BPO）活动捆绑在一起进行。企业决定将信息技术与某项特定的业务，如人力资源管理或是财会业务，一起外包出去的行为，我们称之为捆绑外包。通常的情况

是，企业会选择把信息技术作为业务流程外包的附属产品进行外包，而不是相反。我们很少会看到企业会在将信息技术外包时，附带地将其他某个部门的业务加以外包。业务流程外包才是企业进行外包决策时的考虑重点。

选择捆绑式外包的发包企业通常会接受或鼓励外包服务供应商将某项生产或管理技术与业务流程外包活动搭配使用的做法。例如，发包企业在将人力资源管理流程外包时，可能会选择 Oracle 公司作为相关 IT 软件的供应商。有时，发包企业在作出捆绑式外包决策时，是基于企业以往的经历和传统；而有时，企业选择捆绑式外包则是出于外包服务供应商提供的建议或解决方案。另外，在某些情况下，企业将一系列业务流程（如信息技术、人力资源管理、采购、物流、设施管理以及营销和销售业务）捆绑在一起进行外包，是出于企业"全球化发展"的战略需要。

在这个意义上，捆绑式外包意味着将企业传统的信息管理技术中的至少一部分工作与至少一项外包的业务流程捆绑在一起进行外包，并把细节问题体现在外包协议中。发包企业与外包服务供应商之间就某些业务进行的前期合作，往往是双方进一步开展一系列捆绑式外包合作的前奏。

估计约有 1/5 的业务流程外包活动同时涉及信息技术的外包。在很多情况下，外包服务供应商会在外包协议中同时承担提供信息技术和业务流程外包服务的职责。

捆绑式外包活动在各个行业都可以看到，其中包括：财务服务业、加工制造业、电讯业、旅游业、交通运输业、休闲业、传媒和娱乐业以及零售和餐饮行业等等。而几乎所有的业务流程外包都会伴随着信息技术的外包。

在各行各业的大型业务流程外包活动中，捆绑式外包都占有相当的比重。根据 2003 年的调查统计数据，在最大规模的 25 项人力资源管理业务外包项目中，有 7 项（28%）同时涉及到信息技术的外包；在最主要的 25 项财会业务外包项目中，有 6 项（24%）同时涉及信息技术的外包（《今日人力资源外包杂志》，2003 年 12 月）。

随着越来越多的企业在进行外包决策时开始更多地注重增加企业价值而不是单纯地节省成本，捆绑式外包的企业行为也正在变得越来越常见。精明的业务外包老手们同时还在研究业务外包活动中各种潜藏的技术资产（人力和资本），并在积极探寻信息技术和企业业务流程之间的相互联系。

企业越来越多地开始把业务外包行为看作是提高企业价值的一种方式，而不是一种简单地降低经营成本的手段。因此，它们迫切地希望能够从外包信息技术和业务流程的活动中获得实际的经营效益。

捆绑式外包的优点

• 通过捆绑式外包，完成特定项目的资源将会从始至终更好地融合在一起，从而达到提高工作效率和产生规模优势的目的。最为理想的情况是，捆绑式外包可以让发包企业获得更简便快捷、也更加系统化的外包解决方案。

续表

• 捆绑式外包可以使所有参与外包项目的各方获得更多双赢的机会。传统的大型IT企业尤其对大宗的捆绑式外包业务感兴趣；捆绑式外包能够充分发挥它们的资源优势，创造出有利的谈判优势，并为发包企业节省更多的成本。 • 捆绑式外包能够使为发包企业的业务流程提供外包服务的企业也能拥有或控制完成该业务流程所使用的技术，从而令整个业务流程变得更加天衣无缝。随着捆绑式外包变得越来越普及，我们将会看到越来越多的企业放弃由企业自身创建和维护IT系统的做法，而将精力更多地投入主要的业务流程管理工作，这一趋势还将引发更多的捆绑式外包行为。 • 捆绑式外包还将促使更多来自不同部门的企业行政主管参与到业务外包活动中来。IT业务外包（ITO）传统上是企业的信息总监（CIO）主管的管辖范畴，如今也已经开始融入业务流程外包的活动中；而在以往，业务流程外包通常是只有企业的首席执行官、财务总监和经营总监（COO）才会涉及的业务领域。一项调查研究发现，在近千位接受调查的信息总监中，有2/3的人认为，目前或是在2007年前，业务流程外包并不会成为企业所应重点关注的问题。（Gartner，*Business Wire*，2004年3月9日） • 捆绑式外包使业务外包的监管工作，或者说是资源管理工作变得更加容易进行。发包企业的资源总监可以只选择一家外包服务供应商提供服务，而这家服务供应商将会克尽职守地完成相关的工作。赢得捆绑式外包项目的外包服务供应商通常会需要完成比承接单一外包业务多得多的工作量。但与此同时，它们也将获得一个关系更加牢固的长期客户。由于捆绑式外包要求（或者得益于）合作双方对彼此更加忠诚，因此，双方通过明确彼此间进行合作的目标和清楚地了解对方的期望值，使合作关系变得更加清晰有效，是极为重要的。

尽管在历史上企业通常不会把IT业务和业务流程在同一时间外包出去，但当它们开始这样做的时候，捆绑式外包将会产生更高的工作效率和更大的规模优势。通过捆绑式外包，企业能够快速有效地实现、甚至超越其竞争对手目前所拥有的业务流程和IT优势。

结论：最初的三个月

在本章结尾处，我们要对开展业务外包活动最初三个月所应完成的工作提出几点建议，希望能够帮助发包企业的资源总监、参与制定外包计划的企业负责人以及负责具体外包业务的企业主管们更好地完善业务外包的管理机制。

第1个月：澄清企业的经营模式。如果完成这项工作需要花费一个月以上的时间，那么你最好先把业务外包的问题放到一边，首先集中精力制定出正确的企业战略发展方向。在负责战略发展研究工作的员工的帮助下，企业各部门的高级经理人应该对企业最主要的

竞争对手的经营模式进行研究总结，其中包括老对手、也包括新崛起的新锐企业。总结工作完成之后，经理们需要花上一天的时间来讨论和协商决定企业应该如何创造价值，并同时认清企业发展的主要动力是什么，还需要获得哪些帮助与支持。在讨论结果确定后，企业的高级管理层需要把企业自身的特点清楚明确地告知企业的广大员工。

第 2 个月：对外包业务，如 IT 和财务管理业务，进行横向比较。就完成每项外包业务或职能的情况，在外包服务供应商和发包企业间进行比较，列出各自做得最好的五点表现，然后再列出做的最糟的五点表现。根据各项业务完成的实际情况，对其进行概括说明。在业务交接之后，可能会在某些地方出现“断层”，指出断层的所在。有时，问题可能出现在发包企业一方。

第 3 个月：发现断点。企业业务流程的设置是否能够满足经营模式的要求？围绕这一问题，不断地向自己提出各种难题，并加以解答。通过外包业务监管机制，对你认为应该改进的地方进行调整改善。

第七章

对外包服务供应商进行有效管理

> 与外包服务供应商进行合作仍然是一个很新的概念。让外人代表你来管理你与外包服务供应商的关系是极为轻率的行为，除非他们是业务外包方面的专家。
>
> ——Douglas Brown 和 Scott Wilson，外包管理协会
> 2004 年 10 月，外包服务供应商关系管理大会

对外包服务供应商的关系进行有效管理可以确保企业价值的最大化。不要让你自己成为外包服务供应商因为管理不善而造成的各种难题的牺牲品。与潜在的外包服务供应商就业务外包的问题展开坦诚的交流与沟通，是对双方关系进行成功管理的基础。发包企业如果希望成功地处理与外包服务供应商的关系，首先需要清楚地向对方提出自己的要求，明确地表明自己希望实现的目标，然后严格地实行筛选外包服务供应商的程序（就像上一章中所描述的那样），认真仔细地准备服务水平协议书，并且制订持续改进的计划。究竟委派什么样的人员来管理与服务供应商的关系，也是业务外包活动能否取得成功的重要因素。

某一方或双方同时对业务外包合作关系感到不满的原因，往往可以归结为双方对业务外包的认识有所不同，或出现了偏差。其中可能的原因包括：

- 由于外包服务供应商在推销期间作出过度的承诺，使得发包企业对产品或服务的完成质量产生了不切实际的期望。
- 发包企业和外包服务供应商的利益出现了冲突。
- 发包企业不愿就外包服务供应商的介入对原有业务进行必要的调整。
- 双方企业文化观念、社会观念和道德观念等方面存在的差异。
- 对业务的发展情况期望过高。

为了免于让这些因素妨碍业务外包行为所能发挥的潜力，你必须要对业务外包活动进行仔细规划，使相关业务由企业内部完成转而由外界完成的过渡顺利完成。

过渡阶段管理

是否备有过渡阶段管理计划及相关成本规划，对业务外包活动的管理能否成功，有着至关重要的影响。任何一类业务外包项目都会经历三个主要的过渡阶段，而在过渡阶段管理计划中，必须包括对每一个阶段进行管理的内容。只有这样，业务外包合作关系才能得到妥善的管理，而协议双方才能共同从业务外包的活动中受益。这三个主要的过渡阶段有：

1. 相关业务由发包企业内部员工和业务部门完成，到由外包服务供应商进行管理或提供服务阶段的过渡。在管理计划中，应该对过渡阶段所发生的各种成本进行详细规划，制定出外包服务供应商参与公司管理运作的各个阶段的日程表。确认业务外包行为对发包企业内部员工和产品/服务的最终用户所产生的潜在影响。

2. 因为外包协议所引起的服务供应商的介入导致的工作方式的变化。让最终用户随时知道企业将业务外包的目的和外包的具体过程，尽可能地让产品/服务的最终用户参与管理计划的拟定过程。产品/服务的最终用户会关心服务方式上的变化将对他们产生什么的影响。一定要设法打消客户们的疑虑，让他们接受企业将部分业务外包的做法。向员工和客户介绍新的生产或服务模式，是过渡阶段管理计划中必不可少的一个组成部分。

3. 相关业务由某一家外包服务供应商向另一家外包服务供应商的过渡，或是由外包服务供应商完成转会发包企业，继续由外包企业内部员工完成的过渡阶段。这种变化对发包企业的内部员工、外包服务供应商的员工和最终用户来说，都是一件比较艰难的事情，如果过渡阶段管理计划不能指引大家度过这个特殊的时期，那么发包企业和外包服务供应商都有可能为此付出高昂的代价。

其他在过渡阶段需要考虑的前瞻性问题可以按责任、目标和资产进行以下分类：

责任

- 企业员工在过渡时期和过渡时期结束之后的责任是什么？
- 外包服务供应商在过渡时期和过渡时期结束之后的责任是什么？
- 在业务过渡期间，最终用户扮演着什么样的角色？
- 我们需要采取什么样的行动来转移设备、传授知识或传递其他的资源？
- 你是否组建了外包业务监督管理团队？
- 外包服务供应商和你所在的企业之间是否已经建立起沟通的渠道——该渠道是否已经开通？

• 是否拟定了定期汇报的时间表？

目标

• 相关的每一个人需要完成什么样的具体任务？
• 每项任务都按照轻重缓急安排妥当了吗？
• 业务转移的时间表是否已经确定，是否设立了相应的阶段性标志？
• 各项目标之间存在着何种相互依赖的关系？

资产

• 外包服务供应商开展业务需要获取哪些资产和经营许可证？
• 发包企业需要向外包服务供应商转交哪些资产和经营许可证？
• 哪些资产需要办理永久性移交手续？
• 已经产生的经营资产有哪些，谁拥有它们（例如相关业务的资料、编码、规划文件等等）的所有权？

培养与外包服务供应商的关系

与所有外包服务供应商的关系都必须经过长期培养。双方的合作关系取得成功的关键是要以一种同舟共济、患难与共的态度来认真拟定合作计划、共同扶持、相互理解、共度难关。

获得管理层的支持

外包协议的双方必须要获得各自所在企业管理层的支持。当最高管理层认识到业务外包计划的优点和价值的时候，他们会愿意承担起领导责任，并为完成业务外包计划提供所需的资源。

业务外包行为不只是将企业的某一项业务流程转移给外包服务供应商的过程，它将给发包企业带来巨大的变化，通常会引发包括辞退员工和重新设定工作范围和/或职责以及企业重组等等。管理层的承诺和支持对安抚受影响的各方是十分重要的。

划定工作范围

如果你不对外包工作的范围预先进行设定，就无法期望外包服务供应商能够真正理解你所想要的是什么。因此，你要预先询问自己：你所在的企业希望从业务外包活动中实现什么样的目标？你所在的企业是否正在寻求降低成本，或者改善内部各部门生产产品或提供服务的质量？你希望外包服务供应商提供的产品或服务达到什么样的水准？你希望外包服务供应商处理退货事宜的时间是多长？在预先对有关目标进行定义之后，再回过头来寻找和发现业务外包各个环节存在哪些潜藏的问题。

【提示】尽管发包企业和外包服务供应商双方都认同需要在外包协议和服务水平协议中对业务外包的工作范围和服务水平进行清楚明确的确认，但仍然有必要让外包协议保留一定的灵活性。灵活性的重要意义不言而喻，因为我们对相关工作的定义往往无法做到面面俱到；随着工作的开展，有时是在最初的外包协议签订后的很长时间，各种变数才会开始逐渐显现出来。一项过于刻板的外包协议会对发包企业和服务供应商双方都不利。

学习—教育—应对变化

应付由于业务外包所带来的业务流程和人事方面的转变，是发起业务外包活动的企业经理人所面临的最严峻的挑战。受业务外包活动波及和影响的人们会感到无助、怀疑、愤怒和士气低落。由于不能解决这些问题，这些负面的感受甚至会在业务外包活动正式展开之前就发生短路。如果想防止发生这样的情况，必须：

1. 教育你的员工，使他们知道，如果想要在未来的竞争环境下为自己保留一个安全的工作岗位，就必须要随着企业的转变而转变。

2. 使员工尽早参与到业务外包的计划中来，把企业将业务外包的目的和总体经营目标之间的关系清楚地与员工们进行沟通。这样做会有助于赢得员工们的信任，使他们更愿意接受这种变化，并使业务外包活动得到员工们的支持。

3. 在需要对工作和业务进行重新安排的地方，要给员工们一定的时间作为过渡，让其逐渐适应新的角色。如果他们需要新的技能，就应该为他们提供相应的培训。

4. 对员工进行不断的激励，鼓励他们以新的角色来面对业务外包活动所带来的更大的挑战。

交流与沟通是成功度过转型期的关键。你要避免让大家对业务外包行为产生猝不及防的感觉，那只会让人们产生前面所提到的消极感和挫折感。要明确需要与员工进行哪些方面的交流以及应该在什么时候与员工们进行交流。掌握好信息公布的时间，使它与特定的业务外包活动相协调。例如，要让员工们了解：

- 哪些业务将要在什么时候被外包到哪里？
- 业务外包的理由（例如，重申企业的宗旨和经营目标）。
- 在制定决策的过程中所考虑的关键因素（例如，找到了适合的外包供应商）。
- 项目管理团队的成员和决策者是谁？
- 相关的时间表。
- 业务外包活动将在总体上对企业和相关的个人产生什么样的影响。

同样，对信息的发布方式也要做好提前规划：确定是通过公告栏、个人的电子信件、员工会议，还是综合运用上述各种方式传递业务外包的信息？然后，在正式启动外包计划之前，向企业内部的计划管理人员和所有员工说明新的业务流程应该如何完成以及他们应该如何融入新的管理系统。这一点的重要性如何强调都不为过。如果没有向员工们介绍清楚业务外包所带来的变化，新的业务外包方式将无法实现预期的目标。要求你选择的外包服务供应商提供发包企业用户指南以及管理手册，以协助发包企业的员工顺利度过过渡阶段。在尽可能的情况下，安排手把手的培训课程，使其方便所有员工参加。

对外包服务供应商的再复核

要使外包项目在所有方面都做到双赢，你必须确信自己选择的外包服务供应商是最适合的。你应该能够充分调动外包服务供应商的专业知识、技能和技术，以改善你所在的企业在市场中的地位；反过来，你也应该希望外包服务供应商们都能够在各自的领域获得成功，从而确保双方之间长期稳定的合作伙伴关系。

【提示】了解同行中有哪些企业开展了类似的业务外包活动，认真听取它们的建议。从它们那里了解以往将业务外包的经验教训、所犯的错误和成功的案例。

我们已经在前边的章节里谈论过应该如何筛选外包服务供应商，但这里我们不妨核实一下你是否已经履行了你所有应该做的基础工作，这有益而无害。花点时间来考虑一下下面的问题：

1. 外包服务供应商对你所寻求的合作关系是否感到满意？

2. 外包服务供应商是否具有提供相关业务外包服务的经验？

3. 外包服务供应商是否是相关领域的专家？参与这个行业的时间有多长？他们是否具备其他的对你所在的企业具有价值的技能？

4. 外包服务供应商是否能够提供现有客户和以往客户的联系方式供你进行查询？你是否进行了进一步的核实？

5. 外包服务供应商的财务状况是否稳固？也就是说，它是否能够与你进行长期的合作？

6. 外包服务供应商是否还经营其他的业务?

7. 外包服务供应商的商业计划与你所在企业的经营目标是否吻合?

【提示】不论你设计建立的业务外包监管体系多么健全,在与外包服务供应商合作的过程中都难免会遇到各种各样的问题和阻碍。在这种情况下,第三方的介入可能会对你有所帮助。第一外包公司(www.firstoutsourcing.com)凭借它的专业能力在这个领域享有盛誉。

提供培训

为相关的员工提供培训,能够帮助他们更好地掌握在业务外包的情况下企业所面临的新的经营方式。在培训过程中,需要详细地向每个员工解释他们将要扮演的新角色,并对新的业绩考核方式给予说明。

征求反馈意见

事实上,我们在前文中已经讨论过的做好交流与沟通工作的重要性,但在这里我们要换一个角度来看待这个问题,因为我们这里所说的意见反馈,指的是业务外包活动开展一段时日之后开展的交流沟通活动,目的在于了解业务外包的成效如何以及应该在什么时候进行效果评估。发包企业需要设定考核的定量和定性指标,并且确定考核的时间点。此外,预先建立向相关各方进行汇报反馈的机制也是十分重要的。

衡量项目是否取得成功

衡量一个项目——在这里指的是业务外包项目——是否取得成功,是经营管理的一项重要工作。说到衡量项目的成效,很多人只知看重项目的投资回报率(ROI)如何;但正如我们曾经讨论过的那样,投资回报率固然是一项重要的评估指标,然而却不能仅凭投资回报率来判断业务外包项目是否取得了成功。因此,在计算投资回报率之前,你首先要做好以下工作:

1. 在将业务外包之前,确定企业将业务外包的基本目标。这是判断项目是否取得成功的基本判断标准。

2. 确定项目各阶段的目标和项目由 A 点进展到 B 点所取得成效的衡量标准。这些判断标准包括内部资源耗费情况、每天处理相关问题的数量或是资金的使用情况等。尽管找到能够准确反应企业经营价值并发展战略的判断与衡量标准具有一定的难度，但在业务外包活动开始之初就设法找到相关的判断评估方向仍然是相当重要的。

3. 在与每一位外包服务供应商签订的服务水平协议书（SLA）中写入判断评估服务质量的标准。服务水平协议能够有效地协调各方对服务水平的认知，并对项目成功与否提供明确的判断标准。这项重要的工具有助于确定企业的价值和定义项目成功的标准，从而避免合作双方在漫长的合作过程中产生争议。也许有些外包服务供应商开始时不愿意在服务水平协议中列明评估考核的具体标准，但在这一问题上坚持己见绝对是一个明智之举。

【提示】不要把服务水平协议订得过细，这将导致监督管理的复杂化，并容易引发与外包服务供应商的矛盾冲突。在如何完成外包业务方面给予外包服务供应商一定的自由，这将会给双方带来令人满意的结果。同时，服务水平协议书只要求外包服务供应商满足某些基本的合同目标也是危险的。重要的参考原则是：不要关注完成外包业务的方法，而是要关注其是否能够取得有利的成果。

在计算投资回报率时，未能考虑到管理外包业务的成本是一个最常见、也是代价最昂贵的错误。要避免出现这样的错误，就不要忽视以下的这些成本：

- 外包项目的内部管理成本。
- 技术转移成本。
- 离岸外包成本。

内部管理成本

一般来说，发包企业需要花费合同总额5%～12%的资金，来对外包项目进行管理。一项价值一亿美元的外包协议，如果协议的内容是针对某项特定的业务提供外包服务（例如，数据中心管理或是行政办公管理服务），其管理成本是较低的——约在500万～800万美元之间。如果协议需要外包服务供应商对发包企业的经营成果负责（如更加复杂化的业务流程外包协议），其管理成本则会相对较高——在800万～1200万美元之间，甚至更高，实际耗费的成本将视具体业务性质的不同而有所差异。显然，对价值数百万美元的外包活动进行内部管理所耗费的成本是不容忽视的。

“在过去的12到15年间，业务外包已经成为企业提高盈利水平的重要手段。而同时，企业此举所面临的重大挑战在于，必须确保由值得信赖的人员对外包的业务实行管理。我们的确需要成立独立的资源管理部门来做好这项工作。我相信自由市场的理念。如果我们大家都不将部分业务进行外包，就必须在购买产品原料或支援服务时付出更多，也因此而不得不把产品/服务的销售价格大大提高。”

——Eric J. Lane，Man's Wearhouse的总裁和首席运营官

资料来源：Patricia R. Olsen，“外包的收益与痛楚”（The Profits and Pains of Outsourcing），纽约时报》，2004年12月6日。

技术转让成本

业务外包的另外一个隐藏的成本是技术转让成本（例如：向外包服务供应商提供的服务器、数据库和相关软件）。当外包业务涉及实物资产管理时，在进行投资回报水平评估时考虑技术转让成本显得格外重要。调查显示，涉及到技术转让——如服务器、存储空间、电脑安全和系统管理转让等——的外包项目，每年的技术转让成本大约会占项目总成本的5%至15%。

离岸外包成本

随着越来越多的企业开始把越来越多的业务外包到海外，相应的管理成本也会因具体的项目不同，而从上文所说的占合同总价值的5%～12%，增加到10%～18%。

调 查 显 示

业务外包活动取得成功的最重要的因素是什么？在Global Outsourcing Partnership组织于2004年所开展的一项调查活动中，受访者在被问到这个问题时，给出了以下的答案：

• 金钱不再是企业在决定是否要将业务外包时所考虑的首要因素，但它仍然是发包企业在选择外包服务供应商时所首先考虑的指标。当要求受访者说出影响它们选择外包服务供应商的三个最主要的因素时，有65%的受访企业的回答是价格，其次是对服务质量的保证（51%）以及合同条款的灵活性（39%）。发包企业的规模越小，就越会看重价格因素；相比之下，发包企业的规模越大，价格因素所发挥的作用将会越小。

• 63%的受访企业表示，找到适合的外包服务供应商是业务外包活动获得成功的最重要的因素。受访的小型企业和大多数的中型公司认为，找到适合的外包服务供应商的重要性，比对业务外包活动进行有效的管理更为重要。

• 相比之下，大型企业则认为，对业务外包的过程进行有效的管理几乎与找到适合的外包服务供应商同样重要。

• 员工数量在500到999名之间的受访企业表示，签订适合企业实际情况的外包协议是仅次于找到适合的合作伙伴的第二大成功要素。换句话说，如果你没有首先向外包服务供应商清楚地说明你想要的是什么，那么你们之间的关系将会很快地变质，不论你认为你的项目管理工作将会完成得多么出色。

• 不论规模大小，所有的受访企业都一致认为，选择适合的外包服务供应商、有效地管理彼此之间的合作关系以及拟定符合企业实际情况的外包协议，是比了解企业自身的经营目标更为重要的成功因素。

续表

此项调查的结果还显示，不管你所在企业的当务之急和需求是什么，在考虑选择外包服务供应商时，成本因素所占的比重都不应低于30%。成本对外包项目能否成功的重要影响由此可见一斑。不重视成本因素的发包企业更容易失去对外包服务供应商的控制，同时也会影响外包服务供应商对发包企业所做的贡献。

结 论

如你所看到的，成功地管理业务外包项目是一项艰巨复杂的任务，需要参与的双方都为此进行详细的规划。了解业务外包的原因所在、与相关各方定期进行交流，是顺利完成业务转移的关键。在此没有捷径可走，但你所付出的努力将会带来丰厚的回报。

第八章 如何签订业务外包协议和开展业务外包谈判

如果不及早加以预防，事后又未能妥善加以处理，业务外包活动本身所存在的法律上和实践操作上的问题将是十分复杂和花费昂贵的。本章的目的，就是要向读者介绍签订外包协议时所应了解的基本信息，以便读者能够在这片经常出现问题的水域里顺利航行。

大多数的业务外包谈判分为三个基本的阶段，它们分别是：评估/计划、选择外包服务供应商和准备外包协议。每一个阶段对于外包业务取得成功都是至关重要的。企业必须在评估/计划阶段就及早地采取有效的措施，为业务外包活动取得成功打下良好的基础。

精心制作招标计划书

招标计划书（RFP）是建立业务外包关系的基础，它的内容包括发包企业对外包业务在实践操作上和财务管理上的需求，同时也涵盖了对外包业务本身的详细说明。精心制作的招标计划书必须准确地说明以下内容：

1. 外包业务的范围。
2. 完成相关业务目前所使用的人力、设备、数据和其他资源。
3. 财务资源。
4. 期望达到的服务水平。
5. 理想的报价。
6. 针对发包企业中受影响的员工提出的特别条款和要求。
7. 与外包业务监管相关的主要法律条款。

招标计划书同时也反映出发包企业筛选外包服务供应商的标准，既为发包企业的管理层，也为外包服务供应商的管理层提供了书面的参考指南，使他们更容易对于是否与对方开展合作关系作出决策。

引入竞争机制

要想通过业务外包获得显著的节省企业经营成本的效果，使外包协议中更多地体现出对自己有利的条款，就应该设法使筛选外包服务供应商的过程变得更加具有竞争性。也就是说，有必要与两个或更多的外包服务供应商就协议的内容展开深入探讨，然后再从各方提出的解决方案、服务价格和法律条款的安全性等诸方面进行判断，最终选择最适合的外包服务供应商。

发包企业中负责对外包业务进行监管的员工，特别是企业的资源总监（CRO），在决定是否要引入业务外包的经营方式、如何进行业务外包以及将哪些具体的业务外包时，需要考虑多个方面的问题。特别需要关注的是外包协议的法定条款和结构以及协议的可持续性等问题。业务外包活动所涉及的法律问题通常包括：发包企业希望节省成本和服务供应商希望节省费用之间的矛盾所可能产生的法律问题；外包服务供应商的声誉问题；财务分析与假设同发包企业当前经营成本之间的对比所产生的差异；协议中的服务范围与发包企业期望值之间的差异产生的矛盾；服务范围、协议时间、协议终止、知识产权、未来的服务价格以及今后的服务是否具有足够的灵活性；协议的风险管理可能产生的法律问题；为实现双赢局面而对外包活动进行监管所产生的法律问题；将当前的业务转移给外包服务供应商所产生的经济风险问题应该如何用法律手段解决；相关规章制度所涉及的法律问题；人力资源管理涉及的法律问题；将外包业务与其他外包或非外包业务进行整合所涉及的法律问题以及外包业务与企业的其他战略决策行为之间的联系所涉及的法律问题——企业的基本战略决策行为包括并购、资产剥离、拆股、破产重组、战略结盟、合资以及其他特定的形式。

通常，发包企业可以按照下面所归纳总结的外包业务的各个阶段，逐一计划和采取相应的措施：

1. 评估和再评估。
2. 战略规划。
3. 选择外包服务供应商。
4. 人力资源规划。
5. 对协议初稿的完善和再商讨。
6. 斟酌外包协议的法律条款。
7. 确定保密条款和其他相关条款。
8. 业务流程管理。
9. 协商达成服务水平协议。
10. 对协议的履行情况进行监管，对业务外包合作关系加以管理。
11. 争议的解决。

鼓励早期的协作

发包企业的顾问往往在草拟招标计划书时发挥主导作用，在这一过程中，他们可以获得大量的宝贵知识。如果将谈判工作交给企业外的第三方来代为完成，发包企业的内部员工将会失去宝贵的学习机会。因此，从一开始就应该鼓励企业的管理层、咨询顾问和企业外部的法律顾问围绕外包协议的谈判工作进行密切的合作。

对企业内部的服务水平进行考量

在许多情况下，外包服务供应商会运用与发包企业之前所使用的同样的资源——软件、设备和人员配备——来提供最初的业务外包服务。发包企业很难说服外包服务供应商在外包协议中就发包企业希望得到的服务水平作出明确的承诺。如果发包企业无法向外包服务供应商提供完成相关业务的历史数据来说明发包企业之前能够运用同样的资源达到预期的服务水准，将很有可能再失去谈判的主动权。如果发包企业无法拿出这些数据，外包服务供应商可能会要求划出一段时间作为业务考察期，根据考察期内所监测到的业务完成情况来判断究竟应该为外包业务确定什么样的服务标准。显然，这将会给发包企业带来一定的风险。在外包协议签订之后再来确定外包业务所应达到的服务水平，会令整个业务外包行为处于一种不确定的风险和动荡之中。

发包企业对服务水平协议的认识

就外包业务的服务水平达成协议，已经成为所有业务外包合作关系中一个必不可少的组成部分。如今的发包企业不仅会要求外包服务供应商提供的服务达到最低的起码水准，还会力争服务水平协议能够符合法律程序的要求，使企业能够克服风险，或是在出现严重问题时能够从容地退出。

服务水平协议包含着对未来的业务外包服务必不可少的信息以及各种应变的解决方案。就外包业务的服务水平达成协议的最佳时机是在商讨外包协议的最初阶段。尽可能地预先考虑好各类细节问题。不论是作为主要外包协议的一部分，还是协议主体的附件，服务水平协议都必须把发包企业对就业务外包而展开的合作关系的期望和参考指标描述得清清楚楚。它必须列出可以接受的最低的服务标准，并清楚表述出如果外包服务供应商无法提供最低标准的服务所应承担的后果和双方将共同承担的风险。服务水平协议应该逻辑清楚，并且在必要时能够作为发包企业采取法律行动的依据。

如何才能使业务外包活动达到最理想的效果

对于长期进行合作的发包企业和外包服务供应商来说，应该在谈判的初始阶段就清楚地确认能够令双方成功合作的关键要素，这将有助于外包合同和服务水平协议的贯彻实施。部分令业务外包合作关系取得成功的常见要素包括：

1. 在双方的主要管理者和外包业务的监管人员之间建立良好的关系。双方的管理层和负责人员在工作理念上取得共识，将有利于巩固和发展企业间的合作关系。同样，公司上下级之间和双方相关部分的负责人员之间保持平等的关系和“融洽”的气氛，也是十分重要的因素。

2. 制定可以考察结果的目标。业务外包活动所要达到的目标一定要是能够考察计量得到的，并且一上来就在外包协议中作为考察标准确立下来。如果发包企业能够根据预先确定的目标来对外包服务供应商的实际表现进行评估的话，业务外包所取得的回报将会是十分清楚明确的，因为发包企业可以将自身设定的目标，与外包服务供应商进行的经营表现自我评估所得出的结果进行对比。清楚的评估指标应该让发包企业看得到业务外包目标完成的情况，并且就提供服务的数量、质量和发包企业的满意度，提供清楚明确的参照标准，从而使发包企业能够轻而易举地将特定服务供应商的工作成果与其他外包服务供应商进行比较。

3. 组建精干的工作团队。若想业务外包活动取得成功，就需要发包企业和外包服务供应商分别组建精干的工作团队。团队成员的关键职责是找出业务外包活动中出现的问题，并迅速地加以解决。

4. 奖励和处罚。若要外包服务供应商提供的服务能够达到和超出发包企业的期望，就必须建立起明确的奖惩机制。如果外包服务供应商的实际表现能够超出预期，就应该给予奖励；否则就应该进行惩罚。

5. 定期进行正式的检查评估。若想令业务外包活动取得成功，经常召开正式的工作检查评估会议来讨论双方正在完成的工作，并对未来的目标进行展望，是最行之有效的方法。外包服务供应商提供相关产品和服务的能力，应该是会议日程上需要经常讨论的话题。

6. 对外包服务供应商的员工进行培训。如果希望外包服务供应商的员工顺利地完成本职工作，并协助发包企业实现既定的业务外包目标，就必须对他们进行不断的培训。

确立对外包合同进行考核的标准

确立考核标准是判断业务外包活动成败与否的主要方法。设定考核标准能够令外包服务供应商对承接的业务负起应尽的责任，因此它们也是判断业务外包活动是否成功的重要参考指标。如果项目开始时，还没有确定适当的考核标准，那么外包合同的管理和落实将很难取得成效。

确立考核标准的工作应该先从成本效益分析开始。成本效益分析能够反映出亟待改进的重要成功要素。考核标准必须能够反映出发包企业将业务外包的具体目的，并易于在经营过程中找到相关的数据。

我们应该重点在三个方面寻找相关的考评数据：

1. 能够反映经营结果和经营表现的评估数据。
2. 能够反映产品/服务质量的考评数据。
3. 重要的经营指标。

设立考核标准的目的，是为了评估外包服务供应商是否能够成功地满足发包企业的需求。这些考核指标将会成为合同管理的一个有机的组成部分；同时，外包合同中应该注明，如果外包服务供应商无法达到考评标准时，应该如何处置。

起草拟定业务外包协议书

外包协议书必须是全面平衡的法律文件，但同时也应该具有充分的灵活性，以适应不断变化的技术和商品市场的需要。它将涵盖从仲裁到技术支持、从成本到各方责任等，所有商业合同所必须具备的各项条款。在公证合理的基础上签订的业务外包协议，将为合同双方建立和发展持久和互利的业务外包关系打下坚实的基础。表 8－1 列出了合同谈判所涉及的关键问题和外包协议所应具备的要素。

表 8－1　合同谈判所涉及的关键问题和外包协议所应具备的各点要素

合同谈判时所涉及的关键问题	外包协议的要素
谁将拥有外包业务的所有权	责任和服务的范围（工作声明）
谁将为外包业务买单	价格
业务外包的成本如何	交付能力（交付日程和日期）
谁将对外包业务负责	完成外包业务的标准、保证条款、处罚条款
外包业务的完成和维护情况如何	灵活性（业务量、价格）

续表

合同谈判时所涉及的关键问题	外包协议的要素
如何衡量外包业务的完成情况	关于员工的各种规定
外包业务应在何时完成	数据/软件的所有者
如果未按时完成会有什么后果	知识产权
合同终止时会发生什么	担保条款
相关的生产/服务软件由谁负责提供	责任限制
	保密条款和信息披露条款
	协商权
	变更条款
	不可抗力条款
	争议的解决条款
	协议终止条款（包括不同的终止方案，协助条款、相关成本等）

外包协议的作用在于分摊发包企业和外包服务供应商的风险。一般来说，外包协议会列明各种已知风险的分担方案，并尽可能地为不确定的风险提供解决方案——尽管真正做到万无一失是不可能的。在起草外包协议时，应该确保协议涵盖下列条款：

1. 服务范围的改变。在协议中设定外包业务的服务范围时，发包企业应该尽量使外包服务供应商的服务项目与其各类业务流程相互配合。因此，在服务范围方面的任何变化都会相应地影响到对外包服务供应商投入业务外包项目的员工人数、技术投资、服务价格和服务水平协议书，以及其他的相关内容。

2. 全球业务外包环境的变化。在当今全球经济一体化的大环境中，企业所处的经济环境发生意想不到的变化是不可避免的。这样的变化会令发包企业依赖外包服务供应商完成的业务量也出现大起大落的情况。因此，外包协议应该预料到商业环境的变化对产品/服务的价格、服务水平的标准以及各类相关事宜所产生的巨大影响。

3. 法律环境的变化。法律、法规、相关规章制度的变化往往是令人始料不及的。例如，如果外包服务供应商无法按照欧盟新近提出的商业保密法的要求提供产品与服务，就有可能使发包企业的整个国际业务出现停顿。外包协议则必须对这种之前未能预料到的变化所带来的成本支出找到适当的解决方案，尽管这项由欧盟推出的新法规在美国并不具有法律效力。同样，外包协议应该明确规定，外包服务供应商必须按照相关法律法规的要求履行合同的义务。

4. 根据发包企业的商业目标来预设服务水平。对服务水平的要求最好能够根据发包企业的股东价值来设定。如果在设定外包业务的服务水平时只考虑的是单纯的技术因素，而不是外包业务背后的商业驱动力，这两者之间的矛盾将会影响业务外包行为的长期进行。发包企业应该认识到这种固有的矛盾冲突的存在，并通过外包协议，使股东的利益得到最大限度的保障。

在拟定外包协议时，掌握两项重要的原则可以保护发包企业的利益。首先，明确所有的细节。这包括详细说明业务的日程、雇佣员工的条款以及支付条款。外包项目的完成情况，取决于事先是否作好了完善的规划；其次，决不要忽视外包服务供应商所在国家的相关法律。这些国家的法律法规可能会对你所处的商业环境产生直接的影响。

【提示】不同的外包项目会涉及不同的付款方式。如果发包企业选择与不同的外包服务供应商打交道，就要设法保证付款方式能够令发包企业自身、外包服务供应商以及咨询顾问等有关各方都感到满意。

其他需要特别注意的事项包括：

- 定价。外包服务供应商当然希望能够从在与你签订的外包协议中获利。因此，谈判的重点应该放在协议的价值以及应该如何将外包服务供应商开出的价格保持在合理的基础之上。

- 顾问的使用。在任何业务外包活动中，第三方的参与总会有利也有弊。正如我们在前文中曾经讨论过的那样，顾问公司的参与有助于发包企业在是否要将业务外包的问题上作出正确的决策，也有助于发包企业找到适合的外包服务供应商。同样，聘请第三方来负责外包协议的谈判工作可以使发包企业的管理人员集中精力于外包项目本身的执行和管理工作；但是，第三方的介入同时也会增加外包项目的总成本，并使发包企业和外包服务供应商之间的交流凭空多出了一个环节。在合同谈判期间，要清楚明白地与外包服务供应商说明是否有必要邀请第三方的加入以及应该由谁来负责确定合适的第三方人选。

- 条款与条件。参照标准的商业合同或招标计划书范本，会使发包企业在谈判过程中处于有利的位置。确保外包服务供应商为招标计划书中所提出的所有问题都作出了相应的答复。由外包服务供应商起草的外包协议所含的条款通常都会对发包企业不太有利，而同时却为外包服务供应商提供了额外的转圜余地。对合同的条款和条件要仔细地审核，确认其中包含了你所希望看到的考核标准和其他重要条款。如果合同中没有这些相关的条款，无论外包服务供应商的代表作出什么样的口头承诺，都不要在协议上签字。

- 外包服务供应商的人员配置。外包服务供应商是否有计划将承接的业务再转包出去？如果是这样的话，一级外包服务商仍然要对业务的经营表现承担责任。同时与几家外包服务供应商或承包商打交道将大大提高业务操作的复杂性，如果发包企业需要负责协调各方的关系，或是必须分别与相关各方进行协商谈判时，工作的复杂程度将会更高。这将会在协议的执行期间大大地影响到业务的机动性。

- 责任的承担。若想令外包服务供应商自觉地对服务水平负起责任，就应该在外包协议中列明经济处罚的条款，当然，有必要给外包服务供应商留出适当的余地，使它们在错误出现时能够在不受惩罚的情况下，于第一时间采取补救行动。

外包协议的管理

我们在前边已经谈论过这个话题：即不论外包业务的规模大小，从企业内部分配出相应的资源对外包协议进行适当的管理都是十分重要的。在此我们将对这个话题展开进一步阐述。

首先，并非所有的外包项目都需要同等水平的管理。在将某项特定的业务外包时，对外包协议的履行情况进行管理可能并不需要耗费太多的企业内部资源。例如，技术支持服务有着固定的标准，通常是十分易于为外包服务供应商所完全理解，因此对外包协议的履行情况进行监督只需要少量的内部员工即可完成。与此相反，对大规模的、涉及内容更加广泛的外包项目进行策划和管理，将会需要更多的企业内部人员进行更深入的监管，因为对项目完成情况进行监管和整体战略规划，直接关系着项目是否能够取得成功。

对外包合同进行管理需要整合企业内部的各项职能。外包项目管理团队需要在财务和业务流程管理方面拥有丰富的经验。特别是在对涉及新技术或新的业务流程的外包项目进行监管时，相关人员必须具备相关的技术知识。同时，如有需要时，项目管理团队应该能够时刻得到专家在法律方面的意见和建议。负责业务监管的人员如果缺乏这些综合性的技能，就无法永远确保能够及时地发现和解决问题，从而也就无法令业务外包活动取得理想的成果。

【提示】 再多的合同标准样本也不能保障你不会因为疏忽、拙于沟通、未能作好合理的企业规划而遇到麻烦。因此，在合同洽谈期间以及合同后期管理的过程中，发包企业必须委派可靠的、精于技术的经理人，与外包服务供应商的客户经理一道，做好外包业务的监督和规划工作。对外包协议进行有效管理所需要的技巧与管理内部员工所需的技巧有所不同。发包企业的高层管理人员需要确保指定的项目管理团队成员具备这些必要的管理技能。

对外包协议进行监管需要发包企业建立有效的控制管理和沟通机制，以确保能够及时地发现和解决可能出现的问题。负责监督评判外包业务是否取得成功的外包项目管理团队必须要保证在必要时能够拿出各种资源，灵活机动地为项目提供所需的支援，从而解决外包协议履行期间发生的不可预料的问题。

因此，与外包服务供应商进行有效的沟通是至关重要的。发包企业中具有专业知识的员工必须能够随时发现问题，并与外包服务供应商密切合作（即进行及时的交流与沟通），以达到解决问题的目的。在挑选外包服务供应商的过程中，你应该尽可能地找到一家与你的企业文化和完成业务的方法相类似的外包服务供应商；此时，你应该小心培养你们之间的关系，从而使你们之间形成更加默契的合作伙伴关系。在整个外包项目进行期间，都应该保证发包企业内部员工之间以及发包企业与外包服务供应商之间的交流与沟通管道畅通无阻。

在进行变革管理时保持灵活性的重要意义

业务外包行为会令为发包企业提供支持服务的基础设施发生根本性的变化。处理这种变化需要要精心地进行计划，并对有关的技术、定价、服务、企业文化和工作技能进行不间断的管理。在这期间，发包企业和外包服务供应商需要对如何令发包企业在不断变化的市场环境中保持以市场为主的必要弹性达成协议，从而使发包企业能够顺应环境的发展变化而维护自身的核心竞争力。

就明显和可以预见到的变化进行提前规划，也是防止意外情况产生的有效方法。发包企业应该事先询问自己：外包服务供应商事隔多久会调换一次为外包项目工作的员工？相关的生产/服务技术多久会更新一次，原因是什么？谁将负责承担这些变化所带来的风险？在外包协议对未来可能发生的变化做出相应限制可以提高经营管理活动的可预见性，从而同时降低发包企业与外包服务供应商的风险。

还要考虑到其他可能发生的变化。我们最常听到的、对于业务外包活动的批评意见是说，将业务外包出去，将会阻碍企业对相关业务的经营流程进行不断完善。事实的确如此，除非外包服务供应商能够从改善业务操作方式以迎合市场变化的过程中得到经济上的好处；否则，发包企业只能寄望于从外包服务供应商那里获得最初签订的外包协议中所要求的服务水平。

保守机密

由于发包企业和外包服务供应商在洽谈合作业务的过程中不可避免地会涉及需要保密的资料和信息，因此，如何严守秘密一直以来都是业务外包实践中所需要解决的一个问题。在业务外包过程中，为了贯彻执行业务外包的行为，必须在某些时候向现有的或潜在的外包服务供应商透露某些资料和信息；因此，在落实业务外包计划时，发包企业必须做好详细的规划，以确定应该在什么时候搜集相关的信息、保护现有的资料以及选择正确的时机把资料透露给外包服务供应商。

为了保障发包企业的权益和降低它们的风险，早期的业务外包活动应该在保密的情况下进行，直到业务外包的行为被证明确实能够帮助发包企业达到经营模式的转变和节约成本的目的，或是能够使它们取得其他的竞争优势为止。

当进入正式的业务运作阶段的时候，发包企业应该确保服务供应商具有保护第三方权利的能力和技巧以及对其所使用的相关数据进行保密的完善的规章制度。这些规章制度应该与发包企业对客户信息保密的规章制度保持一致，甚至更加严格周详。

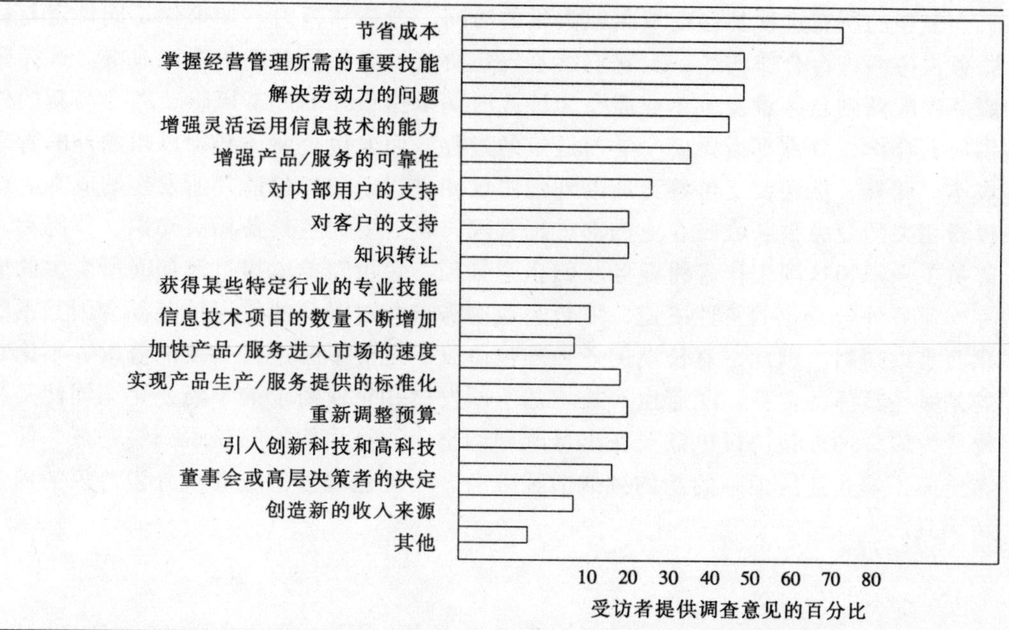

图 8－1 业务外包的目的：促使你将业务进行外包的最重要的因素有哪些？

注：此项调查允许多项选择。资料来源：《信息周刊》（Information Week）开展的外包服务供应商调查活动。调查对象是 700 位企业管理和技术领域的专家。调查结果发布时间：2002 年 11 月。

外包协议的重新谈判或终止

如何在外包协议期满时就协议的内容进行重新谈判，在决定开展业务外包活动的初期往往容易为发包企业所忽视或漠视。如果能够在一开始就认识到，在业务外包活动进行期间可能需要对协议的内容进行修改以及外包协议迟早总会有到期终止的一天，我们就会发现，就外包协议进行重新谈判或终止外包协议做好更加充分的准备是多么的重要。当然，究竟应该进行重新谈判还是应该终止协议，取决于业务外包活动是否取得了成功。

【提示】当发包企业认为有必要在现有外包协议之外节省更多成本的时候，就会趋向于对外包协议进行重新谈判，以求达到节省成本和建立新的收益标准的目的。以新的业务作为诱饵、或者威胁减少现有的业务量，都可以作为促使外包服务供应商答应就外包协议进行重新谈判的动因。

在上一份外包协议到期后，摆在发包企业面前的无非是下面的三条路：

1. 与目前的外包服务供应再次签订新的外包协议。
2. 选择其他的外包服务供应商。
3. 将业务收归企业内部进行管理。

上述的所有选项都会耗费企业大量的时间、金钱和精力。如果你长期锁定与一家外包服务供应商进行合作的话，与它们续签外包协议可能导致更高的合同成本。选择新的外包服务供应商则意味着发包企业需要为过渡时期承担额外的成本风险，因为与新的外包服务供应商合作，双方都需要一个学习适应的过程，而发包企业还必须承担额外的管理和资源成本。此外，你还要支付签订新的外包协议和进行新的外包谈判所发生的成本。如果你选择将相关的业务重新收归企业内部进行管理，就需要拥有具备相关知识、技能和时间的内部员工来承担这项工作。将业务收归企业管理，你也需要承担过渡期间所发生的成本。

业务外包行业的特性决定，发包企业的需求和对资源的使用情况都会因其不断发生变化而难以预料。因此，对长期的业务外包协议一定要不时进行必要的修改，不论它所涉及的是哪些具体的业务。随着生产技术的不断发展和企业需求的不断变化，即使是当初计划得最为周详的外包协议也需要作出修改和调整。一旦我们能够认识到这一点，便会自觉地在全面了解企业所面临的新的挑战的基础上，与外包服务供应商就外包协议的内容进行重新谈判。

结　　论

在本章接近尾声时，我们要与读者介绍分享四条经验之谈，以帮助读者避免犯下与外包协议相关的常见错误，它们分别是：

1. 对生搬硬套的外包协议说不。近年来，人们对于如何签订外包协议发现总结了许多行之有效的方法，但套用预先设定格式的外包协议并不属于其中之一。真正能够促使相关各方通盘了解各自在业务外包合作关系中角色的，是合同谈判的过程本身。

2. 对短期协议说是。我们建议外包协议的协议期限不宜超过两年。竞争是一件好事。它可以使发包企业积极地搜集其他外包服务供应商的报价，并与当前所接受的外包服务供应商进行比较。竞争会使外包服务供应商更加诚信可靠。

3. 尽可能地保护你所专有的业务，并将可能承担的责任降到最低。发包企业必须小心谨慎地保护自身的专有业务，并尽可能地减轻自己所应承担的责任。为你提供外包服务的企业能够拥有更多的机会观察和发现你所在企业的优/缺点，并且利用观察到的资料使其在未来的外包谈判中获取利益。告诉外包管理团队的每一位成员，凡是遇到外包服务供应商询问与企业经营业务相关的问题，一律请他们将问题提给外包谈判工作小组的成员。这一防范措施能够有效地防止外包服务供应商暗中搜集商业信息的举动。外包服务供应商可能提出的代表性问题有：

- 你们公司正准备或正在开展运作哪些大型项目？对这个问题的回答可以让外包服务供应商了解到发包企业的人员配置是否紧张，是否担心现有的工作无法按时完成。
- 你们公司是否还外包了其他的业务？这个问题可以让外包服务供应商了解你所在的企业是否熟练地掌握的外包谈判技巧和对外包业务进行评估的知识和经验。

4. 请求帮助。最后，如果你在管理复杂的外包项目时需要帮助的话，应该与类似First Outsourcing（www.firstoutsourcing.com）这样经验丰富的专业咨询公司联系。他们在制订工作计划、评估内部需求、开展外包业务谈判、评价外包服务供应商经营表现以及提供质量保证方面，拥有专业的人才和资源。当然，使用他们的服务意味着企业必须额外支付相应的成本，但他们能够帮助你降低经营风险，并达到企业将业务外包的预期目标。

需求更加复杂的发包企业，可以从 The Outsourcing Partnership 网站（www.outsourcingpartnership.com）获得更多的帮助。这是一家为发包企业和外包服务供应商提供代理服务的站点。该站点提供的专业外包服务包括：“反向拍卖”服务、网络竞价服务、招标计划书撰写服务以及外包服务供应商评级服务。此外，它们还提供符合资质的外包服务供应商的信息、招标意向书和计划书的范本，并且发布发包企业和外包服务供应商的信息以及为计划中和进行中的外包项目提供咨询顾问服务。

第九章 在对外包业务进行管理的过程中出现的新的就业机会

正如我们在前文中所说的那样，媒体关注的往往是业务外包行为的消极影响，尤其是业务外包会造成工作职位减少等问题。为了消除人们对业务外包行为的这一负面印象，在本章中，我们将重点与读者们谈一谈业务外包行为所带来的新的就业机会。

虽然经理人、一线工人和负责行政管理的员工都能从业务外包的行为中拓宽各自的求职范围，但市场上最短缺的，还是精通外包业务管理的高级管理人才，特别是资源总监（CRO）——资源总监是同时为发包企业和外包服务供应商所需要的人才。但是直到最近以来，各方对担任这个职位的人所应具备素质和经验仍然是众说纷纭，这令雇主们时常感到困惑，也增加了发现和培养能够成功领导外包业务的合格候选人的难度。没有经过适当的培训，大多数的企业领导者都无法理解业务外包的真正需求、其中的文化内涵以及基本的操作原则；相反，他们只顾专注于如何节省成本，而正如我们在本书从头到尾一直在提醒大家的，这样的解读绝对是一个错误。

我们已经在这本书各处对资源总监的重要性谈论得太多了，因此当你听到直到2004年以前，世界上还没有任何一个组织负责对发包企业和外包服务供应商的行政管理人员进行集中培训，并授予他们相应的资质证书时，你恐怕一定会感到十分惊讶。所幸的是，现在这样的组织已经成立了。

资源总监培训

资源总监学会（www.CROInstitute.com），是一家位于美国的教育基金组织，它负责为业务外包领域的管理人士提供专业培训课程。这一课程是世界上惟一一个被美国资源总监协会（AACRO）、国际资源总监协会以及国际商业外包专业人士协会认可的课程。在顺利完成这项个性化、多种课程设置，但少于6个月就可以完成的课程后，合格的企业行政管理人员将被授予注册资源总监®的资质，相关的辅助人员则被授予注册资源管理专家的资质（TM）。注册资源总监通常被看作拥有与首席信息总监（CIO）、首席财务总监（CFO）同样的资质，一般直接对企业的首席执行官（CEO）负责。

这些资质认证课程作为一门企业战略管理学课程，深入揭示了外包的背景，强调说明了外包业务取得成功的基本要素，并介绍了以往的最佳成功案例。每一节课程都结合了授课、行业文献阅读分析、专业文章阅读以及能够帮助学员们能够学以致用的各种练习。

资质认证：并非只为发包企业而设置

资源总监学会（www.outsourcingmanagementinstitute.com）同时为外包服务供应商提供名为新注册外包管理员（COA）的资质认证课程。外包服务供应商会聘请注册外包管理员担任企业的客户关系主管，以确保企业能够最大程度地实现自身的利益。客户关系主管们还同时肩负着与发包企业的资源总监进行交流与沟通的职责。

经过认证培训，注册外包管理员在接受委托制定外包战略并负责具体执行时，将有能力确保发包企业和外包服务供应商双方的期望都能够得到满足。

一个表现出色的注册外包管理员应该具备的五个方面的特征：

处理人际关系的技巧：管理人的能力对于注册外包管理员来说是极为重要的，因为他们最终将负责协调客户服务人员及其他为发包企业提供服务的员工之间的关系。具有高超的处理人际关系的技巧和领导技巧，可以使他们成功地做到不断激励团队里的各个成员，更好地为客户提供服务。有时，他们还需要具备高超的洞察力和交际手腕，从而确保外包工作团队能够在客户企业内或客户企业之间发生敏感的政治斗争的时候，使本公司的业务不受影响。

组织能力：这一能力对于外包服务供应商在预算内按时完成外包项目至关重要。这种根据各项任务的轻重缓急调配资源、并密切注意预算落实情况的能力，将会确保项目的完成质量，并直接影响到项目的成功。这些技能在外包谈判伊始就已经开始发生作用，在谈判过程中和项目的执行阶段都会继续体现出来。

沟通交流的技巧：项目经理人是发包企业和外包服务供应商之间的主要沟通渠道。因此，身为项目经理人的注册外包管理员必须具备与双方企业的工作人员进行清楚交流的能力。他们一定要有能力去清楚地传达发包企业或外包服务供应商的经营目标、所面临的挑战和难题、外包业务发生的变化，并对日常工作进行调理清楚的总结汇报。当业务外包海外时，沟通交流的技巧将显得更为重要。注册外包管理员不仅要与远在地球另一端的客户管理团队的成员实现交流，还要设法令他们完全感觉不到地理位置对服务质量产生的任何影响。经验丰富的离岸外包管理人员可以泰然自若地做到这一点。

解决难题的能力：每个外包项目中，有可能令策划周密的计划出现错漏的，都是那些事先没有预料到的难题和挑战。注册外包管理员一定要具备有效处理这些状况和降低相关风险的能力。

续表

接受过专业化的培训。接受过资源总监协会专业培训的注册外包管理员们是既拥有相关学历、又具备丰富经验的专业人士，他们都曾经宣誓遵从专业守则，并全部通过了注册外包管理员的资格考试。

聘请一位经过专业认证的外包问题专家

大多数发包企业在判断外包服务供应商是否正在按照服务水平协议中的相关条款提供令人满意的外包服务的时候，都会感到踌躇不决。发包企业与外包服务供应商之间的联系往往过于简单，而经营表现报告书往往只是由外包服务供应商负责编写。但仅凭这些原因，是否值得花钱去聘请一位经过专业认证的外包问题专家来领导企业的外包管理小组呢？要为这个问题找到答案，你应该首先回答下列的问题：

1. 支付给外包服务供应商的费用是否超过企业年度技术预算的20%？
2. 支付给外包服务供应商的费用是否超过企业年度总预算的10%？
3. 你所在的企业是否正在使用两家以上的外包服务供应商的服务？你所在的企业是否正在考虑将更多的业务外包出去？
4. 你是否正在考虑将薪金、培训、福利和数据管理等业务职能外包出去？
5. 企业各部门的经理人是否正在就服务水平协议的条款进行单独的协商讨论？

如果你对上述的任何一个问题的回答是“肯定”的话，那么聘请一位专业的资源总监和若干位中层管理人员来对公司的外包业务进行管理都是值得的。你所在的企业并不是惟一需要这么做的商业企业：随着外包业务的发展，市场上对经验丰富的资源总监的需求，将在两年内从2004年的区区几百名，增长到3万名以上（《资源总监协会2004年年报》，2005年1月）。

【提示】 作为企业外包项目监管团队一部分的其他员工，也正在积极地学习外包项目管理经验和获取相关的专业资质认证，以便使自己成为真正的外包问题专家，并进而在各自所在的企业中和国际化的市场上不断强化自身的价值。

了解这一需求存在的理由

你所在的企业是否存在这样的情况？即你们决定把人力资源管理业务外包给Hewitt Associate和Exult、业务流程管理业务外包给e－Funds、应用程序开发业务外包给MphasiS、信息技术(IT)服务业务外包给Patni、印刷和广告业务外包给PrintGPO以及将公司的财务系统管理业务外包给Accenture。对由多家外包服务供应商提供的各种业务外包服务需要进行严格的管理和监控。经过专业培训的资源总监们能够在同一时间协调管理好多个外包项目。

刚刚开始开展业务外包活动的企业往往会指定一位固定的经理人负责接管业务被外包的部门的管理职权。如果这家公司仅仅只是将一项业务外包的话，这样做还是可以接受的。而如果企业同时在使用多家外包服务供应商提供的多项外包服务，则监管工作的复杂性和难度将大大增加。而一位专业的外包项目管理人，可以确保发包企业和外包服务供应商双方的利益都得到最大程度的保障。一支专业的外包项目管理团队，在一位由注册资源总监、注册外包监管员或注册外包管理员担任的资源总监的带领下，能够帮助企业顺利地度过业务外包的过渡阶段、更有效地参与全球竞争并为股东创造更大的价值。

但只有一名行政管理人员负责管理外包业务并不够。许多企业现在正在筹划建立独立的部分负责外包项目的策划、监管、谈判、执行、回包、评估和协调管理与多家外包服务供应商之间关系的工作。

注册资源总监和外包项目监管员们了解各项业务的交汇点在哪里，他们知道如果将各项外包业务分别处理，将会造成冲突、矛盾、重复工作和各种错漏。要想保持企业的竞争力，就有必要建立专门的管理机构，在注册资源总监和其他管理团队成员的带领下，对相关的外包业务进行严格专业的管理。

欧洲对经验丰富的外包项目经理人的需求正在不断增长

美国以外的国际化企业对专业的外包管理人员的定义可能会与美国企业有所不同，但是它们同样需要合格的专业人士对外包业务进行管理。欧洲企业对能够充分利用日益多样化的劳动力市场、并了解这种变化所带来的挑战的外包项目经理人的需求是巨大的。在欧洲，这种需求增长的部分原因是由于欧盟内部消除了边界，允许各成员国的国民选择在其他的欧洲国家工作。

具备或获得了相关资质认证的经理人可能会被破格提拔，甚至有可能进入公司的最高管理层。跨越国家、跨越文化的工作能力，将成为在业务外包领域求职的一个重要的优势。

成为或聘请一位经过专业认证的外包问题专家

不论你正在考虑参加外包管理的资质培训，还是正在计划聘请一位资源总监或外包监管员，下列工作技巧和能力都应该引起你的关注：

1. 业务管理能力：资源总监一定要拥有管理多项业务和多个部门的经验。他们在发包企业和外包服务供应商之间发挥着交流与沟通的核心作用，这就要求资源总监对外包服

务业务和发包企业的核心竞争力都有着深刻的认识。缺乏这种能力就会妨碍外包业务的顺利进行和作出正确的决策。

2. 成本管理能力。资源总监还将对企业的经营效益负责。因此，扎实的财务知识对资源总监来说是必需的，它能使资源总监理解业务外包过程中的每项决定或外包关系的各个方面将会如何影响发包企业和外包服务供应商的财务状况。

3. 项目管理能力。制订和落实外包计划，对于资源总监来说是必备的能力。资源总监一定要具备同时管理几个外包项目的能力。

4. 合同谈判的技巧。一般来说，任何外包合同在进入谈判阶段之前，企业的资源总监就应该参与其中，这是因为参与拟定合同的人往往能够最为有效地对合同的落实情况进行管理。

5. 协调能力。聪明的资源总监会尽可能地选择与企业文化相似的外包服务供应商合作。但是当实际情况无法实现这一点时，资源总监们需要对双方的企业文化都能有所理解，以确保业务外包工作的顺利开展。此外，如果公司选择的是海外的外包服务供应商，资源总监也有责任要了解清楚他们的管理方式。

6. 高超的观察力。企业的资源总监和外包项目监管员们需要了解各类外包业务和相关部门的职能，外包行为对企业财务状况的影响、外包活动会造成企业内部哪些部门间职能的重叠以及外包决策对企业员工的影响等等。

7. 保持灵活性的能力。因为企业业务外包活动还处在“婴儿期”，资源总监必须能够“随波逐流”地顺应各种发展趋势，以便能够对突发的变化及时在管理方法上做出调整。

创造成果

资源总监的工作是设法令业务外包活动产生看得见的成果。与许多人所认为的不同，对外包活动进行有效管理并不需要承担风险。有经验的外包项目管理人会首先小心谨慎地对潜在的风险进行评估，然后再加以有效的管理。在如今的外包大环境中，这样做是必需的。外包项目管理人在工作中不允许有任何闪失。

首先要对发包企业的现状进行充分的了解。看看企业是否已经针对外包服务供应商的工作人员指派了相应的监督管理人员？对外包项目进行遥控需要花费大量精力，尤其在企业需要同时与几家外包服务供应商合作的情况下就更是如此。对外包海外的业务进行监管还需要花费额外的旅行和通讯成本，你必须要开列相关的预算。此外，你还要考虑是否能够为外包项目的监管找到适当的人选，考虑项目经理们是否已经准备就绪并且愿意出差。另外，还要想一想将业务外包的消息曝光是否会产生负面的影响以及应该如何最大程度地降低这类风险。

其次，必须严格地对外包项目进行定义。不论是离岸外包的还是在本地寻找外包服务供应商，都需要对外包项目的目的和实现目的所使用的方法进行全面记录。如果你未能就项目的实施过程进行详细记录，将很有可能面临失败的惩罚。这里，你要再一次问一问自己：外包的业务是否属于企业的核心业务？对待企业的核心业务，你需要格外地小心谨慎。

第三，学会将整个的外包项目拆分成若干个较小的组成部分。这样做有助于降低风险。在与新的外包服务供应商进行合作时，先从一个较小的、能够短期见效的项目入手，这将有助于你对这家外包服务供应商的服务质量进行评估，对考察业务的方法和管理流程进行完善，并在重大问题发生时将风险降到最低。

第四，对外包业务的流程进行评估考察，并不断加以完善。要想控制和管理风险，就需要发包企业的资源总监们在项目开始运作之前就展开认真的分析和周密的计划。一旦计划付诸实施，就需要对其进行情况展开定期检查，以确保项目的顺利开展。

第十章 避免业务外包的常见错误

业务外包活动之所以会失败，很多情况下是因为发包企业的期望值和外包服务供应商提供的实际服务之间出现了较大的落差所致。不论失败的原因是期望值过高还是过低，外包服务供应商的实际表现如何都要视个案的具体情况才能判定。有一点可以肯定的是，发包企业应该在一开始将业务进行外包的时候，就将企业对相关业务的期望进行更加清楚的说明；而外包服务供应商则应该再根据发包企业的期望完成相关业务和在对相关业务进行有效监控方面做出更加出色的表现。企业在业务外包方面进行的尝试也可能由于目的不清或是准备不足而失败。而防治这一问题的最好方法就是对业务外包行为进行更加明确的目标定位和更加充分的准备。这也是本章的目的：即应该如何针对业务外包活动中常见的错误采取“预防性的措施”。

知道何时该对外包说“不”

较早前，我们曾经提醒过读者，知道什么时候不将业务外包与了解什么时候要将业务外包一样重要。在这一章里，我们将更深入地探讨这一重要原则，因为知道什么时候该说“不”是防止所有其他错误的最好方式。

了解你自己

要想知道什么时候该对外包说“不”，首先必须要诚实地面对自己，弄清楚考虑将公司业务外包的真实动机是什么。例如：

• 如果你只想要逃避经营过程中遇到的一般性难题，选择将业务外包出去并不成其为解决方案；相反，你应该设法在企业内部解决问题，而不是把问题转移到海外。

• 如果你还没有准备好屈尊去计划管理琐碎的外包事宜，就暂时不要把业务外包出去。业务外包是一项复杂的任务，需要进行大量的计划和准备工作。

• 如果你因为无法处理好公司目前所开展的某些业务，认为聘请“外来的帮手”能够帮你打理好一切的话，我们强烈建议你要三思而后行。如果连你都没有透彻地理解你准备外包的业务和项目，多半你也无法清楚地告诉外包服务供应商应该怎样做。在这种情况下，外包服务供应商所提供的服务也将多半达不到你的期望。

• 如果你不准备循序渐进、从始至终地跟进监督你所外包的业务，那么不如打消将业务外包的念头。外包业务的成功取决于你与你的咨询顾问和外包服务供应商之间，能否从第一天开始合作起，就形成一种良性发展的合作关系。

了解你的业务

根据以往的经验（当然，每个企业的实际情况都有所不同），我们建议你不要把下面列出的相关业务外包出去，也不要在不当的时间点将业务外包：

• *企业的核心业务。*如果看起来似乎总在某一点上喋喋不休的话，那是因为它的确十分重要。绝不要将属于企业核心竞争力的业务以任何形式交给其他人或其他企业打理。永远也不要。

• *需要管理者自由进行经营决策的业务。*需要管理者对相关业务的发展方向拥有自主决定权的业务完全不适合外包。

• *依赖于发包企业以往知识和信息业务职能。*这包括在业务范围和风险管理方面变数较高的业务职能，如财务预测、企业成长预测以及市场表现等。业务外包活动能够取得预期收益的关键在于，发包企业必须能够对外包服务供应商的服务质量进行看得见的监督与管理。

• *涉及跨部门或多项业务的内部管理职能。*在本书中，我们一直在强调对外包服务供应商的经营表现进行强化管理的重要性。如果外包业务涉及企业的多项业务或多个业务部门，发包企业完全有必要成立一个专门的管理团队负责管理相关的外包业务，而这项管理工作不应该再外包给企业以外的第三方。

• *会受到难以预测的政治风险影响的重要业务。*即使把业务承包给国内的外包服务供应商，也可能会遇到来自国外的二级承包商由于政治方面的原因而无法按时提供服务或接受汇款的情况。由于可能出现禁运、配额管制、政策约束、限制自由兑换、资产国有化、政府征用以及类似的情况，我们建议发包企业应该尽量根据外包地点的实际情况采取相应的措施，以降低相关的政治风险。建议直接在外包业务所在地寻求法律方面的协助。

• *不要在高级管理层出现变动前开展业务外包活动。*当企业的高级管理人员，特别是资源总监，没有确认参加时，不要轻易启动业务外包项目。制定适合企业的外包发展战略需要企业的各级工作人员在计划的设计执行上投入大量的时间和金钱。董事会的每一位成员和企业的每一位高级管理人员都肩负着对公司资产负责的职责。如果在公司高层发生变动前将业务外包，新上任的资源总监在工作中会受制于之前签订的外包协议所确认的长期承诺。即使合同条款规定公司可以在市场价格下降时终止合同，但也可能因此而付出高

额的代价。这一代价不仅包括支付数额可观的违约金，也包括在变更外包服务供应商或改由企业自行完成相关业务的过程中造成的员工工作动力和注意力的丧失。

• 不要在不以业务外包为目的的企业重大重组阶段将业务外包。在经济疲软期，企业可能会对内部组织结构进行调整，以达到降低成本、消除业务层级、改组工作团队、剥离缺乏盈利能力的业务、以复杂的或有运营限制的契约来重新融资、合并、重新资本化、开发新的业务领域，或进行其他战略性变革的目的。在经济环境趋于强劲的情况下，企业则会以在短期内影响“正常业务”稳定的方法，促进业务的发展。如果在进行类似的、不以业务外包为目的的业务重组时将部分业务外包，将无法保障相关的分析、策划和协商谈判工作的顺利进行。在这种情况下，企业高级管理层的注意力会被分散，从而极大地增加了业务外包的风险。

考虑周全，切忌百密一疏

如果你已经决定投入能够带来丰厚回报的业务外包活动，我们在此向你提出以下几点建议，希望能够对你顺利地开展此项活动有所帮助。

发现隐藏的成本

无论对于个人、还是对于商业企业，最常出现的争议通常都与金钱有关。就业务外包活动来说，问题往往在于发包企业希望通过业务外包的行为给企业节省多少开支。许多企业的行政主管们认为可以进行简单的人员工资调整（例如，在印度聘请一位负责同样工作的员工，只需花费少于40%的人员工资）。但他们并没有把隐藏的成本和企业经营管理模式的差异考虑在内。事实上，大多数企业在尝试将业务外包的头一年可以节省15%～25%的成本；而到了第三年，当发包企业和外包服务供应商度过了学习期，对各自的业务管理模式进行适当的调整之后，节省成本的比例往往可以高达35%～40%。

成功的十大障碍

根据我们的经验，在业务外包活动取得成功的途中，存在着以下10大障碍：

1. 未能获得高级管理层的支持。
2. 未能制订与外包服务供应商进行交流沟通的计划。
3. 未能学会业务外包的方式方法。

4. 未能认识到外包业务的风险。

5. 在自身缺乏足够的业务外包知识时，未能寻求专家的帮助指导。

6. 未能整合最佳的内部资源。

7. 未能在业务外包的各个阶段时刻保持小心谨慎的态度。

8. 未能意识到文化差异的影响。

9. 未能认识到外包服务供应商需要哪些方面的帮助才能达到令人满意的服务质量和生产水平。

10. 未能制定和落实正式的外包业务监管机制。

确认外包服务供应商在重要经营数据的安全/保护方面采取的措施

不论你正在考虑将哪些业务外包，都需要对外包服务供应商保护和维护技术和经营数据的系统是否健全进行考察评估。尽管大多数发包企业发现海外外包服务供应商在这方面的表现十分出色（往往超出发包企业的内部管理机制），但是，在涉及知识产权保护和重要的企业信息外露时，决不可以掉以轻心——当企业在国际市场参与竞争时则更应如此。在合作初期就应该解决好隐私问题，并一直保持对这一问题的妥善管理。将你的要求书面化，详细说明具体的管理方法，并将其与外包服务供应商的管理体系结合在一起。

对企业所拥有的专业技术进行评估

在大多数企业和政府机构所外包的业务中都含有相关领域的专业技术和知识。在某些情况下，这种专业技术可能是一项专利技术，或是某种竞争优势。对其进行认真评估可以帮助企业认识到，将相关的业务转移到海外是否会危及公司的正常运营。

对意外事件有所计划

不论计划做得如何详细，合同拟定得如何专业，如果外包服务供应商因为某种原因而未能如期完成外包业务应该怎么办呢？虽然此类失败的案例并不多见，但即便是在拥有一流管理体系的外包服务供应商身上，也有可能会出现这种情况。应对可能导致失败的原因作出评估：企业是否在经营表现方面还有待进一步改进提高？高风险或业务外包行为让外界了解可能会影响企业在业务外包方面所采取的策略，例如：企业可能会因此选择多家而不是单一一家外包服务供应商；也有的企业则会因为某些外包服务供应商具备某些能够降低其经营风险的技能，而选择将业务外包出去。因此，正如我们在之前所说的那样，进行风险分析、最大限度地防止意外发生是至关重要的。

对工作范围是否超出预期进行监控

外包协议中不可能对服务的价格做出确实的限定。所有的外包协议都建立在某些基本保障条款和预估假设之上。如果实际的工作量与事前的估计有所差异，发包企业将要负责为超出计划的部分买单。不过，有些企业对这一点认识不充分，它们往往因为服务协议的价格变化无常或外包服务供应商要求增加服务收费而感到诧异。大多的外包服务项目在开展初期，在成本支出上都会出现10%~15%的变化，千万不要忽视这一现象的存在。

服从政府的规定

公司基础设施服务企业、财务服务机构、医疗保健机构以及某些特定行业的企业和事业机构，都面临着各级政府不同类别的监管。这些企业或机构在将业务外包海外时，必须设法确保海外的外包服务供应商对该企业所在行业的特别要求保持敏感的认识。特别需要做到的是，海外的外包服务供应商必须：①能够服从政府的各项规定；②能够证明自身遵守了政府的规定，并顺利通过各级政府的各类审查。

注意企业文化的差异

每个公司的企业文化都是独特的，即便是在同一行业中的企业亦是如此。身处不同行业的企业之间的差异则更为显著。如果海外外包服务供应商的企业文化与发包企业大相径庭，将来由于企业文化差异而产生矛盾的可能性也将大大提高。绝不要低估消除企业文化差异所要付出的艰苦努力。事实上，你必须尽一切可能去避免误解的产生。相关的工作包括为外包海外的电话服务中心的海外员工提供口音培训以及帮助内部员工了解外包服务供应商总部所在国家的宗教、着装和社会习俗。

对外包服务供应商关键员工的动向进行跟踪

外包服务供应商数量的高速增长创造了一个十分活跃的劳动力市场，特别是在低劳动力成本的印度和 Bangalore 等地区。新兴的知名外包服务项目对能在项目中发挥重要作用的员工的需求越来越大，因此，在外包服务供应商企业中担任关键职位的员工很有可能会被同行的竞争对手重金聘用。在编写报告时，海外的外包服务供应商经常会在员工流动性方面使用全体员工的流动比率的统计数字，而相对于关键员工的真实流动比率，这一整体统计数据无疑会相对较低。发包企业需要对外包服务供应商关键岗位上员工的流动情况进行监控。根据一项由 META 集团发表的年度报告，企业员工一般的流失比例大约在15%~20%之间。通常可以根据这一水平拟定外包协议的相关条款。

计算传授知识所产生的成本

发包企业往往容易忽视向外包服务供应商传授知识所花费的时间和精力以及由此产生的成本。事实上，我们发现，大多数发包企业相关业务的生产效率在外包协议签订的头一年，都会下降大约20%左右，其中很大一部分原因是因为它们在向外包服务供应商传授相关的生产技术和业务知识上花费了太多的时间。许多外包服务供应商会采用电视会议（最大限度地减少差旅费）和课堂传授（实现一人向多人同时进行知识传授）的方式来提高传授生产知识的效率。此外，外包服务供应商员工的流失经常会给发包企业造成额外的负担，因为它们需要不断地为新进的员工提供额外的培训。

结　论

在本章的最后，我们列出一些可以防止发包企业犯下常见错误的提示，希望能够对读者复习反思前面的内容有所帮助。将业务外包的行为当作一项战略投资、而不是一项简单的购买行为来对待；无论花费多少时间，都要去真正领会和协调好双方的利益；事先为外包项目设定考核指标，并严格按照既定的指标对外包项目的进程进行监管；提前就协商讨论外包服务过程中可能出现的难题和进行必要变革的流程达成协议，并使其成为外包项目管理的一个组成部分。最后，安排合格的管理人员对外包项目进行管理——这里所说的合格的管理人员，指的是具有业务外包管理专业资质、善于处理人际关系、同时又具备专业技能，能够真正将外包项目付诸实施的管理人才。

第二部分

2

在外包业务领域寻找就业机会的必备指南

第十一章 为在经济全球化的大环境中取得成功进行战略规划

将业务外包有利于企业的长期经营，但从短期看，它会给那些因为外包而失去工作的人造成巨大的痛苦。企业将某些工作职位转移到海外的现象已经发生了相当长的一段时间了。历史证明，在某些职位因为业务外包海外而丧失的同时，更多的工作机会随之产生，只不过这些新的工作机会不那么容易被人们所察觉罢了。

——James W. Michaels，《福布斯》杂志名誉编辑

在本书中，我们始终没有讳言企业将业务外包海外的行为正造成美国人工作方式发生极度剧变的事实，而这一现象也引发了外包是否有利于美国经济长期健康发展的激烈辩论。我们也很楚地表明了在这场辩论中所持的立场：是的，外包行为正在使某些工作职位消失，但我们相信那些准备充分和富有远见的人会找到许多新的就业机会。

学会对职业前途进行战略规划

在现代商业的历史上，一个处于就业年龄的成年人还从未有过像今天这么多的职业选择。不管金融市场是多么地充满不确定性，技术行业近来表现显得多么乏力，也不论经济新闻是多么的令人沮丧，市场上总是能够找到就业机会，今天如此，未来仍将如此——只不过我们可能要付出比以往更多的精力、有时甚至是一点点创意，才能把握住这些新出现的机会。在这一章里，我们将与读者分享九大求职策略，希望对读者在经济全球化的环境

中成功找到自己的职业定位有所帮助。

策略1：关注所有可能的机遇

毫无疑问，重新定位自己的职业前途对任何人来说都是一件令人望而生畏的事情。因此，当你不得不面对这一挑战的时候，最好能够关注和把握所有的可能性。如果你在观察和认识自己的未来时能够转变视角，将会加深你对问题的认识，也将因此而提高自己在寻找工作过程中的竞争力。

【提示】 将企业的业务外包行为看作是新的职业生涯的起点，而不是过往职业生涯的终点。

在正式开始寻找工作以前，要花时间去重新评估一下你的求职目标，如果必要的话，需要建立新的事业目标。现在这一切都将取决于你自己，因为不管别人说什么和做什么，最终对你的选择负责的，都将只有你自己而已。因此，你所选择的职业一定是要体现出你的兴趣、你所掌握的技能、你的价值观和你的事业发展目标。不管业务外包的发展趋势如何改变、甚至可能是完全摧毁了你先前拟定的职业规划，你都要记住，你仍然可以作出新的选择，其中包括在外包领域寻找新的就业机会。

许多人在寻找新的就业机会之前都没有经过认真思考，你绝对不应该重蹈他们的覆辙。如今有许多有趣的、令人兴奋的外包工作摆在眼前，你可能被一个又一个的工作所吸引，而忽略了在心中勾画出一幅清晰的职业蓝图。你应该仔细考察一下你即将为之工作的企业，看看你是否适合为它们工作，为它们工作是否对你今后实现你的事业理想有所帮助。

策略2：面对外包和经济全球化的现实

业务外包行为的增长标志着劳动力全球化的长期发展趋势达到了新的顶点。这一趋势是不可逆转的，因此你必须做好准备踏上这艘成功之“船”，否则你就只能呆在岸边，哪儿也去不了。

【提示】 见机行事。

当你看到企业中的大量工作职位被外包到海外时，就应该开始留意你自己的职位是否也会受到这一发展趋势的影响。假如你只是一个程序设计员，还没有资格在企业中升迁到不会被外包海外的职位，比如系统工程师；那么，你可以考虑成为一名技术营销员，因为这个职位要求你与客户面对面接触，并且能够深入了解美国的企业文化。

许多高级别的工作职位会被外包海外取决于企业的文化和企业所在行业的特性。那些想保留高级员工长期价值的企业会选择将重点保护的员工调离可能受到影响的职位。例如，一些大型企业会对那些职位已经被外包海外的员工进行再培训，如为他们提供业务外包管理的认证培训课程。

如果遇到那些没有如此远见的雇主，又该怎么办呢？这时需要你对自己负起责任，你需要不断提高和更新自己的技术和业务技能，以便在就业市场上保持较高的竞争力。

【提示】对工作技能进行提高和更新，随时准备迎接变革。

总之，如果你无法抗拒业务外包海外的发展趋势，那么就应该设法顺应这一潮流。这是专家们的建议，因为他们看到了业务外包海外所带来的绝好的就业机会。将外包海外的业务和企业的其他业务整合在一起，需要相关的管理人员具备高超的解决问题的技巧。发包企业会选择具备这一工作能力的员工继续留在企业内，或是提拔他们担任更高的职位，以便对企业外包海外的业务进行综合管理。

策略 3：在全球范围内把握外包带来的机会

要想在经济全球化的环境中保持竞争力，发包企业的领导人必须具有针对本土市场和国际市场进行战略规划的能力。这需要他们做到“循序渐进”，也就是说，这个过程必须是深思熟虑和稳妥策划，而不是匆忙完成的。到目前为止，能够产生效益的业务外包行为仍然遵循着传统的发展方式：即精心挑选外包服务商、逐步落实投资、先从特定的外包项目中获取最大的利益，然后再逐步外包其他的业务。

【提示】在进行全球战略规划时，遵循循序渐进的原则。

策略 4：跟踪所有的线索

围绕外包工作展开的竞争将是十分激烈的，要想取得成功，你需要制定一套完善的策略。为你找到下一个工作职位的是你自己，而不会是其他任何人。你必须要成为一个职业“猎手”，跟踪所有的线索。在“发现”一个目前可能还不需要你的服务、但可能不久之后就会需要你发挥用武之地的公司之前，你可能需要在某个行业或某项技术领域“逡巡”很长一段时间 。我们可以告诉你应该如何“狩猎”以及从哪里起步，但最终仍然需要你自己去追寻每一个线索和“捕获你的猎物”。

【提示】学会突破传统思维方式，跳出以雇主/雇员的眼光认识职场的束缚。

你必须要学会把思考的范围放得大一些、更大一些。例如，你可以想想是否可以把你的热情、以往在工作上取得成功所获得的资源或是个人的某项创意用来开创一项小型的外包服务业务？开创这类业务通常不需投入太多的资本。即便它最终并没有获得成功，你也仍然可以借此向未来的雇主展示，你愿意承担风险、并有着强烈的创新意识和从事业务外包活动的能力。

【提示】学会使用各种尖端的求职工具。

无论今后选择什么样的工作，你都必须要知道应该如何：

- 制订个人的外包职业发展规划。
- 发现自身所具有的能够用于外包业务管理的技能。

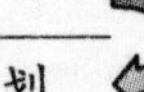

• 对发包企业和外包服务供应商展开调查。

• 在外包领域搭建有用的人际关系，进行相关的访谈，以获取更多的相关信息。

• 将书面简历转换为数字和可扫描的版本，通过电子信箱传递出去或张贴在个人网站上。

• 充分利用国际互联网寻找工作。

• 提高接受外国雇主面试的技巧。

【提示】 成为利用互联网求职和搜索就业资料的专家。

在上面的列表中你无疑已经看到，想要成为全球劳动力市场中的一员，熟练运用互联网求职工具是势在必行的。

同样，你一定要对你所感兴趣的公司做足功课。所幸的是，现在我们很容易就可以找到大量上市公司的信息。例如，在网上你可以获得，10—Qs、10—Ks 以及证券交易所要求上市企业提供的材料；相关的新闻发布和媒体报导的信息；行业报告和技术分析资料以及其他相关的财务、企业经营活动和市场信息。但是，你可能很难从网络上了解到一家企业是否正在从事开展业务外包活动。出于公关的考虑，企业可能会把相关的信息隐蔽得很好。这意味着你要学会成为一名优秀的侦探，并为此展开各种广泛的调查，例如：

• 仔细阅读企业发布的新闻信息，从中寻找蛛丝马迹。

• 浏览互联网上与业务外包有关的博客（BLOGS）。

• 使用其他国家的搜索引擎（Google、AOL 和 Yahoo 以外的搜索引擎）。

• 从反外包网站了解相关的信息。

策略 5：寻找可以免受业务外包海外影响的工作职位

摩根斯坦利估计，有 200 百万美国的白领职位将在 10 年内流失到低成本的国家和地区。另一项报告则指出，企业将业务外包海外的行为将使美国 1400 万个服务性的职位受到威胁。但如果你不想赶这个时髦的话，应该怎么办呢？你将面临什么样的选择？在此，我们向那些希望工作不受业务外包海外影响的人士提供几点建议：

• 打政府工。这是一个相对安全就业策略。大多数州的政府正在通过立法保障本州政府机构的相关职位和工作会被外包到美国以外、甚至是本州以外的地区。因此，选择为政府打工，留在美国国内工作的机会将大大增加。此外，政府机构正在扩大员工的人数。在 2003 年到 2004 年间，州政府和联邦政府在政府网站上公开招聘的职位超过 3 万个。

• 为政府项目的承包商工作。政府会聘用承包商从事各种类型的工作，小到为军队提供桌椅，大到对内陆城市的教育体系进行评估。

• 转而从事不可能外包到海外的工作。例如需要面对面服务的工作、需要在现场实地完成的工作、服务业的工作、娱乐业的工作、不会被外包到海外的其他与生产有关的工作等等。这些工作一般不太可能被外包到海外，举例如下：

演员	维护工人
航空运输处理人员	指甲修饰师
救护车司机	按摩师
娱乐公园管理人员	医疗助手和秘书
麻醉师	精神健康工作人员
汽车机师	搬家工人
糕点师	音乐家和歌唱家
酒吧招待	核医疗学技师
公车司机	OB/GYN 医师
木匠	职业治疗师
收银员	验光师
赌场工作人员	画家
大厨	裱糊工人
儿童看护工作人员	停车场管理人员
脊椎指压治疗者	儿科医师
神职人员	病虫害防治工人
教练	摄影师
建筑工人	理疗师
美容师	水管工
刑事调查人员	警察
牙医和牙医助理	邮政工人
营养学家	监护官
电工	物业经理
电梯安装人员和修理工	精神病医师
设备修理工	不动产销售人员
家庭和普通业务医师	接待人员
农场主和牧场主	休闲中心员工
消防人员	避难所和垃圾回收工
健美教练	注册护士
航班服务人员	呼吸治疗师
植物设计师	零售人员
食品调制人员	零售和监管人员
食品服务人员/侍应	屋顶修理工
林业人员	RV 服务技师
美发师	安全警报系统安装工人

续表

危险物品工作人员	保安和监狱看护
加热和空调修理工	社工
重机器操作人员	士兵/军事人员
家庭健康助手	语言障碍纠正师
女招待员	舞台、电视、电影导演
旅馆工人	搬运工
家政服务人员/门卫	虐待问题的咨询顾问
移民和海关工作人员	外科医师
室内设计	教师
实验室技术人员	贸易助手
监工	伐木工
园艺和监管人员	兽医
自动洗衣店和干洗店人员	水和液体垃圾技师
机械工	焊接工

• 从事对海外工人进行培训的工作。企业通常需要培训海外工人应该如何有效地与美国的同事共同工作。如果你拥有良好的工作技能和人际交往能力，可以考虑在一家为美国公司提供海外工人的公司工作。

• 成为一名外包业务咨询顾问。5年以前，外包咨询顾问的人数少之又少。即便在当时具有相关知识的咨询顾问通常服务于大型的咨询公司，而不会有太多的时间为企业提供外包业务的咨询服务。但是在今天，情况完全改变了。外包咨询行业的发展相当迅速，这一现象对咨询顾问和使用他们服务的发包企业来说，都是十分有利的。一旦你把你自己定位为一名外包咨询顾问，并建立起良好的声誉，你将可以自由承接你所喜欢的业务，专心致力于你认为富有趣味和挑战性的工作。此外，外包咨询顾问会因他们的专业能力得到丰厚的报酬。在如今的市场上，不同行业的外包咨询顾问的专长也各有不同，有的咨询顾问精于战略规划，有的咨询顾问则擅长销售、市场营销、IT、人力资源管理、生产绩效改进、企业和投资理财、并购、企业管理等其他业务领域。

• 成为一名从事外包服务业务的企业家。企业家是指由于个人或者专业上的各种原因而发奋图强，自行开创外包服务业务的人士。我们将这些人称之为“外向探险人”(Outventurists，一个既喜欢业务外包活动、又喜欢探险的群体)。我们将在本书第十七章进一步讨论“外向探险人”的问题。

• 通过获取外包管理的专业认证，在竞争中脱颖而出。我们在第九章中谈论过这个话题，并且还将在第十三章继续谈论这个话题。不论你选择的是与管理外包服务企业相关的专业认证培训（目的是成为注册外包主管），还是与管理发包企业相关的专业认证（目的是成为注册资源总监和注册外包采购专家），在与其他人竞争某一外包职位时，你都将脱颖而出。据统计，在对外招聘人才的发包企业中，每10家就有8家要求他们的中高级经理人通过相关的资质认证。同样，外包服务供应商也正在积极寻找具有如注册外包主管（COA）资质的人才。

策略 6：以灵活和开放的态度对待工作中可能出现的变数

起伏动荡、停停走走、兜兜转转，几乎是我们在开拓新的职业前途的过程中一定会碰到的境遇。应该认识到，如果一味地好高骛远，我们可能会在“余生”中一事无成。因此，在求职的过程中，应该打消“一生一次”的念头，认真地规划好事业发展的先后次序，然后循序渐进地实现自己的目标。

【提示】 应该认识到，在外包行业寻找工作机会的道路将是曲折、而非一帆风顺的。

随时准备修改你的职业发展路线图，并根据全球经济的发展变化调整个人的事业发展计划。睁大双眼仔细聆听，了解引导外包工作市场进一步变化的趋势、规则和政策。保持弹性，把你自己置于一个主动和机动灵活的位置上，随时准备让自己适应一个新鲜、充满挑战、乐趣十足的工作岗位。

【提示】 在任何时候都应该做好重新书写职业发展计划的准备。

在全球经济不断发展的过程中，适应能力最出色的求职者才是最受市场欢迎的人才。

策略 7：学会利用电子工作布告栏

在上文中我们简单提及了通过互联网寻找工作的重要性。在这里，我们将进一步展开这个话题，谈谈应该如何利用互联网找到适合你自身情况的求职市场。漫无目的地推销自己无疑等于浪费时间和金钱。

【提示】 学会利用互联网开发全球的就业资源。

首先要了解使用招聘网站的方法。一般来说，你可以通过输入工作职务、职位关键词和工作地点的方式找到相关的招聘信息。在发现感兴趣的职位后，你可以直接通过电子邮件发出你的简历（尽管有时花点钱邮寄一份书面的简历会取得意想不到的效果）。这种服务是免费的，招聘企业将会为发布招聘信息买单。你还可以在许多这样的网站上张贴你的求职简历（有些站点会要求付费，其他的则不会）。

【提示】 许多企业并不总是在企业网站上发布招聘信息，相反，它们会选择专业的招聘网站。许多招聘机构、猎头公司和咨询公司也会利用招聘网站来发布客户企业的招聘信息。

国际招聘网站也是寻找外包工作机会的潜在资源，在那里，你可以获得一些急于寻找外包业务管理专业人才的企业发布的信息。国际招聘网站不应该成为你寻找工作的惟一渠道，但是假如你正在考虑迁居的话，国际招聘网无疑是一个极好的信息资源。

【提示】 不管你选择从事什么样的职业，都要建立一种强烈的推销自己的意识。

无论从事的是什么样的工作，当你准备应聘某个职位时，都应该把自己想象为一名推销员，并且以推销员的方式采取行动：记住，在求职过程中你是在推销你自己，特别是向那些新近刚刚把企业的某些业务外包的经理们推销你自己。不妨买一本有关销售的书籍，学习一下如何成功地推销自己以及如何应对拒绝，学会围绕外包所产生的各种工作机会做出种种努力。

策略 8：建立良好的人际关系

你一定听说过这样的说法："你真正掌握的知识多少并不重要，重要的是你认识什么人"。事实上，要想在外包行业的求职过程中取得成功，两者都十分重要。设法建立良好的人际关系，特别是与那些在你所感兴趣的行业工作的人士建立良好的关系。这些关系，连同你的知识、技能和经验，将成为你进入新的职业领域的入场券。

【提示】要想在业务外包行业获得成功，就要尽可能地把关系网做大。

你不必、也不应该孤军奋战。职业顾问、学校职业咨询辅导中心、你在学校里的导师和老师以及其他资源（包括外包职业介绍中心，我们会在以后的章节中更多地介绍这一机构），都可以在这方面为你提供帮助。

与你周围各方面的就业资源进行广泛地接触。要想在职场上获得成功，你需要每一个人——以前的雇主、同事、竞争对手、供货商和员工——的帮助。

策略 9：认真观察了解你感兴趣的工作职位或相关行业

转换工作可能是你所面临的最困难的难题，但它同时也是一件最令人鼓舞的事情。抱着良好的心态，按照一定的指导方针采取行动，业务外包活动所提供的机遇会使你的事业前途得到新生。在此，我们将简单归纳一些战略性的指导方针，作为对本章的总结。

- 寻找另一个行业内的外包工作机会必须经过深思熟虑。你要设法确保这些"热门"的外包就业领域完全适合你的自身情况。与此同时，你要学会放开眼界去思考，哪种职业最能满足你的需要。
- 花时间对你选择的工作进行深入了解。明确你自己真正想要从事的工作。通过结识在相关领域工作的人士、阅读和进行网上调查，彻底了解你所考虑的外包行业的真实状况。
- 人际关系。外包职业介绍中心最近进行的一项调查显示，新出现的外包职位中，几乎95%的职位招聘工作并没有通过公开刊登招聘广告的形式进行。当然，随着对外包专业人才需求的爆发，这种状况有望发生改变。
- 明智地使用职业介绍所或猎头公司提供的服务。目前，只有很少的猎头公司专长于提供外包管理的人才。惟一的完全从事外包业务主管和专家招聘的国际职业中介公司只有外包职业介绍中心（www.outsourcingcareercenter.com）。

结 论

不要指望在一夜之间就能在业务外包领域找到人人称羡的职位。一般来说，在外包行业找到一份令人满意的工作至少需要 6 个月的时间，就算是花上一年、甚至更长的时间，也是司空见惯的事情。同样，招聘企业为了找到素质高、资历深、值得信赖和经验丰富的人才，也会耐心地寻找和等待。

第十二章
学会在经济全球化的大环境中推销自己

在今天寻找工作，远远不只是根据报纸广告发出自荐信和简历，然后安静地等待雇主来电那么简单。要想在全球的就业市场上成功地找到满意的工作，你需要使用更加复杂的求职方法，包括充分搜索掌握数字化（例如互联网）的信息。你必须做好以下工作：

- 每天浏览网上招聘版面最新发布的工作机会。
- 以各种的数字化格式创建的多种版本的个人简历。
- 调查从事业务外包活动的新雇主。
- 如有必要，你要彻底地改造自己，以预防业务外包活动对传统工作岗位造成的冲击。

听起来不容易？对此我们并不否认：如果你在最近几年都未曾有过寻找工作的经历，要做好上述的功课确实很难。虽然美国的经济正在逐渐复苏，但新的工作职位仍然很少。由于商业企业仍然不断地将更多的工作职位转移到海外，主要是印度、爱尔兰和菲律宾等国家，围绕着尚未外包、近岸和最佳外包地的工作职位所展开的竞争变得更加激烈。每个职位都会有几十人、有时甚至是几百人提出申请。

本章将给那些认为前途黑暗的人士带来一线光芒。谨以本章献给：

- 那些已经因为美国企业广泛开展业务外包活动而失业或未能充分就业的人士。
- 那些再次进入和第一次进入就业市场，并希望在目前的就业市场中找到理想事业前途的人士。
- 那些正在开发外包业务的人士以及正在考虑聘请人手建立外包服务企业的企业家。
- 发包企业或正在考虑将非核心服务外包、并计划建立内部业务外包管理部门的企业。

被裁员后重新找到前进方向

Jerry Arnold 之前在加利福尼亚州洛杉矶为一家总部设在纽约、名为 Dunkrik Pharmaceutical Technologies 的公司工作。该公司为医药行业的客户提供互联网连接服务。当公司开始将工作职位移向海外时，Jerry 决定顺应这一潮流。他开始联络国际猎头公司，推荐介绍自己和身边的同事，表示愿意到印度从事医药行业 IT 项目顾问的工作。Jerry 在这一领域拥有 24 年的丰富经验；他的许多同事也一样接受过良好的培训。对于需要聘请适合的专业人士对印度缺乏经验的工人进行监督管理的企业来说，Jerry 和他的同事们无疑是最理想的人选。

与 Jerry 一样，你也能为自己在不断变化的就业市场上找到理想的位置。对于希望重新找到前进方向的读者，我们在这里提出以下几点建议：

1. 与为你之前工作的企业提供外包服务的企业联系。这应该是你第一批需要与之联系的目标。联系替代了你职位的那个部门的主管并直接告诉他（或她）你的工作经历。你可能会在外包服务供应商里得到一个更好的晋升或加薪的机会。

2. 了解在为你之前所在行业或附属行业提供外包服务的企业中找到工作职位的机会。你的行业经验将会使那些为你所在行业提供业务流程外包服务的企业或专业人士感兴趣。因为你所掌握的专业技能是可以转移的——你只需要学习掌握一点点的招聘企业的基本业务模式就可以胜任工作，而不必一切重头开始。各行各业都会存在业务流程外包行为，你在特定专业——如石油天然气融资——所拥有的丰富经验，可能正好可以满足相关外包服务供应商的要求。

3. 锁定特定的外包服务供应商。如果你曾经在一家大型企业担任高级管理职务，你将会是希望借助你丰富管理经验的小中型外包服务供应商所急于搜罗的人才。中小型企业可以为你提供更加诱人的工作环境。

4. 获得管理发包企业外包业务或外包服务供应商业务的专业资格认证。我们曾在第九章谈论过这个问题，并将在本章稍后的部分进一步讨论这个问题。可以说，获得资质认证可以成为你融入新的工作环境的最好的资本。

5. 联系提供与外包相关职位的职业中介公司。我们在此特别向读者推荐“外包职业中心”（www.outsourcingcareercenter.com）的服务。它是美国最大、也是惟一专门介绍与外包相关的各类职位的职业中介机构。许多其他的职业中介公司也正在扩展它们的服务，将介绍与外包相关的各种职位列入其主要的服务项目。

6. 利用在线工作职位搜索工具。我们曾在第十二章谈论过这个问题。在美国和海外寻找与业务外包相关的工作职位时，国际互联网是更好的信息来源。在互联网上，你可以找到不计其数的空缺职位发布、个人简历以及大量的相关信息。

7. 利用信息门户网站。被称为信息接入门户或者外包就业资源门户（OCP）的一系列信息门户网站，能够提供就业机会、雇主信息、招聘网站目录和众多其他相关的信息。例如，外包招聘信息门户网站可以提供与其他招聘网站的链接，帮助你扩展对外包就业机会的搜索范围。某些外包招聘信息门户网站还会帮助你了解企业和地域文化、旅行、薪金比较和预期的职位空缺等信息。有的门户网站提供大量广泛的外包就业信息，而有的门户网站则可以提供特定领域或特定业务流程的就业机会。进入到外包招聘信息门户网站之后，你可以重点寻找以下信息：

• 工作机会数据库。通常你可以输入地点、工作类别和职位发布时间等搜索信息。

• 工作公告板。雇主们会在这里发布当前空缺的职位和将要空缺的职位信息。

• 简历银行和信息发布服务栏。外包职位的雇主们可以在这些站点凭借关键词和经验来浏览候选人的资料。你应该将自己的简历发布在这些站点上，使其成为雇主们审阅的目标之一（注意：一些站点会对发布你的简历收取名义上的年费）。

• 外包服务供应商名录。你可以利用外包服务供应商名录来搜集用人企业的信息，并据此对你的简历和自荐信进行修改。

• 互联网新闻栏。该栏目汇集了来自全世界各地，设计各个行业、地域和文化的、与外包业务相关的信息。

• 外包专业人士名录。你可以利用这些信息来寻找工作或拓展自己的人际关系网。拥有此类信息的网站包括 www.ChiedResourceOfficer.com 和 www.OutsourceManagementInstitute.com等。

8. 借用在线外包工作数据库。在过去的10年里，与推荐工作相关的网站如雨后春笋般的大量涌现出来，但其中最大的外包职位专业招聘网站仍然是www.outsourcecareercenter.com。在这个网站上，每条发布的工作信息都包含有工作地点、外包的业务流程性质介绍和相关的岗位描述等内容。私营企业是这一资源的最大用户团体，但越来越多的国有和公立机构也已经开始利用这项网络资源。工作数据库中包含外包服务供应商发布的招聘信息、发包企业为了寻找外包项目经理人而发布的信息以及为发包企业服务的专业咨询服务机构发布的招聘信息。

【提示】 你不需要向中介公司支付服务费用，这项费用通常会由雇主承担。

面对同一问题的两种态度

在美国，许多技术人员和白领的专业人士丢掉了过去的高薪工作，并且正在为寻找另一份工作而苦恼。其中的某些人最后只好从事一些远不如以前风光、而且收入只相当于原先IT专业工作一小部分的工作。在本书的第十二章里，我们谈论过进行前瞻性思维的重要意义。在你计划自己的事业前途时，不妨听一听下面这两个故事。

续表

Perry Lewis 的遭遇：自从公司信息系统（IS）管理部门的业务被外包以后，Perry 已经找了两年的工作了。作为两个孩子的父亲，他为房屋贷款、孩子的大学学费、自己的声誉以及精神和情绪健康问题而担心不已。他感到失败和愤怒，甚至再也不知道从哪里起步去找工作。 **Bill Hicks 的遭遇**：和 Perry 一样，自从公司人力资源部的业务被外包出去以后，Bill 也曾经试过两年找不到理想的工作。Bill 也一样有家庭、有房屋贷款和成堆的账单。Bill 是一个现实主义者，但仍保持着应有的乐观精神。有些人会给自己遭遇失业的窘况找借口开脱，并责备周围的所有人，上至美国总统、下至刚刚从美国运通信用卡公司设在印度的电话中心挂来电话的收账员。但 Bill 并没有这样做，他决定找寻一条再次通向成功的道路。他深入调查了因为企业将业务外包而带来的新的就业机会。他发现，有的工作机会要求候选人受过专门的培训和资格认证；有的则要求候选人具有相关的经验；还有的则要求候选人转变自身的思维方式。因此 Bill 报名参加了在线的资质培训课程，并为一家外包服务企业做了一个月的免费义工，竭尽全力地学到了外包业务的管理技能。 结果，Bill 最终被一家有多项业务外包的企业聘用为资源总监。他的新职位具有极高的挑战性和优厚的薪水。 遗憾的是，Perry 仍然处在失业状态中，他并没有采取什么积极的行动去适应这个业务外包行为盛行的世界。他目前的策略只是希望政府能够通过立法和判例，扭转业务外包的大趋势，使就业市场重新回到以前的“好日子”。在这段时间里，他几乎已经用完了所有的失业救济金。

晋升到更高的管理职位

Kris Borowicz 的工作职位不会保留得太久了。她是宾夕法尼亚州 Taylor Medical 公司的首席运营总监（COO）。这是一家为医院和救护中心提供医疗用品的分销企业。由于业务外包的缘故，公司的员工已经由 30 名缩减到 8 名。除了分销医疗用品的核心业务外，公司的其他职能、甚至包括销售职能，都已经被外包给其他的企业。

于是，40 岁的 Borowicz 不得不开始在海外的外包服务供应商那里寻找工作机会。“我一下子就看到外包业务管理领域有适合我的工作机会，”Borowize 说道，“但是，目前我暂时还没有做好由首席运营总监到资源总监这一角色转换的准备，我还缺乏相关的专业认证和经验。”

Kris Borowicz 的就业前景是十分乐观的，因为资源总监在今后 5 年内将成为美国商业管理领域需求增长最快的职位。在 3 月份将简历发布到覆盖范围遍及全球的职业招聘网站后，她收到了来自 11 家寻找高级资源总监的美国公司的电话。“他们想要了解我会怎样把

跨越 IT、财务、人力资源、应付账款、销售管理和物流管理的综合管理技能和经验，运用到资源总监的岗位上”。她补充道：拥有外包管理经验和技能的美国企业经理人们不愁找不到适合自己的工作。

职业中介机构也认为，美国本土和外国——特别是德国、瑞士、法国和北欧各国——的发包企业，都乐于寻找美国人担任公司的资源总监。尤其是那些具有销售和财务管理经验，或是拥有技术专业知识的行政管理人员将特别受用人企业的欢迎。

Kris Borowicz 的故事显示，部分之前向企业首席运营总监汇报的部门（如人力资源部门、设备管理部门、信息系统管理部门、安全保安部门、财务部门、职能运行部门、客户服务部门及其他的非核心业务部门）会因为相关业务的外包，而使各部门的负责人和主管失去工作，即造成大量传统职位的流失。这些有可能流失的职位包括：

- 首席运营总监。
- 首席信息总监。
- 首席人力资源总监。
- 首席财务总监。
- 人力资源主管。
- 行政助理。
- 部门经理、业务经理和主管。

但在同时，业务外包活动也为企业管理人员寻找其他工作职位打开了大门。例如，曾经或目前在中小型企业任职的人都知道，由于企业规模过小，要想在管理职位上获得晋升将十分困难。例如，人力资源部主管的位置对某些员工来说可能永远可望而不可及。与此相反，在发包企业内，人力资源管理的专业人士可以在人力资源管理的范畴内从事多项不同类型的工作，其中包括：

- 一线监督管理的工作。
- 咨询和咨询管理的工作。
- 销售和销售管理的工作。
- 发包企业与外包服务供应商关系管理的工作。
- 客户管理的工作。
- 企业高级行政主管/企业所有者级别的工作。

许多从事人力资源管理工作的专家相信，在业务外包活动继续冲击传统就业领域的情况下，某些企业会给有价值的员工两个不同方向的职业选择机会。在外包业务管理方面，你可以选择在自己的专业领域，担任会计业务监管、人力资源管理或是 IT 管理等工作；或是担任起全新的，例如外包业务监管、合同管理、销售和客户关系管理、又或是质量分析管理等工作。

双向发展的职业阶梯的设置，意味着你可以选择让自己成为一名外包业务管理的专业人士，为企业提供各种新鲜的经营管理创意，同时享受与传统的企业部门主管和经理人同样的工资待遇。双向发展的职业阶梯可以使外包服务供应商和发包企业成功地解决内部员工的职位晋升问题。

让你所拥有的知识得到专业认证

正如我们在本书的其他部分所解释过的那样，随着企业的业务外包活动变得越来越负责，它们对资源总监（CRO）的需求也将变得更为迫切。因此，你应该考虑为自己在相关领域的知识获得专业认证。成为拥有资质认证的专业外包管理人才，可以帮助你在经济全球化的大环境中，轻松地找到新的事业切入点。

这种需求到底有多大？可以肯定的是，外包服务供应商和发包企业需要各类高素质、经过专业认证的外包管理人才，其中包括：注册外包管理员、外包业务助理、注册外包业务主管、外包业务表现管理分析师、外包客户管理专家、合同经理和客户关系经理以及外包业务的销售推广人员。事实上，它们现在就需要这些人才！

在哪里可以获得外包业务的专业资质认证

针对外包服务供应商业务管理的资质认证：外包管理协会（The Outsourcing Management Institute，OMI）（www.outsourcingmanagementinstitute.com）

这是全球惟一可以提供注册外包管理员和注册外包采购专家专业认证的组织。它也是全球惟一一家专门为各行各业的外包服务供应商提供管理人员和业务助理提供培训和专业认证的机构。国际外包业务专业人员协会（The International Society of Outsourcing Business Professionals）认为，外包管理协会是惟一能够提供“总统级”外包教育培训项目的专业机构。国际外包业务专业人员协会同时指出，外包管理协会是惟一能够提供“综合性外包管理职业资质认证”的机构，该认证在全球范围内有效（注：专业资质认证必须每三年重新登记一次）。它是在全球外包领域中发展速度最快、也最为抢手的专业资质认证项目。

针对发包企业外包业务管理的资质认证：资源总监（资源总监协会）（www.croinstitute.com）

该组织正迅速成为标志性的、提供高素质外包业务管理人员和外包业务助理培训的机构。它被普遍认为是国际上惟一为发包企业提供合格的管理人员和助理人员的机构。资源总监协会是发展最快的、为发包企业提供外包管理资格/资质认证培训的专业组织。它同时也是公认的、为发包企业的外包业务监管人员提供教育培训的顶尖组织。资源总监协会是第一家、也是惟一一家在全球范围内提供全方位外包业务管理和监管人员培训的专业机构。（认证资格可以通过参加网上培训课程和校内培训课程获得。）

注册专业外包管理人士培训组织（www.certifiedprofessionaloutsourcing.com）

该组织是资源总监协会的一个分支机构，它为有兴趣在发包企业中担任外包业务

续表

监管工作的人士提供资质认证和高级培训课程。一般来说，接受过该组织培训的外包管理专业人士直接向资源总监或发包企业中其他负责对外包项目进行监管的人员负责。该项认证课程是外包监管领域增长最快的资质认证课程。

总　结

专家经常用婚姻来比喻业务外包活动，他们认为，言语、辛勤付出和对细小事物的关注，对发包企业与外包服务供应商之间的关系能否取得成功至关重要。当然，和婚姻关系一样，外包关系的双方之间也会出现误会、困难、摊牌等情况，也会存在冷静期。不难想象，市场上对"外包婚姻关系顾问"的需求将会不断增加。

也正是因为如此，许多企业都在招聘注册资源总监、注册外包管理员、注册外包业务助理，以求对这类敏感的关系进行妥善的管理。当婚姻关系出现问题时，可以向婚姻问题的专家进行咨询；而当外包业务出现问题时，发包企业会依靠资源总监或注册外包业务监管人员来化解纷争，外包服务供应商也会依赖注册外包管理员来消弭争端。

企业行政主管招聘专家也认为，随着越来越多的企业开始将各部门的各项业务进行外包，绝对有必要聘请理解外包关系如何运作的专业人士对相关的业务进行管理，他们知道应该用什么样的一贯标准要求外包业务以及应该采用什么样的方法让开展外包合作的双方的关系得到不断地巩固和加强。

通过资质认证培训，注册资源总监、注册外包业务管理员以及注册外包业务助理在被指定策划和落实外包管理战略以及对外包关系进行管理时，将会保证发包企业和外包服务供应商双方的利益和期望都能得到满足。

应该在公司内部设立专门负责监控和调节外包关系的职位，从而使发包企业和外包服务供应商的其他管理人员能够将精力集中放在各自的核心工作岗位上。设立专人管理双方的关系，不仅可以确保发包企业与外包服务供应商之间沟通渠道的畅通，也将使双方的交流得到更好的关注。

外包服务供应商和发包企业需要各类高素质、经过专业认证的外包管理人才，其中包括：注册外包管理员、外包业务助理、注册外包业务主管、外包业务表现管理分析师、外包客户管理专家、合同经理和客户关系经理。

成为拥有资质认证的专业外包管理人才，可以帮助你在经济全球化的大环境中轻松地找到新的事业切入点。对世界上大多数的外包服务供应商来说，外包业务管理仍然是一个相对比较陌生的新课题，因此需要广泛地寻求专业人士的帮助。

外包业务管理正快速地成为有意调节人力和财务资本的商业企业所必需的一项管理技能。获得专业认证可以向外界证明，你不仅具有管理外包业务的专业知识，同时也通过了将抽象的知识转化为实际行动的检验。

第十三章

外包领域的热门职业

业务外包海外导致工作职位流失的警钟是出于政治需要而敲响的，而事实真相并非如此。我们的报告显示，业务外包海外带给美国的就业机会，远比因此流失到海外的工作职位更多。

——Tom Donohue，美国商会主席兼首席执行官

要想发现外包领域的热门职业，你必须知道市场上需要具备哪些方面技术和经验的人才——也就是说，商业企业认为哪些人才最“热”、最抢手。在本章中，我们将帮助你做到这一点。首先，我们会告诉你如何在网上寻找相关的信息；然后我们将根据职业类别，告诉你哪些职业市场正在升温。在本章的最后，我们将把这些信息汇编列表，把热门的工作岗位按照会计、规划管理、人力资源管理等分类方式，分别进行排列。

【提示】除了本章所包含的信息和资源外，我们还建议读者浏览本书的网站：www.TheBlackBookOfOutsourcing.com. 在那里你会找到最新、最完整、最热门的外包类工作职位信息，信息的内容包括职位的名称、对工作内容的简要描述、对相关资质的要求、主要的职责、发展潜力和薪金水平等等。

在这个网站上，你还会发现很多其他方面的信息，如：外包领域的工作职位对员工的要求——包括在教育、培训和专业认证方面的要求等；某个特定的工作岗位预计年收入的增长潜力；可能出现哪些职位空缺；国内外的就业机会；在发包企业和外包服务供应商企业任职的机会；以自雇的方式或担任咨询顾问的方式，在外包领域工作的机会以及各类长短期工作机会的信息等等。

测量一下你在职场上的温度

你在就业市场上有多“热”？你应该怎样测量自己在职场上的“温度”？Articles 13 是一家致力于企业监管、社会及环境风险控管的国际咨询顾问公司。身为 Article13 主管之一的 Jane Fiona Cumming 认为：“市场上最需要那些能够让越来越多样化的工作团队焕发出最大的生产效率，并且能够充分地认识到其中的挑战与管理人才。”尽管跨国企业可能还没有在它们的招聘广告中使用“跨文化管理”、“外包管理”或“外包服务供应商关系管理”等与外包业务相关的术语，但不可否认的是，它们极为渴望能够拥有这项技能的管理人才。具有或者通过努力获得这项技能的经理人，会在人才招聘和企业内部晋升中脱颖而出，甚至可能青云直上而加入企业的最高管理层。“跨文化管理的能力”，是希望在外包领域里找到理想工作的候选人最应具备的素质。

跨文化管理的技能来自于长期以来与各类人士打交道的经验。Rob Young 是伦敦 Kiddy & Partner 事务所的商业心理学家，同时也是多部管理学著作（如，《十种职业推荐：用十种最重要的技能武装自己，踏上更高的职业阶梯》，伦敦，How to Books Ltd.，2002 年 6 月）的作者。在谈到这一话题时，他说道：“跨文化管理的技能表现在，你必须了解身边每一件事情的多样性，不论是制订工作团队的构成标准，还是寻找供货商，你都要问自己‘我的这项决定是否有利于项目的实施和企业的未来？’”

【提示】你也许正在考虑是否需要获得一个高级文凭来保住自己在公司——比如一家跨国企业——的高级主管职位。当然，获取一个专业的文凭没有什么不好，但是你可能不太清楚应该到哪里才能找到教授外包管理课程的大学的相关信息。《Peterson's Guide》可以在这方面为你提供帮助，其网址是 www.peterson.com/ugchannel。

寻找供职于外包服务供应商的机会

在对热门职业进行具体分类之前，我们在此为读者提供一些能够直接查找到有关外包服务供应商信息的“热线”链接。

提供外包服务供应商信息的网站，能够同时链接发包企业和外包服务供应商的网站，从而提供大量在相关企业求职的宝贵信息。但是你必须学会在这些网站上进行深入挖掘，以便真正发现重要的线索。我们特别向读者推荐下列网站，作为你们尝试搜集相关信息的起点。

• OutsourcingProviders.com

(www.outsourcingproviders.com)

• OutsourcingInsitute.com

(www.outsourcinginstitute.com/oi_index/buyers_posied.html)

• Outsourcing.org

(www.outsourcing.org)

有趣的是，在一些为反企业外包而建立的网站上，你会发现许多的正在进行业务外包和准备将业务外包的美国公司和其他跨国企业的名单和联系信息。我们建议读者在这些网站目前还仍然存在的情况下，充分利用一下它们提供的信息资源。它们会帮你链接到发包企业的网站和介绍相关职位的页面，同时告诉你发包企业正在外包哪些业务，各类外包项目的开展深度以及外包项目所属的行业类别等等。再次强调，你所具有的经验越丰富，这些信息就会对你越发有用。读者可以从下面这5个信息来源入手：

• Lou Dobbs' List of Firms Exporting Jobs

(www.cnn.com/CNN/Programs/lou.dobbs.tonight)

• Stop Selling America

(www.stopsellingamerica.com/WebForm_OUTSOURCERS.aspx)

• Who's Offshoring/Who's Outsourcing/Who's Not Directories

(www.onshorealternatives.com/index4.html)

• The IT Professionals Association of America "out" Outsourcers

(www.itpaa.org)

• Who's Outsourcing.com

(www.whosoutsourcing.com/news.htm)

哪些职位正变得越来越热门

在这一节里，我们将逐条为读者介绍外包领域中真正热门的职业类别。

外包物流管理类职位

物流管理是外包领域最炙手可热的职业类别。全球贸易的疯狂步伐，加上世界各地制造业的外包趋势，都大大提高了物流管理的复杂程度。因此，许多企业开始大规模地招募物流管理顾问，以完成供应链管理、航线监控以及气象管理等方面的工作。

外包也促使产品供应和分销领域出现更多的“游戏参与者”，大大缩短了产品寿命周期。在世界的另一端推出的产品会使大洋彼岸的现有产品很快遭遇淘汰。减价20%的促销手段，可以轻易地扩大10倍的消费需求。及时地提供市场急需的产品，以应对迅速变

化的市场需求，是企业物流部门的主要职责。

事实上，企业的高级管理层已经意识到这些后勤保障部门的重要性，看到了快速和可靠的运输和对供应链的调整所能带来的竞争优势和成本优势。对提供物流服务的企业来说，这是一个增长潜力巨大的领域；而物流服务业，也是提高美国企业生产力的一个重要组成部分。

外包业务的监管和经营管理类职位

*发包企业提供的相关就业机会。*与外包业务监管和经营管理相关的职位，是美国和英国求职市场上潜在需求增长最快的职业类别；也是因为原有工作岗位被外包海外而失业的管理人才寻求再就业的重要保障。资源总监协会预计，到 2007 年，对有经验的和具备专业资质的发包企业管理人才的需求会增加 10 倍以上。不过，目前我们很少能够见到关于这些职位的招聘广告，大多数名列财富 2000 强和全球 200 强的企业还趋向于在公司内部挑选看来具备相关技能的人选。因此，由于启用未经训练和没有经验的人员管理外包业务导致外包行动失败的比例达 55%以上。

也正是因为认识到这一点，发包企业的董事会和股东已经开始要求企业的管理层招收那些接受过正式的内部培训、获得了相关外包业务管理资格认证或接受过外部外包业务管理培训/课程的合格的管理人才。在 Monster.com 和 CareerBuilder.com 等求职网站上，我们可以看到，要求经理人具有专业资格认证和 3 年以上外包业务管理经验的广告，占相关工作职位广告的 2/3 多。原因很简单，内部选拔的管理人员不具备相关的经验，无法对外包服务水平协议、企业与外包服务供应商的关系和外包协议构建方面的错综复杂的问题进行有效管理；同时，他们也缺乏对业务外包活动进行准确分析的全局观。

了解更多的相关信息，请浏览外包职业中心网站（www.outsourcingcareercenter.com）。如果你在外包业务管理方面的经验有限，我们建议你报名参加类似资源总监协会（www.ceoinstitute.com）提供的外包管理资质认证课程。

*发包企业提供的日常运作管理方面的相关就业机会。*不论是在美国还是在国际上，外包业务日常运作管理方面的职位数量都呈现出爆炸性的增长。发包企业需要从一线业务主管到高层行政主管各阶层的专业管理人才。

为努力确保公司内部管理人员的管理水平，许多外包服务供应商已经开始聘请外包业务教育咨询机构——如外包管理协会——为公司内部经理级的员工统一提供认证培训课程，以便经理人们能够对外包业务拥有同等水平的认识。希望在外包服务供应商的企业中任职的人士，应该通过参加外包服务供应商业务管理资格认证课程来弥补自身在特定业务领域（例如，人力资源管理、IT 管理、市场营销管理、工程管理）的经验，从而提高自己在相关领域找到满意工作的机会。在做好这项准备工作以后，再开始在外包服务供应商的网站上寻找相关职位空缺的信息。

*作为一名咨询顾问或是外包服务业企业家的就业机会。*提供业务流程外包（BPO）服务的企业，是服务行业成长最快的群体。市场上对能够提供业务流程外包咨询服务的专业

顾问的需求远远超过市场上实际拥有相关专业人士的数量；同时，对外包业务完成情况进行评估的专业咨询顾问在市场上的需求量也很可观。

业务流程外包咨询顾问必须要拥有长期（5年以上）的行业经验、对外包流程的全面透彻的理解以及丰富的实践经验；此外，他们还需要具备对发包企业或外包服务供应商企业的业务进行管理的专业资质认证；最好还能拥有一张高级专业文凭（本书的第16、第17和第18章还将介绍更多关于如何开创外包服务企业的信息）。

【提示】 通过浏览 Outsourced VC Solution 的网站（www.outsourcedvcsolutions.com）或 First Outsourcing Group 的公司网站（www.firstoutsourcing.com），有志开创属于自己的外包服务企业的人士可以加速创业的进程。

市场营销类职位

发包企业提供的相关就业机会。不论是大型企业还是小型企业，都存在将广告业务和公共关系业务外包的现象，而且它们这样做已经有相当长的一段历史了。不过，大多数企业仍然趋向于把与社区进行交流的职能——特别是交流反馈的职能——继续保留在内部完成。因此，发包企业通常更倾向于聘请外包业务市场营销人才、公关人才和广告方面的专家和经理人到企业内部工作，以便更好地处理相关的敏感性问题。由于对业务外包活动比较了解的媒体关系专家十分难得，对这类人才求贤若渴的企业大有人在。

外包服务供应商提供的相关就业机会。市场营销专家或相关领域的专业人才会为外包服务供应商带来它们所需的、在业务外包领域开展营销工作的经验。相关的专业人士同时为5家或10家企业提供服务的情况并不少见。由于外包服务供应商市场营销部门和销售部门迅速发展而产生的对各类营销人员的需求，使相关领域的就业机会大增。

多数的外包服务供应商在发现需要聘请额外的营销人员的时候，会首先在它们自己的公司网站上公布职位空缺的信息。因此，我们建议你在寻找相关工作机会时，应该首先浏览相关的网站。

作为一名咨询顾问或是外包服务业企业家的就业机会。业务外包领域内市场营销和广告类业务的发展，为从事业务外包公关宣传业务、市场营销业务以及广告业务的公司和咨询顾问提供了大量的机会。将自身包装为一个“在外包行业从事外包业务服务”的专业机构/个人，对于吸引长期客户有着至关重要的作用。拥有丰富经验的危机管理营销和广告公司在这个领域取得了骄人的成绩，从而激励了更多提供外包业务市场营销业务的公司加入到这一蓬勃发展的市场中来。

外包业务策划类的职位

发包企业提供的相关就业机会。负责制定企业外包业务规划的人员和经理人一定要极为擅长经营预测、经营模型设计以及预算/财务和战略分析的工作。在越来越多的企业开始将部分业务外包、而不断有企业的外包行为遭遇失败的情况下，市场上对擅长外包业务策划的专业人才的需求十分强烈。而与此同时，真正合格的相关人才十分难得，更使得这一职位的空缺大增。

外包服务供应商提供的相关就业机会。外包服务供应商的销售经理和高级行政管理人需要有人向他们提供有关企业发展所面临的机遇、如何在同业竞争中脱颖而出以及优化经营管理流程的信息和建议。相关的人才会引起外包服务供应商企业的重视。

拟定业务外包协议创造的就业机会

发包企业提供的相关就业机会。许多外包协议都未能准确地说明业务外包的期望值、业务的实际完成情况、监管活动或与供应商管理相关的问题。因此，熟悉外包业务的实践经验、熟悉协议条款和具有专业资格认证身份的外包协议专家，在如今的职场上能够找到报酬优厚的职位。

外包服务供应商提供的相关就业机会。随着发包企业对外包协议的内容越来越精通，它们对外包服务供应商经营表现的要求也越来越高。为此，外包服务供应商十分需要寻求受过良好训练和经验丰富的外包协议专家的协助。擅长外包协议谈判的老手和能够在协议中为外包服务供应商争取额外利益的专家们十分受到外包服务供应商企业的欢迎。

作为一名咨询顾问或是外包服务业企业家的就业机会。擅长编写外包项目意向书、擅长挑选外包服务供应商、擅长外包协议及服务水平协议书的编写和分析的专家一致发现，成为一名专门提供相关服务的资源顾问或创立一家提供此类服务的咨询顾问机构，是一个十分光明的职业发展方向。

业务外包的过渡阶段创造的就业机会

发包企业提供的相关就业机会。企业内部的咨询顾问，特别是以往有着成功地对过渡阶段的业务进行管理的项目经理，比他们在企业外的同行更加受到发包企业的青睐。内部咨询顾问将与外包服务供应商的外包业务专家密切合作，确保外包项目的顺利进行。那些善于处理各种不同类型的业务，能够帮助发包企业让外包业务与外包服务供应商的服务实现天衣无缝的整合的人才，将格外受发包企业的赏识。

外包服务供应商提供的相关就业机会。那些正在寻找临时性或过渡性工作，或是那些享受不断变化的工作内容的人士会发现，为正在接手某些外包业务的外包服务供应商工作，是在目前经济全球化的大环境中求职的最佳选择。

作为一名咨询顾问或是外包服务业企业家的就业机会。与外包服务供应商或发包企业签定短期业务合同的经营模式还将继续发展下去，因为对于咨询顾问们来说，这仍然是一个高成长的业务领域。

落实某个业务外包项目所创造的就业机会

为落实执行业务外包项目（IT项目管理）的外包服务供应商工作有几个好处。这些企业会利用数以千计的成功的软件应用方案和个性化改造方案，为客户迅速创建全面的业务转型/融合解决方案。你在这方面所拥有的技能将进一步丰富它们的经验。落实外包项目的最初成果是，使企业的总体经营战略得以实现，而其间所采用的经营管理方法符合相关行业的标准，并且企业的经营表现能够达到同业的最高水平。

外包项目执行顾问在工作过程中将奉献出他们的经验，包括提供全面落实项目的发展计划和初始对客户的经营表现进行评估。项目实施的整个过程将按照外包服务供应企业的项目管理和软件管理模式进行。业务的操作模式也可以令第三方的系统配合发包企业现有的业务模式，或是令发包企业的业务模式配合第三方的操作系统。而负责相关工作的员工，通常被称为项目执行或转型顾问，将负责具体的项目落实工作，并发挥诸如降低外包业务成本的作用。

业务外包项目的完成时间越短，相关的技术资源将越会得到最大程度的利用，而项目的风险也将会降至最低。

业务外包活动的法律问题创造的就业机会

*发包企业提供的相关就业机会。*拥有外包业务经验，擅长商业协议编写和公司法律问题的专业人士，一直是企业渴望得到的人才。将部分业务外包，以便集中精力于核心业务的企业也十分需要能够为其提供法律支援的专业人士。

*外包服务供应商提供的相关就业机会。*外包服务供应商也十分需要签订内容严密的外包协议，因此也十分需要熟悉相关知识的专家（它们一般青睐由内部的员工来完成这项工作）。显然，外包服务供应商愿意为这类专业人士开出更高的薪水；但是，出于经营失败或生产力降低等原因，为外包服务供应商提供法律顾问工作也可能面临更大的失业风险。

*作为一名咨询顾问或是外包服务企业所有人的就业机会。*目前，在全国范围内专门提供与业务外包活动相关的法律咨询服务的律师事务所并不多，而大多数律师事务所同时代表发包企业和外包服务供应商双方的利益。因此，市场上正涌现出许多新的律师事务所来满足这一领域的需求，这些事务所通常有着特定的客户群体。

人力资源管理方面创造的就业机会

*发包企业提供的相关就业机会。*将人力资源管理业务外包出去的企业仍然需要对外包服务供应商提供的服务进行监管，以确保它们的经营表现能够让员工和管理层感到满意。此外，某些与人力资源管理相关的业务可能并未完全交给外包服务供应商完成。由此可见，在发包企业人力资源管理外包业务管理方面仍然存在着大量的就业机会。

外包服务供应商提供的相关就业机会。外包服务供应商所迫切需要的人才包括：人力资源管理顾问、相关的管理人员以及较高级别的行政管理人员。将人力资源管理业务外包给专门的外包服务供应商可能意味着，外包服务机构的人力资源管理专家将会同时服务10个客户，而不是为某一家企业提供全面的服务。

作为一名咨询顾问或是外包服务企业所有人的就业机会。作为人力资源专家，你应该知道用人企业需要的是什么。你应该充分利用自己的专业知识在相关的领域寻找就业良机。

信息系统和技术外包创造的就业机会

发包企业提供的相关就业机会。即使是在企业的信息管理系统和技术部门被完全外包的情况下，公司的信息总监和技术总监仍然是公司未来技术发展的掌舵人。对外包的信息技术业务不实施战略管理和严格监管的企业将注定走向失败。你应该设法将自己提升定位为信息管理系统或技术管理领域的领导人物。

外包服务供应商提供的相关就业机会。与广泛的新闻报道相反的事实是，美国和英国IT界仍然存在许多的就业机会，因为IT系统的安全性、维护特性和数据管理的特点，许多企业仍然认为这一领域的业务过于敏感而不适合完全外包。事实的确如此，但不可否认的是，由于国际竞争的加剧，使得IT界员工的薪金普遍有所降低。因此，IT界的专业人士应该丰富自身的工作技能，对经常性地出差和变换工作地点抱有一种开放接受的态度，以便增加自己在职场上的适应能力。

作为一名咨询顾问或是外包服务企业所有人的就业机会。除非你有兴趣在低工资的国家（许多开创外包服务业务的人士正是如此）开展业务，否则囿于人工费用过高，在美国、英国、加拿大和澳大利亚创办IT外包服务企业而能取得成功的机会将十分渺茫。

财务、会计和审计业务外包所创造的就业机会

发包企业提供的相关就业机会。许多企业都会选择将这些业务外包出去。企业的财务会计部门都会出现与外包业务管理相关的职位空缺。负责对外包业务进行监管的专业财会人员的工作职责包括与外包服务供应商的项目管理团队紧密合作，对外包服务供应商提供的服务进行比较，并确定最终使用哪家企业提供的外包服务；在确定外包服务供应商之后，他们的工作职责将转而变为协助外包服务供应商调查和了解发包企业和外包服务供应商的预算、经营业绩以及搜集其他的财务报告，进行作业成本分析，对外包协议的财务机制进行分析，对发包企业的财务状况作出评估并提出建议，参与尽职审阅小组的工作以完成项目销售环节的相应工作，参与制定外包项目的价格，设计对外包项目进行评估分析的业务模式以及在外包项目实施期间给予外包服务供应商的项目团队以必要的支持等等。

外包服务供应商提供的相关就业机会。十多年来，审计、记账、会计和财务管理一直都是企业外包的主要业务职能。外包服务供应商需要下至初级的财会人员，上至会计师事

务所的高级合伙人的各个级别的专业人才。

作为一名咨询顾问或是外包服务企业所有人的就业机会。专业的咨询顾问仍然是为企业提供财会、审计服务的主要服务供应商。

企业的运营管理、经营业绩与分析管理职能的外包所创造的就业机会

发包企业提供的相关就业机会。发包企业的内部员工缺乏领导能力往往会增加外包项目取得成功的难度，从而造成外包协议的不当签署、外包业务管理没有计划、对外包服务供应商提供的服务抱有不现实的期望等后果。各类专业的分析人员，特别是那些拥有丰富的业务外包经验和企业咨询管理经验的人士，往往是财富2000强企业和全球500强企业迫切希望招揽的人才。

外包服务供应商提供的相关就业机会。如今的外包服务供应商已经不再像以前那样，甘愿根据发包企业的分析人员提供的相关数据，轻易地对完成外包项目所采用的方式方法作出修改。它们会选择指派自己的分析人员参与外包项目的评估工作，以求尽可能地完善与发包企业的关系，并使外包项目取得最佳的经营成果。因此，拥有良好的分析能力和质量管理经验的人才将会格外受到外包服务供应商企业的青睐。

作为一名咨询顾问或是外包服务企业所有人的就业机会。客观、独立的分析人才十分紧缺。

咨询顾问

外包服务供应商提供的相关就业机会。成功的候选人往往拥有深厚的企业经营策略/管理咨询背景（拥有2到4年的在高级战略管理咨询公司工作的经验，拥有发包企业或外包服务供应商企业外包业务管理的专业资格认证，或是在某一特定的行业、部门或领域拥有广泛的经验）。良好的定量定性分析能力、解决难题的能力和进行概念思维性的技能，也是外包咨询顾问取得成功的重要条件。咨询公司将提供从初级员工到高级合伙人的各种职位，并根据你的背景和特长安排具体的外包项目。咨询公司经常会通过猎头公司寻找高级管理人才。在各公司和大型招聘网站上，我们也经常可以看到咨询公司提供的高薪就业机会。

销售、业务开发和客户关系管理业务外包所创造的就业机会

发包企业提供的相关就业机会。即便是在大型制造商和服务机构选择将销售业务外包给分销商和其他外包服务供应商完成时，对销售流程、销售目标的设定和最终的销售成果进行内部监控也是必不可少的。同时，发包企业与外包服务供应商的关系也必须得到妥善的管理。规模较大的企业已经开始建立专门的项目管理团队，对发包企业和外包服务供应商的关系进行管理。

外包服务供应商提供的相关就业机会。制造商和其他类型的企业都在迅速地将销售业务进行外包。因此，外包服务供应商对专业销售人员产生了极大的需求，这是一个再简单不过的道理。不过，外包服务供应商需要的是具有相关经验、受过专业资质认证或接受过专业培训的人才。相关的职位包括客户开发、企业业务开发以及国际销售总监等等。外包服务供应商还需要大量对销售人员给予后勤支持保障的管理人员。

此外，在外包协议签定之后，仍然需要对客户关系进行维护、培养和妥善的管理；因此，业务开发人员在世界范围内都处于供不应求的状态，在美国、加拿大、英国、澳大利亚等发包企业密集的国家和地区，相关人才则更显短缺。

另外，市场上的客户关系管理专业人才也十分短缺。我们已经看到不少由于企业任用公司内部员工负责客户关系管理而导致外包项目失败的案例。虽然来自企业内部的客户关系经理人十分熟悉企业的内部经营流程，但他们往往未经专业培训、也没有获得相关的专业资质认证、同时在管理发包企业与外包服务供应商的关系上显得经验不足。

市场上的合格人选可谓凤毛麟角，因此许多外包服务供应商都选择通过大型招聘网站来寻找合适的员工。也就是说，你最好能够经常性地浏览外包服务供应商网站上的职位空缺信息，因为这些网站的访问量相对较少，因此围绕着某一特定职位展开的竞争也会相对较小。

外包行业中不断增长的职位列表

这里按字母顺序列出在本章中讨论过的、在业务外包领域不断增加的各类职位。当然，此表并非无一遗漏，但我相信它已足可反应企业的业务外包行为所能带来的大量就业机会。

客户管理

客户服务咨询顾问
高级客户经理
公司客户经理
全球客户经理
客户经理

会计

外包会计经理
外包业务高级会计

审计

副总裁，外包的内部审计业务
高级经理，外包的审计服务
经理，外包的审计业务
高级审计师
外包审计专家
质量控制经理，外包的内部审计业务
经营风险管理员

业务开发

副总裁，业务开发

续表 1

主管，业务开发
业务开发经理
客户开发经理

变革分析

经理，变革分析
变革分析员
项目执行分析员
项目管理分析员

咨询

专业雇主咨询顾问
业务流程外包咨询顾问
外包设计咨询顾问
咨询顾问合伙人
IT 资源咨询顾问
人力资源外包咨询顾问
间接资源专家

合约

高级合约专家
一线合约谈判经理
合约管理人员

财务

税务经理
外包集团总监
商业表现评估业务主管
主管，应付账款外包业务
财务经理
外包精算师
财务经理，外包业务开发

外包业务监管和企业经营管理

注册首席资源总监
注册外包管理员
业务流程外包主管
业务流程外包首席咨询顾问
外包业务交付小组经理
外包现场经理
外包服务主管
外包项目管理员
副总裁，外包
主管，外包采购
资源/采购经理
经营管理
成本控制主管
主管，全球支持服务
业务整合管理员
主管，战略资源
外包风险/安全监管经理
主管，全球资源
副总裁，全球交付业务
外包分支机构经理

人力资源

管理
经理，企业经营表现
主管，外包的人力资源业务
副总裁，人力资源外包
招聘
技术招聘人员
外包员工招聘人员
酬劳
报酬专家

福利

福利管理人员
福利业务经理
薪金

续表2

外包薪金经理
薪金专家
薪金服务主管

培训

外包业务培训人员
市场学习专家

外包项目的执行落实

企业系统设置经理
外包项目解决方案主管
变革流程经理

信息系统

管理
首席技术总监，外包IT业务
IT外包服务交付主管
国际IT业务执行主管
安全
信息安全性主管经理
安全设计主管
项目管理
全球项目经理
外包项目经理
高级项目经理
项目经理
项目进行中的特定业务的主管经理
技术
全球技术主管
部门经理
决策支持主管
技术支持专家
IT业务外包工程师

法律

外包业务专业律师
律师，劳动力管理

营销

营销专家
外包业务营销主管
营销经理
广告经理
创意服务主管
宣传经理

企业经营表现管理

经营表现管理经理
高级分析师
业务流程外包经营分析师
业务分析员
财务分析员

规划

战略规划主管
供应渠道规划经理
战略经理

质量保证/质量控制

服务质量控制分析师
质量保证分析师
劳动力流程分析师

关系管理

外包服务供应商关系经理
高级客户关系主管
客户关系代表
企业客户关系总监

续表3

客户发展经理 **销售** 外包服务 销售培训主管 内部销售 销售支持 外包业务售前支持 业务流程外包服务销售人员 外包业务销售主管/专业人员 政府 政府外包主管 政府销售主管 人力资源 销售主管，专业的雇主企业人力资源外包业务	福利管理外包业务销售主管 人力资源外包销售业务主管 信息技术 销售主管 **战略分析** 高级战略分析师 战略财务分析师 业务系统分析师 外包业务经营管理分析师 **过渡阶段管理** 业务外包过渡阶段主管经理 外包业务过渡阶段项目主管 业务转型活动主管经理

第十四章

发掘离岸、近岸或最佳口岸的工作机会

如果你坚持阅读到这里，说明你已经开始考虑是否会到另一个国家工作——无论你在个人发展和专业资质上是否已经具备了相应的条件。如果你的语言能力很差或者不想舍弃家人远赴他乡、又或是有着剪不断的思乡情结的话，你是否真的愿意在另一个国家呆上6个月或者更长的时间呢？在你作出如此重大、可以改变你日后生活轨迹的决定以前，你必须考虑清楚自己的真实承受能力，并同时对自己所拥有的工作技能进行详细评估。在本章中，我们将顺着你的思考过程，帮助你在是否应该前往海外从事外包业务管理工作作出决策。

【提示】 到海外工作，首先你必须找到愿意雇佣你的企业雇主，递交所有必要的签证申请文件。签证申请文件审核完毕后，许多国家还会要求你在正式开始工作前在当地政府进行登记。

进行自我评估

招聘问题专家们认为，自我评估的过程分为两个步骤：首先，确认你目前所拥有的技能；第二步则是确认应该如何将这些技能应用在与外包业务管理相关的工作岗位之上。自我评估对于能否在外包领域找到令人满意的工作十分重要，而当你在国际市场上寻找工作时，自我评估的重要性就更加不言而喻。如果认识不到自己所掌握的工作技能，你将无法顺利地完成工作申请，无法编制具有说服力的简历，也无法在面试时对考官提出的问题给出令人满意的答案。将你所拥有的技能归纳总结为以下三大类：

1. 基本的工作技能。这是指完成某项特定的外包工作岗位或职位所需具备的工作技能。例如，行政助理应该具备打字、文字处理、接听电话、书写商业函件以及填写各类工作表格的技能。会计人员应该具备管理应收应付款项、进行薪金管理、计算税款、使用计算器和计算机会计程序的技能。推销员则应该具备服务消费者、保留销售记录、处理订单、管理存货、出具发票以及演示产品的工作技能。

2. 自我管理的技能。这是指每天在工作中与他人和睦相处的能力、专业地解决难题的能力以及以正确的心态迎接挑战的能力等等。它们同时反映出你的性格和工作态度：诚恳、可信、机智、耐心、灵活、守时以及宽容，都属于自我表现管理的技能。雇主十分看重候选人身上是否具备这些方面的能力，并会以此来评断他们是否能够适应招聘企业的工作环境。

3. 可转移的技能。这是指一些能够从一个工作岗位转移到另一个工作岗位的技能。它们可能是自我管理技能或者是基本工作技能，而通常是指两者兼而有之。这些工作技能可能是在以往的工作中积累养成，也可能来自其他渠道。例如，审计、全球业务开发、销售管理、合同拟定和服务水平协议管理等，都属于可转移的工作技能。对大多数的求职者来说，很难再找到一份与他们原先工作十分接近的职位；事实上，许多人的新工作会与他们以前的工作经历完全不同。因此，不论是在发包企业还是在外包服务供应商企业中求职，向雇主企业表明你能够成功地将之前的工作技能转移到未来的工作中，对于求职能否取得成功是至关重要的。

每个人都有自己的长处和相应的工作技能，其中许多长处和能力是外包企业的雇主们希望看到的。但是，大多数人只能发现自己所具备的长处和工作能力的一小部分，很少有人能够做到在书面上或在面试中充分展现自己的真实能力。为了帮助读者充分认识和展示你们各自的长处和能力，我们特别提出以下建议：

- 列出你曾做过的每项工作和曾经担任的每个职位的名称。由你最近的工作开始，并逐一往前回溯。
- 用纸把你所担任过的每个职位所需承担的主要职责详细地写出来。
- 写下你完成每一项工作职责时所使用的工作技能，因为它们可能会与外包业务和责任有关。记住要把你所拥有的基本工作技能、自我管理技能和可转移技能都包括在内。
- 重复上述步骤，把你所希望申请的外包职位有关的工作经历（包括所有你希望编入求职信、个人简历中或用于面试的工作经历）都整理出来。
- 完成上述工作之后，你会拥有一张概括你所有工作技能的清单，这份清单有可能很长。因此，最后一个步骤应该是浏览这份清单，并且只勾画出最适用于理想工作岗位或职业发展前途的技能。

【提示】通过这种方法发现你在个人爱好、志愿工作和社区工作中获得的技能。你在这些方面的能力也应该计算在你的优点和工作能力之内。

在对通过上述方法发现的、你自身所拥有的各项可转移的工作技能感到满意，并且能够清楚地加以描述之后，接下来应该考虑应该如何把这些工作技能写入你的求职简历，并用于在国际市场上寻找工作的需要。这将是下一小节所要重点介绍的内容。

修改你的简历，使其符合国际惯例

在决定向海外的雇主递交简历（在许多国家称之为 curricula vitae 或 CV）时，人们碰到的第一个问题可能会是，是否应该把简历翻译成那个国家的语言。我们的回答是：视情况而定。通常，在招聘企业发布的招聘信息中会对简历使用的语言作出明确的规定；正如我们较早前所提到的，美国人是很幸运的，因为英语已经成为国际通用的商务语言。虽然如此，但如果你发现有必要翻译你的简历时，我们建议你应该请经过认证的翻译人员对简历进行准确的翻译，除非你已经熟练地掌握该种语言，有自信自己完成这项工作。

【提示】如果你决定请人把简历翻译成另一种语言，一定要找到经过认证的翻译人员。只有那些通过了由佛吉尼亚州 Alexandria 的美国翻译协会（ATA，703—683—6100）主办的3个小时严格考试的翻译人员才是可以信赖的。

同样重要的是，你应该尽量请那些在同一专业或行业工作过的人来完成简历的翻译工作，特别是当你在某个特定的科学研究领域工作的话，专业翻译人员的帮助就显得更加重要。大多数的翻译人员都会专长于某一特定领域的翻译工作。

在准备投递海外的简历时，简历所使用的语言并不是你惟一需要考虑的因素。简历的风格与格式同样重要。美国所流行的简历格式并非四海通用。欧洲、亚洲和中东地区的招聘企业通常希望看到一些在美国式的简历中看不到的信息，例如你的公民身份和护照信息、出生日期和出生地以及婚姻状况等。

此外，美国的雇主更愿意看到自我肯定、充满自信的简历；与此相反，针对外国市场而设计的简历最好保守一些（有时甚至需要达到自谦的地步），简历的实质内容应该优于形式上的表达方式。语言能力将是招聘企业考评候选人资格的因素之一，同时也是在海外担任企业经理人员的一个先决条件。

海外版的简历与美国式简历的另一个区别是，它可能会要求求职者按照时间顺序排列的方式列出以往的工作经历（美国式简历则采用的是倒序排列的方式），即在简历中先介绍你的第一份工作，在最后才介绍你最近所从事的工作。

一些欧洲企业会要求你递交手写的简历。这可以能使他们判断你能否能够整洁地完成某项工作以及是否能够准确地使用某种语言——这也是海外企业招聘人才时看重的两个主要标准。你所递交的手写简历甚至可能会被招聘企业拿去进行笔迹分析，并以此判断你属于哪一类型的人。

【提示】在以向职业中介发送电子邮件的形式寻找职位较低的工作时，你的简历和其他自我介绍的文件应该尽可能地简短一些。除了个人的信息之外，只需要包括你曾经在哪里工作、工作了多长时间以及简短地描述你所从事工作的内容即可。寻找企业高级管理职位的求职者则应该继续沿用传统的简历格式。

国际简历编写服务

A & A 简历服务（www.aandaresume.com）
这些专业人士在自荐信和求职简历的编写方面，拥有50年以上的专业经验。他们的客户遍及世界各大洲。

Vault Resume Writing（www.vault.com）
他们的专业人士会帮助你从无到有地编写能够使你在竞争者中脱颖而出的简历，使你能一举夺得梦想中的工作。

e - Resume.net（www.eresume.net）
这是一家美国本土专门提供简历编写服务的公司，它们能够将个性化服务和互联网结合在一起，帮助客户向世界各地发送专业的、全球通用的简历。

外包领域的求职者发布简历的专业网站

外包职业中心
（www.outsourcingcenter.com）
惟一为外包领域的求职者和雇主们提供简历发布服务及其他服务的机构（包括发包企业外包业务监管人员的职位空缺以及外包服务供应商企业中的各种职位空缺信息）。

大众求职者发布简历的专业网站

Hot Resume（www.hotresumes.com）
包括大量的求职信息。每天都会有成千上万的职业中介公司和用人企业在该网站的数据库中寻找适合的员工。

Hot Jobs（www.hotjobs.com）
雇主企业和职业中介公司会通过输入关键词、经验水平要求、工作内容、薪金和专业资质信息的方式，在该网站寻找人才信息。

续表

Job.com （www.job.com）
该网站提供大量有助于提升你的成功就业机会的工具，如它会教你如何编写完美的简历，并提供个人薪金报告、职业评估测试以及简历发布服务等。

Monster （www.monster.com）
专业的网上职业中介机构，它会把与你梦想中的工作职位相关的信息发送到你的电子邮箱中。在该网站上，你还可以找到大量与成功求职相关的工具，建议和信息。

Six Figure Jobs （www.6figurejobs.com）
进入它们的工作职位数据库不需付费。如果你的背景达到它们的要求，你可以成为该网站的会员。

Worktree （www.worktree.com）
在该网站上，你可以立即提出在线的职位申请，将简历发送给你所在州的各个主要城市的用人企业。在这里发布的许多职位空缺信息在其他地方是找不到的。

提供简历发送服务的网站

Resume Rabbit （www.resumerabbit.com）
只需填一张简单的表格（大约花费 10 到 15 分钟），你就可以让你的简历发送到 87 个主要的职业信息发布网站。

Resume Zapper （www.resumezapper.com）
通过电子邮件将你的自荐信和简历发送给美国顶级的职业搜索、招聘和中介公司。

Resume Xposure （www.resumexposure.com）
它们可以直接把你的简历发送给你所在行业的招聘企业。同时他们也会有目的、主动地把你的简历发送给专业的人力资源顾问，这些人力咨询顾问或职业中介人士手中掌握着大量的招聘企业的信息。

简历邮寄服务

Resume Stork （www.resumestork.com）
它们会通过邮政服务，把你的简历和自荐信通过群发的形式，发送到招聘企业手中。

运用互联网锁定你希望寻找的工作职位

在完成技能评估，并实现简历的“国际化”之后，接下来你所要做的，就是开始锁定理想中的工作职位。我们特此提出一些建议，希望能够帮助读者更好地利用网上资源，并学会与招聘企业中拥有用人决策权的人士建立联系。

1. 建立明确的目标。记住，应该根据你本身所拥有的工作技能和兴趣，选择求职的方向。确认这些目标，并列出能够准确形容这些工作职位的语言和关键词语。然后再运用本书中所介绍的互联网服务，找到符合你需要的工作职位。相关的关键词语可以是：帮助招聘企业进行某项调查、重新设计公司网站、或是产品促销等等。可以考虑参与短期的外包项目：求职者可以通过短期外包项目丰富自己的工作经验，展示自身的价值，并且建立起有用的人际关系网络。用人企业和求职者双方都不需要对彼此作出长期的承诺。

2. 确定你想要居住和工作的地点。这里，最主要的是确定你愿意在那里居住生活的国家和地区。在可能的情况下，尽量多选择一些地区。

3. 搜集目标国家和地区所有目标企业——包括公立企业和私人企业——的名称和相关信息（不管它们是否在公开发布招聘信息）。在网上的搜索引擎中，输入“地点”和诸如“外包”、“就业机会”、“企业目录”、“实验室”、“小型企业目录”等关键词。

4. 搜寻你所感兴趣的外包企业的更多信息。了解它们的竞争对手、行业、产品、财务状况以及它们的经营宗旨、价值观、与社区的关系等相关资料。这些信息很容易在网上获得。你可以查看相关的刊物以及与产品、代理机构、附属企业、企业名录、供应商相关的信息，或是查找投资调查组织发布的通讯和行业出版物中关于目标企业的介绍资料。

5. 寻找机会接近能够对求职有所帮助的人士，并争取建立良好的个人关系。在目标公司的网站上寻找相关的职位信息。如果发现符合要求的职位空缺，不要马上进行回复，而应该设法与那些能够对该职位招聘的最终人选产生影响的人士进行直接联系。在网上，你可以很容易地找到相关联系人的姓名。

6. 自己创造新的就业机会。如果你一时找不到适合的职位空缺，可以尝试着自己创造一个理想中的职位空缺：选定一家你所了解的外包企业，列出你所掌握的关于该企业的相关信息以及你可以为该企业作出的贡献（例如帮助企业实现业务成长、扭转企业的亏损局面、帮助企业完成业务转型、帮助企业摆脱危机或是协助企业顺利地完成并购工作等）。将一封包含上述信息的电子邮件发送给目标企业中适合的联系人（可以是那些能够从你所拥有的工作技能或解决难题的技能方面获得好处的企业管理人员），并请求与对方见面来讨论你所能发挥的作用，强调你能给企业带来的好处，确保你的简历能够很好地反映出这些内容。

在开展下一步工作，也就是尽可能多地利用各种资源寻找理想中的工作职位之前，一定要把我们上面提出的这些建议牢记在心里。

3

第三部分

外包企业家必备指南

第十五章

开创外包创业之路

当 Judy Ranus 所在的小型企业的老板决定把她的办公室主任的职位外包出去的时候，Judy Ranus 起初感到十分不安，这一点并不难理解。最初，她像所有已经失去或将要失去工作的人一样，担心是否能够很快地找到另一份工作。但 Judy 并没有如许多人那样，认为业务外包现象正在抢走美国人手中的工作，她决定更深一步地认识这个问题。经过调查分析，Judy 发现，许多企业将业务外包的趋势能为她提供超乎想象的更多的工作机会。

事实正是如此。Judy Ranus 不久就认识到，独立的办公室行政管理人员，特别是所谓的虚拟助理（Virtual Assistants，VAs），尤其是小型企业的业务助理，正在世界范围内成为一项热门的职业。Judy 还发现，大多数的虚拟助理都是美国人，有些人甚至还在海外为美国公司提供内勤服务。Judy 和他的丈夫（法国籍）于是收拾行囊，从美国的克里夫兰搬到了巴黎。在那里，Judy 成了一位自立门户的虚拟助理。有趣的是，Judy 的客户大多位于美国的中西部地区。

Judy Ranus 只是成千上万借着业务外包行为的飞速普及，而自己开创事业的美国人中的一分子。正如你所了解的那样，如今，世界各地都有企业在将业务进行外包，外包业务的范围更是从产品退货索赔到其他各种创新服务，应有尽有。虽然发包企业所处的行业可能有所不同，但它们都有着一个共通之处，那就是：他们已经参与到这个正在使世界范围内的商业企业经营方式发生改变的革命中来。或许你也已经开始感觉到创业时那种因兴奋而寝食不安的感觉，正在考虑利用你的专长在业务外包领域开创一番事业，而不是安安稳稳地去寻找一份全职的工作。如果是这样，那么这一章和下一章就是为你而写的。在本章里，我们将概括介绍一些基本的、常识性的知识；在接下来的第十七章里，我们会更深入地探讨具有独立意识的专业人士应该如何在现在和不久的将来，更加充分地把握和利用业务外包活动带来的众多良机。

你会发现，各种规模的外包服务供应商都有机会获得大量的商机。事实上，根据资源总监协会/外包管理协会的预测，在今后的 3 到 5 年中，许多美国企业都会把全部的业务流程，而不仅仅是某一项或某几项单独的业务，外包出去（参见表 15 – 1）。

【提示】从事动画制作、市场和技术调查、信用服务、信息技术全程设计服务、知识管理和全套的人力资源管理业务的人士，将会获得更多令人兴奋的商机。

随着这些新兴的外包业务的出现，企业决定将业务进行外包的原因也在发生着转变。除了节约成本之外，发包企业还希望能够从外包服务供应商那里获得下面的这些好处：

- 专业技术和人才。
- 速度、生产能力、效率。
- 经营管理技术。
- 提升员工士气。
- 有机会抽出身来重点发展企业的核心业务。
- 有效地减轻企业需要承担的工作压力。
- 提高和改善客户服务的水平。
- 提升企业的经营管理能力。
- 改善产品开发的水平、缩短产品由研制开发到推出市场的时间、提升市场份额。

表 15－1　全球外包商机一览表

	当前的外包业务占所有相关业务的比例（%）	两年后外包业务占所有相关业务的比例（%）
软件维护/支持	37.9	52.6
硬件维护	34.5	56.4
IT 开发和一体化	32.7	60.0
咨询	24.7	41.7
教育和培训	16.5	30.2
业务流程/交易管理	14.5	28.2
管理服务	9.3	19.2
其他	9.6	36.7

总体的结论是：对那些富有创意精神的企业家来说，开创一项富有特色的外包服务事业的大门是完全敞开的。但是你是否做好了充分的准备，能够成功地走进这扇大门呢？接下来，我们将帮助你找到这一难题的答案。

做好充分的准备

开创外包业务，仅有激情和资金是不够的。我们建议，在全身心地开创外包服务业务之前，你应该仔细认真地考虑一下下面的这些问题：

1. 你对从事外包业务是否充满热情？你是否有一个能让人振奋不已、迫切地想将其付诸实施的创意？各行各业的企业家都有一个共同的特点：他们都有强烈的精神动力，一种足以使他们勇于面对风险和挑战的决心。

2. 你是一个领导者吗？要想使外包服务事业取得成功，你必须具备良好的领导素质。你不仅要善于发现和吸引有利于你创业的合适人才，你还必须用你的热情感染激励身边的其他人。

3. 你是否对开创外包业务进行了规划？这里所说的规划与商业计划书中对开展业务的细节问题进行规划有所不同。要想对最初的商业构想进行完善，首先必须确定若干基本的要素，例如：经营的规模有多大，服务是面向整个市场（例如，通用会计服务）还是一小部分特定的市场（例如，医院的薪金管理服务）等。

4. 你是否具有坚韧不拔的意志？毫无疑问地，在自行开创外包服务业务的道路上，你将会遇到与公司财务、工作人员、社会经济环境有关的各种各样的难题。这需要你拥有坚强的信念和自信心以及适应环境变化的能力——环境的变化有时是十分快速的。

5. 你有没有绘制好开展外包服务业务的路线图？绘制一张能够引导你实现经营目标的路线图是十分重要的。要想绘制出这幅路线图，你需要进行大量的调查研究工作，这种调查研究活动应该超越你的专业领域，涵盖所有与业务外包相关的内容。

6. 你是否制定了详尽的商业计划书？在有了创意之后，你必须随后制订一份详尽细致的商业计划，这样你可以保证获得创业资金。

7. 你有创业的资金吗？你需要募集开创你的外包业务的资本，并且可能无法指望从风险投资商那里获得这笔资金。到目前为止，全世界的只有不到0.5%的外包商务创业者能够获得风险基金的资助。

8. 你能管理好现金流量吗？许多新兴的企业，不论哪种商业模式，最后不得不关门大吉的原因只是由于对现金流的管理太差。

不要忘记，你的前途命运与发包企业和客户息息相关。因此，你必须根据它们的需要来设计自身的业务模式。

创业指导原则

评价你的个人技能和财务能力。

对劳动力市场进行评估。

选择一个有潜力的业务。

学会谈判（合同的条款、付款和提供产品与服务的时间安排等等）。

如果外包工作是在海外进行，那么还需要熟悉当地的法律。

决不作出无法完成的过分承诺。

守信——保证按时交付产品/服务。

谨慎小心地扩展业务。

宣扬你的外包价值主张

如果你已经判定自己万事俱备，可以开始着手开创外包事业，那么接下来要做的，就是对外宣扬你的价值主张。这一步将由四个步骤组成：

1. 展示你所能创造的主要价值。
2. 成为一位良好的合作伙伴。
3. 清楚了解目标客户将业务外包的原因。
4. 成为解决问题的专家。

展示你所能创造的主要价值

虽然每个人对价值的理解各有不同，但对外包服务供应商的你来说，必须要向潜在的客户展示出你能在以下四个方面所创造的价值——即能够给客户带来的潜在的好处：

• 向客户证明，你的介入会使它们能够心无旁骛地专注属于它们核心竞争力的业务。你要能够证明你的公司所提供的服务，会使它们更好地将精力投入那些对它们来说能够直接导致经营成败的核心业务。

• 为客户提供世界水平的专业技术。不论是在设计、执行、维护还是在获得最新的生产/服务技术方面，你必须要使潜在的客户相信，在你这里，它们能够获得最佳的产品和服务。

• 保证客户能够灵活地调派公司的人手。你的公司必须能够帮助客户对市场需求的变化作出快速的反应，并有效地节省相应的开支。

• 降低客户的总体经营成本。许多企业经营管理体系的建立和维护需要耗费大量的成本，并会影响企业对核心竞争优势的投入，因此你必须能够向客户证明你可以减少它们在其他成本方面的投入。

【提示】外包服务供应商最重要的优势，在于能够重点帮助客户完成非核心的业务。

成为一位良好的合作伙伴

关系管理是外包服务供应商取得成功最重要的一个因素，但有趣的是，它往往也是最容易为人们所忽略的因素。Dun & Bradstreet 市场调查公司所进行的调查研究指出，所有围绕业务外包而建立的合作关系中，有 20% ~ 25% 会在两年后失败；5 年后，这一比例则会达到 50%。希望您不要让自己也成为这一令人沮丧的统计数字中的一分子。

在围绕业务外包而建立的合作关系中，你作为外包服务供应商和你的客户都会面临风险。客户将面对产品/服务无法达到质量要求或者质量较差的风险，这将很快给发包企业带来下面两个问题：

第一，延误产品或服务的上市。

第二，增加开发成本及为弥补产品/服务缺陷而投入的成本。

如果你无法成功地降低这些风险，它们将很快危及你作为可信赖的外包服务供应商的声誉。为了确保不发生这样的情况，你必须：

• 不断地对员工进行良好的培训。员工们必须了解产品/服务对发包企业与承包企业双方的重要性。

• 对发包企业进行调查筛选。需要寻找答案的问题包括：发包企业的财务状况是否可靠？外包协议中是否含有适当的保证发包企业按时付款和正确计算外包业务酬劳的条款？

• 委派一位高层管理人员作为外包项目的指定负责人。我们在前文中曾经提到，许多企业都赞成在企业内设置资源总监的职务，负责制定企业的外包策略，并对外包业务的流程及相关各方的关系进行管理。而对外包服务供应商来说，相对应的职位则是具备相应资格的外包业务主管。

• 对业务开展的情况进行及时记录。确定开展相关业务的合法性，特别是在国外开展业务时，更应该注意这一点。战略性地制订市场开发计划，使自己能够对业务的开展情况进行及时的监督和记录。

• 设计制定符合实际情况的业务修改变动流程。特别是当你在全球多个地点开展业务的时候，更加需要建立一套清楚明确的业务修改变动程式来确保只有客户在需要的时候才能对外包业务的完成方式作出修改。

• 在初次尝试开展业务外包服务时，应该选择那些要求比较清楚明确的外包项目。最大限度地减少项目中可能出现的不确定因素。

• 保守地估计项目的完成情况。把任何项目的完成时间都预计得长一些，投入的成本也估算得更高些，特别是在外包项目的前期开展阶段更应如此。经验的做法是在初次承接的外包项目时，把预计完成项目的时间多预估 30%。

• 尽量保持由同一个团队来完成某一个特定的外包项目。这一点并非总是在人们的掌握之中，有人可能会中途离开，但总之应该尽可能地由同一批员工来完成一个特定的外包项目，否则，你为培训相关员工所花费的时间将会付诸东流。

• 言出必行。也就是说，保证你委派到客户那里完成外包项目的员工必须是当初向客户承诺过的人选。许多非美国的外包服务公司就是由于经常在服务团队人选上玩弄“钓鱼式”的花招而名声扫地。

了解自身是否已经具备提供某项外包服务的条件

在与客户签定外包协议前，要让自己能够对以下问题作出回答：

续表

• 你是否已经完全了解客户为什么要将业务外包以及它们对业务完成时间的要求？

• 你将要承接的业务以往曾经被外包过吗？这个问题的答案将会影响你将如何为客户提供产品/服务。假如回答是肯定的，那么之前的业务外包行为是否成功？如果回答是否定的，你可能会面对一个更长的推销自己的过程，因为你必须首先说服潜在的客户，告诉它们将业务外包是一个可靠的选项。

• 目标客户对业务外包概念的接受程度如何？它们或许还没有做好将业务外包的思想准备，这意味着你早期所做的业务推广工作一定要着重于介绍将业务外包的好处，而不是你的公司所具备的优势。

• 你知道目标企业中谁将就选择外包服务供应商的问题作出最终的决策吗？根据决策者的不同，来制定包括财务回报、风险控制、战略安排和政策形势等内容的业务推广方案。

• 你所推广的业务是否能够得到目标客户高级管理层的支持？要想业务外包活动取得成功，你应该得到来自于对方企业资源总监或其他希望通过业务外包来改善企业经营状况的高级经理人的支持。

准备以往提供业务外包服务的记录

准备一份能够反映你在以往向其他客户提供业务外包服务的记录，让目标客户能够据此评价和比较它们自己内部员工完成相应工作的情况。同时，历史记录会在你向对方介绍公司服务的时候，为你提供很好的话题。记录中涵盖的内容包括：

• 目标市场概况（地理上的）。
• 技术和管理体系。
• 产品规格和复杂程度。
• 产品的消费者/用户。
• 适用性/应用领域（如果可能的话）。

了解目标客户将业务外包的原因

不同的企业选择将业务外包的原因也多种多样。什么时候以及为什么作出外包的决策，是由企业目前遇到的难题和挑战的程度以及外部的解决方案和内部员工适应工作外派的能力来决定的。作为开创初期的外包服务供应商，你一定要去逐项了解目标客户选择将业务外包的原因。

虽然有必要对发包企业将业务外包的各种原因进行单独评估，但是这并不妨碍我们对最常见的企业将业务外包的原因进行整理归纳，它们分别是：

1. 企业主管们并不看好内部各部门完成相关业务的能力。
2. 企业未能跟上技术进步的脚步。
3. 存货成本太高。
4. 员工的流失率太高。
5. IT 和业务部门的预算难以预计或是难以长期负担。
6. 业务部门或管理者并没有深刻地体会到公司的发展目标和成功的关键因素，或是忽略了经营效益的重要性。
7. 企业未能向内部和外部的客户提供业内最优秀的管理模式和最好的产品及服务。
8. 部门的战略和整个企业的战略脱节。
9. 公司遭受高级或骨干经理人流失的损害。
10. 发生了太多的交货日期延误的现象。
11. 企业需要更多地关注企业的核心竞争力和各部门的主要业务。
12. 公司董事会已经向下传达了提高经营收入、投资回报率和股东价值的指令。
13. 没有持续的发展计划来改变企业缺乏经营重点的现状。
14. 事先没有制定好便于监督管理和重复操作的业务部门经营发展战略。
15. 公司尚未就开展电子商务做好准备。
16. 公司的服务质量不佳（包括对公司外部客户和公司内部客户的服务质量）。

成为解决问题的专家

作为一名刚刚开始创业的外包服务供应商，要想在外包服务市场占据一席之地，你一定要向客户证明自己是一位解决客户难题的专家。要想取得这样的效果，你必须学会设计适合它们需要的解决方案。首先你必须要理解发包企业希望通过将业务外包达到什么目的。一般来说，发包企业将业务外包的目的如下：

- 改善某个部门或某项业务的生产能力。
- 降低运营成本。
- 提升、引进、转换生产/服务技能。
- 对业务部门和具体的业务流程实施更好的管理。
- 集中资源于企业的核心业务领域。
- 改善现金流量。
- 完成企业的转型工作。

同样，你也必须要了解企业不准备将业务外包的原因。我们总结出的六大原因是：

- 害怕丧失对整个业务流程的控制。
- 害怕失去外包业务的竞争优势。
- 害怕碰到不适合的外包服务供应商。
- 无法估量业务外包的成本。
- 希望通过纵向整合达到改善经营效果的目的。
- 并不理解业务外包所能带来的好处。

结　论

如果在这一章结束时，你已经决定将把为客户提供业务外包服务作为你今后的事业，那么就让我们一起开始对第十六章的阅读，我们将告诉你如何在我们所描述的创业高峰中获取运营资本。

第十六章 充分利用外包创业的热潮

在2003年一年，全世界提供外包服务的公司一共获得了超过3万亿美元的收入，市场规模在2000年到2003年间扩展了3倍。在全球市场上，有着各种各样提供外包服务的企业，每一类企业都能满足客户在某一领域的特殊需求。从某个方面来说，繁荣的外包市场对希望在这一领域有所发展个人来说有着积极的一面，因为它能确实保证你的技能和经验能够发挥用武之地。但从另一方面来说，这也让我们很难在种类繁多的外包服务领域里，就究竟从事哪一项外包服务业务作出最终的正确决策。在这一章里，我们将提供一些指导性意见，希望能够帮助读者作出符合自己实际情况的决定。

【提示】在本书第十五章，我们曾经要求读者进行一项工作技能自测，以帮助你在国际外包市场上找到一份令人满意的工作。在继续阅读本章之前，希望读者您能再重新温习一下这部分的测试内容，因为它会帮助你了解到自己最适合在哪些领域成为成功的企业家。

打好基础

首先让我们来分享一下来自于 Outsourcing Entrepreneurs, Inc. 公司（www.outsourcingentrepreneur.com）的咨询顾问，针对创业之初的外包服务供应商进行调查研究所总结出的研究成果，他们认为，外包服务供应商要想取得成功，必须具备以下这五个方面的要素：

- 通过正式培训和积累实际工作经验，获得从事外包服务业务的知识。
- 踏实的工作态度以及经年累月长时间工作的精神。
- 从事外包服务业务的商业计划书——开展一项业务而没有计划，就好像驾驶一艘无舵的航船。

• 资本、现金和资源。

• 坚韧不拔地贯彻完成任务的精神——不达目的绝不罢休的决心。

总之，你应该具备排除万难、取得成功的精神。认真地回答下面提出的这10个问题：

1. 你知道你自己想要的是什么，并且知道为得到它需要投入什么，包括个人需要为此作出的牺牲吗？你愿意为实现你的计划而不计时间起早贪黑吗？

2. 你是否进行了相关的调查研究工作？一定要做好调查研究工作，以确保市场上对你所提供的服务确有需求。进行全面的市场调查是判断你所创建的外包服务企业经营是否能够一帆风顺的最重要的因素。因此，花费一定的时间好好地开展市场调查是值得的。需要调查了解的第一个问题是，市场上是否对你所提供的外包服务存在足够的需求。你必须保证自己将会拥有一个稳定的客户群体。与你的朋友、家人和专业咨询顾问交谈，以获取相关的信息。联系政府机构、贸易协会和其他能够帮助你开展业务的组织。利用这本书上所列明的各种资源展开你的调查活动。

3. 你是否已经详细地分析过应该如何利用你的专业技能，应该如何弥补你的缺点？

4. 你是否已经决定了开展外包服务业务的形式？是成立有限责任公司，还是以合伙或个体的形式提供服务？

5. 你是否已经考虑过应该如何对业务项目进行推广和宣传？你准备怎样在竞争中脱颖而出，或是通过提供什么样的特殊服务来吸引特定的客户？

6. 你是否已经制定了相应的价格策略？价格与你所提供的服务能够向客户传递出什么样的信息（与竞争对手相比而言）？认真地考虑一下你应该就你所提供的外包服务收取什么样的费用。就盈亏平衡点和收入情况进行预估。

7. 你是否已经制订了详细的商业计划？我们之前曾经提到，周详的商业计划是成功的关键。

8. 你是否了解开创外包服务企业的资金来源有哪些？你必须事先获得充足的资金来源，以确保开业和运营的顺利进行。已经有越来越多的银行开始发放针对小型外包服务供应企业的商业贷款。风险资本家也在寻机投资于有增长能力的外包服务供应企业。

9. 你是否已经决定要在哪里设立企业？是在美国本土，还是在海外？挑选一个对你和客户都合理的企业所在地。

10. 你是否了解你的外包服务企业的日常运作方式？你将怎样运作提供服务和管理你的企业？了解维持企业每天的正常运作需要做些什么？

【提示】 外包管理协会（www.outsourcingmanagementinstitute.com）能够提供外包管理的深层信息，有助于创业者找到取得成功的正确途径。

在清楚了解了上面的这些问题之后，为了创建一家外包服务供应企业，你还有许多事情需要学习，还有许多麻烦需要解决。在保持积极乐观态度的同时，你还需要拥有务实的精神，这一点十分重要。一般来说，成功与失败的差别在于解决问题和迎接挑战的方式。在遭遇到困难的时刻，要记住风雨过后彩虹出现的时候，就是你的外包服务企业全面获得丰收的时刻。在表16-1中，我们可以清楚地看到，开展外包服务业务的优点在数量上要多于缺点。

表16-1　开始外包服务业务的利与弊

优　点	缺　点
初期投入的资金多少完全由你和你吸收投资的能力决定	相比较而言，当前能够得到的帮助和建议不多
许多机构都可以为创业中的外包服务企业提供支持、资助和融资支援	你必须不断努力适应学习的过程
你可以探索新的业务理念和游戏规则	你可能过于痴情于业务本身，而忘记了经营的重点——盈利
所有的税后利润由你独享	大多数企业在创业的第一年就会失败
不存在对你的业务方式的限制	难以找到支持外包业务起点的风险资本
你可以根据自己的需要拓展业务规模	大公司对小公司的收购产生了大型的外包服务供应企业，而你所新创建的企业有时不得不与这些大型的外包服务供应商展开竞争
你可以根据经济环境的变化快速调整自身的经营方式	业务外包仍然属于有争议的企业行为（正反两方面的意见和主张都得到各界相当大的支持）
在业务稳定之后，你可以根据自己的意愿将公司出售，或是开展特许经营，又或是将公司的股票上市发行	新成立的外包服务供应企业较难适应外国员工对于劳工问题、文化问题、工作方式问题和道德问题的不同认识
巨大的成就感	因地处遥远和客户分散，对服务质量进行有效监控较为困难

我们可以根据你目前的情况，提供各种不同的策略性建议，希望它们能够让你的学习过程变得更加轻松：

• 不要辞掉你白天的工作。在创业之初，在业余时间从事自己公司的业务而继续保留你的全职工作，也就是说把没有外包的工作当作你即将开展的业务去完成，这会帮助你更从容地完成从雇员到外包服务业者的角色转换。

• 为那些已经在你想要进入的业务领域开展外包服务的人工作。为一位潜在的竞争对手工作，可以从个人和专业两个方面增长你的见闻（提醒：在签署任何包含有限制你从事类似业务的非竞争条款的文件时，一定要小心）。

• 事先建立稳固的企业基础。获得你的企业或职业所需要的证书和执照。在你选定的州内注册公司，并从联邦获取商业识别号码。深入了解政府的城市规划条例和州政府及联邦政府对雇员安全和健康的相关法规；从移民部那里证实新聘请之员工的合法身份。购买必要的企业保险在遭受火灾、盗窃或其他损失的情况下保护你的企业；考虑购买业务中断保险。

• 考虑在家里工作。至少在创业初期，这是一个保持低花费的好主意。尽量利用初创企业“孵化器”，或是使用提供商务服务的商务办公室。拥有企业孵化器功能的服务供应商可以按照使用付费的方式为你提供办公室和行政办公服务，它们可以帮助新创业的企业有效地节省办公成本开支。

• 不要忘记积极推广你的经营理念。初创的外包服务企业业主经常会忘记他们必须主动地推销自己的经营理念和产品。你不能站在一边等着人家来找你。每个企业的业主最好都能拿出 10 秒、30 秒或一分钟的时间，向目标客户介绍你的企业和企业的业务。如果市场营销不是你的强项，可以考虑使用这个领域内专业人士的服务。

• 确认资金来源。作为一名新建企业的业主，你需要向这个企业投入资金，而且通常需要持续几年。因此在开业之前，你需要审视一下你的个人财务状况：你想要如何来支付分期付款？你有应急的资金吗？员工的健康福利和保险是如何安排的？如果你将要与你的配偶或合伙人开展这项业务，其中的一个人最好在另一个人从事这项业务的时候继续工作。外包企业的创始人通常必须使用他们自己的储蓄和资源，如信用卡和家人或朋友的资金。

【提示】当利率较低的时候，申请房屋贷款是获得廉价启动资金的好方法。获得房屋贷款的时机是在你还有工作的时候；如果你没有一项稳定的收入来源的话，银行根本不会理睬你。

• 培养外包服务供应商的企业家心态。成功的外包服务企业业主的一个共同的特点是，他们都对自己所从事的事业饱含热情和充满坚定的信心。你如果想要取得成功，也需要兼备这两个特征。

• 绝不低估道德的价值。许多大企业近年来陷入麻烦的原因就是因为它们违背了道德标准。你做什么和怎样做会在你的公司内部和社会大众那里产生相应的反响。你公司的员工也会以你的言行为榜样。要知道，如今的业务外包行为深受公众的瞩目。你应该设法确保你所从事的业务不会受到外界的指责。

• 花时间了解业务外包过程中的各种“差异”究竟在哪里。大家普遍认为国际市场的商业运作方式与美国有着很大的不同，包括法律、商业习惯以及诸如此类的事情，在不熟悉海外商业操作方式的人看来，都会显得十分陌生和让人摸不着头绪。有些地方——例如拉丁美洲——情况的确如此，但是许多其他的国家的商业运作方式与美国的商业运作模式并没有特别大的差异。你应该试着在当地寻找相关的专家意见和建议。听取当地的专家意见是绝对重要的。不论咨询对象是律师还是银行家，你都需要了解他们确实清楚地了解你所要设立公司的市场。

• 调查了解市场——特别是外包服务业务市场的详细资料。不要有错误的认识，以为身为美国企业，你就可以轻而易举地占领市场。一定要了解市场状况，如市场的总体潜力、竞争环境和营销渠道等等。

• 保护你自己和你的知识产权。不论是准备在海外、还是在美国设立企业，这都是一项十分重要的原则。举个例子来说，如果你所开展的外包服务业务主要是提供某项特殊的服务、或是设计数据软件程序、甚至是对某个标识的利用，你都需要切实地做好商标保护的准备。如果有需要的话，你应该逐个申请任何必要的专利和商标。

现在，你已经清楚地了解了开创外包服务业务所需要具备的条件，接下来讨论一下你该如何在众多机遇中脱颖而出。

在市场上插下你的旗帜

随着企业需求的不断变化，对外包服务的需求和相应的机遇也变得更多和更为复杂。毫无疑问，企业流程外包是一个买方市场，而且供不应求。在这一小节里，我们将讨论外包企业业主应该怎样对这样的市场形式加以充分地利用。

【提示】某些曾经供职于五大会计师事务所的专业人士，组成了最为精明的外包服务供应商的代表。其他新成立的外包服务供应商则在那些因难以找到合适的供应商而快要放弃将业务外包的努力的企业中寻找它们的目标客户。而许多开创自己外包服务业务的人士，以前正是这些苦于找不到合适外包服务供应商的企业的雇员。

寻找发现特定的目标市场

如果你相信自己是市场上的领跑者，那么就应该好好地利用好这个机会。如果你认为一个更大的市场将逐步发展起来，就应该建立起百分之百股权的外包服务企业。也就是说，只有在目标客户的董事会和高级管理层清楚地理解将业务外包所带来的好处时，才适合设立起完全自己拥有的外包服务企业来开展业务。目标企业的管理层必须愿意为业务外包活动作出投资，从而使业务外包行为变得更加富有吸引力。当发包企业的管理层对业务外包行为感到满意时，新建立的外包服务供应商们才会表现得更加出色。

外部引资

如果你拥有经营管理外包业务的相关知识，可以对外寻找有投资能力的志同道合者结成合作伙伴关系。这样做可以引入外部资本。然后，再来组建一支由熟悉业务外包操作原则和富有监督管理经验的（专业人士组成的）管理团队。

建立合资企业

成立合资企业是上面所说的“外部引资”的一种变化形式。它指的是与一个现有的服务供应商或想要参与业务流程外包业务的咨询顾问团体共同建立一家合资性质的外包服务企业。将你所拥有的业务外包管理经验和知识与专业咨询顾问或服务供应商结合在一起，将有可能形成一个强强联手的组合，使外包服务业务取得更大的成功。但是，只有在双方的合作关系能够得到很好的监督管理时，合作才会产生效力。需要注意的是，假如业务流

程的所有者想要在新成立的合资企业中拥有所有资产时，合作双方就有可能会爆发矛盾。合资企业还有可能对企业的资本构成比例产生矛盾，除非双方事前便已经就企业需要不断对改进业务操作流程进行投资达成了共识。

考虑采用利益分享方案

与发包企业达成利益分享协议，是新成立的外包服务供应商取得成功的捷径。发包企业可以将与服务供应商达成分享其部分利润的协议，作为将业务交由新创建的外包服务供应商完成所需承担风险的补偿。通过这种方式，发包企业能够达到降低成本和迅速提高服务质量的目的。适合通过与发包企业达成利润分享方案的形式开展业务的外包服务供应商，是那些核心业务明确、同时又渴望投身业务外包市场的私有企业。这些企业通常也十分愿意给自己冠以外包服务供应商的称号。

找　政　府

你知道吗，美国政府是世界上最大的产品和服务的买家？美国政府每年用于军用和民用产品与服务的采购额接近2000亿美元，从复杂的宇宙飞船、到癌症研究、清洁卫生服务，可谓包罗万象。简单地说，各种产品和服务都在美国政府的采购之列。

根据法律，联邦政府机构的采购资金必须依照一定的比例进行分配。例如，采购总预算的23%必须用于向小型企业购买产品，从女性拥有的企业购买产品的金额必须占总预算的5%，从贫困落后地区的小型企业购买产品的金额必须占预算总金额的5%，从未充分开发地区购买产品的金额必须占预算总额的3%，从残疾退伍军人所拥有的企业购买产品的金额必须占预算总额的3%等等。1997年的小型企业重新授权法案，使得位于历史上未经充分开发地区（HUBZones）的符合资格的小型企业，获得了更多的政府资助和商机。此外，联邦政府机构有义务优先考虑小型企业所提供的产品和服务，但是，如何设计和提供能够满足政府机构需要的产品与服务，则是外包服务供应商所应考虑的问题。

向联邦政府机构销售产品与服务，在某些方面与向私营企业销售产品与服务是极为相似的。虽然为政府提供产品与服务可能会适用一些不同的政策法规，但在营销技巧和策略方面，却与向普通企业销售产品十分相象。下面是部分具有参考性质的指导意见：

- 了解作为潜在客户的政府机构，了解你所提供的产品和服务的应用背景。
- 搜集以往的相关信息，如政府机构的采购金额、采购数量、成本和货款支付方资料等等。
- 设法令潜在的客户了解你的存在。

（续）

• 认真审视企业自身所具备的条件，发现政府在寻找服务供应商时所希望看到的素质。公司的财务状况、员工素质和以往的经营历史，都是政府在挑选外包服务供应商时所看重的素质。

下面所列的，是政府希望从业务外包行为中获得的好处：

• 私人企业合伙人可以带来特定的信息技术和其他资源。业务外包行为能够帮助政府机构，尤其是那些对新兴信息技术缺乏了解的政府机构，选择和应用正确的科学技术产品与服务。

• 外包行为可以帮助政府节省时间、成本和其他资源，因为私营的外包服务供应商通常能够在较低成本的基础上，提供效率更高的优质服务。而日常的运营、维护和管理服务也可以借此交由专业的私营企业完成。

• 业务外包行为还可以帮助政府机构解决由结构性弊端所带来的运作管理问题。

• 与将部分业务外包的商业企业一样，政府机构也可以通过业务外包，将精力集中用于核心的工作任务，从而有效地提高自身的工作效率。

正确地开展外包服务业务

由于开展外包服务业务还是一项相对比较新鲜的事物，目前仍然缺乏成熟的理论知识和信息能够帮助人们了解应该如何正确地开展外包服务业务。因此，大多数处于创业阶段的外包服务供应商都希望能够把各种经营管理技巧综合性地拼凑到一起，形成符合自身特色的经营模式。

在缺乏成熟经验的情况下，设法寻找现有的成功案例是十分重要的。特别是，在印度进行的一项针对外包服务业务的调查显示，对现有的外包服务业务进行调查有助于新创建的外包服务企业总结摸索建立较为完善的外包服务模式。在若干外包服务供应商成功的经验基础上，我们总结出一套可供外包服务供应商在将业务分包到印度时所参考的操作模式，它有助于企业降低业务外包风险，并可以极大地提高业务外包活动取得成功的机会。

【提示】不论你计划提供全套的企业业务流程外包服务（例如，整个人力资源管理业务），还是计划只针对某项业务的某一个特定的部分提供外包服务（例如，专业人士的招聘及任免），你自身所拥有的资源和目前的经营管理能力都是你作出最终决策前应该重点考虑的因素。

从企业开始有将业务外包的想法时起，赢得企业高级管理层的支持和确定开展业务的最佳方式可能需要花费 6 到 12 个月的时间。在这以后，到相关业务正式转移到海外之前，

选择外包服务供应商的过程还需要花费3到6个月的时间。如果要建立一个需要彼此协作的综合服务中心，则还要花费更长的时间。根据整个业务流程的复杂程度，建立一套可操作的业务流程，并使其达到预期的服务水平，无论如何还要再花费3到6个月。

初期在企业内部建立起业务外包意识的阶段，可能需要6到18个月的时间，通常会由几名企业的行政主管发起倡导业务外包的概念，并以实际行动说服其他的行政管理人员接受业务外包的思想，包括向其他企业主管们介绍竞争对手们在业务外包行为上的动向。要想让企业的管理决策团队接受业务外包的主张，向他们展示其他企业的成功案例（最好是在同一个行业里的企业，特别是直接的竞争对手）是很重要的。多数企业都会选择印度的供应商来提供信息技术的设计和咨询服务，但这些来自海外的外包服务供应商通常无法从全局的角度出发，向发包企业的管理层介绍应该如何管理复杂的业务外包流程。其他将业务外包海外的行为还会因为相关的物流问题而变得更加复杂。在决定是否要将总部设立在海外时，最好能够首先拜访美国商务部（U.S. Department of Commerce）的网站（www.commerce.gov），哪怕你只是希望了解一下业务外包海外的可能性，也不妨到这个政府网站上去浏览一番。美国商务部可以为你提供大量的免费信息，包含海外代理机构的信息和各种投资海外的衍生问题，如税务问题等等。

【提示】 确信你所签订的外包协议中已经包含了出现争议时，应该由本地仲裁机构出面协商解决问题的条款。

从外包服务供应商的角度，看签定有效的业务外包协议所需遵循的基本原则

业务流程外包协议经常是由那些与外包业务没有直接关联的企业主管们协商签订的。为确保你的公司能够获得预期的服务水平和成本收益，有必要让相关业务流程将会被外包的各部门主管了解外包协议的详细内容，从而使他们能够在最终的协议签订之前对参与谈判的企业主管们施加影响。以下所阐述的五项“原则”，是对希望建立起成功业务外包合作关系的外包服务供应企业所提出的最基本的要求。

第一项原则：签定恰当的业务外包协议

虽然相关部门的主管们可能并没有直接参与外包协议的谈判和决策，但他们将在评估外包服务供应商的能力和提供必要的知识以确保企业和员工的利益得到保障的过程中发挥

十分关键的作用。

参与外包协议谈判的企业管理者们往往会在对外包服务供应商的生产能力进行调查评估、选择评估各项解决方案和拟定外包协议这一冗长的过程中，忽略企业最初决定将业务外包的初衷。为避免这种情况的发生，每一个参与外包协议谈判的工作小组都应该将企业选择业务外包的原因（例如，缩减经营成本、提高服务质量、削除部分成本支出、削减人工成本等）整理成一份简短但清楚明了的清单，并比照清单中的内容考核外包服务供应商提出的解决方案是否能够有针对性地满足企业的实际要求。做到这一点并不像说起来那么容易。如果发包企业为外包业务谈判成立了专门的“谈判工作小组”，那么需要注意的是，工作小组的成员对外包业务成功与否或是何时结束外包合作关系，与将来负责管理外包业务的其他企业主管们也可能会有所不同。

许多外包服务供应商的相关部门的企业主管们认为，应该选派代表参加外包协议的谈判工作。这样做的目的是，使谈判双方能够就服务的水平和价格达成一项比较长期的协议。如果谈判双方对服务的水平和提供外包服务的价格没有达成令人满意的共识，将来就可能会产生不愉快的结果。要记住，外包服务供应商也需要赚钱。如果交易太过于对一方有利，对服务水平的提高或对新技术和相关业务流程的投入就会受到影响。富有远见的企业主管应该在只重成本的意见在谈判协议商讨过程中占主导地位的时候站出来发表自己的意见，并为其他谈判小组成员提供建议。图 16－1 中为我们展示了外包协议谈判所需经过的各个阶段。

独家谈判的方式

促销工作；高水平的评估；尽责审阅（签定意向书）；协议的签订；业务的转移；运营；对服务水平的再评估

招投标（RFI/RFP）的方式

对招标意向书的反馈；口头回答相关的问题；对标书的反馈；口头问答相关问题；尽责审阅（对应标企业进行筛选）；协议的签订（确定最后的中标企业）；业务的转移；运营

图 16－1　外包协议谈判的各个阶段

除了了解外包谈判所需经历的各个阶段外，还必须要对相关各方的角色和责任作出明确的定义。确认外包项目谈判的主要决策人、咨询顾问、其他决策人、参与谈判的主要人员和谈判工作小组的人选。他们每个人在业务外包过程中都扮演着各自不同的角色，但通过协同合作，他们将会确保既定的目标得到实现，并为项目最终取得成功作出重要的贡献。除了有关的决策人会参与谈判的管理工作外，还有必要为了顺利地完成谈判工作建立一个项目管理办公室（Project Management Office，PMO）。项目管理办公室通常应该在看起来很有可能达成相关协议的情况下成立，并在整个项目谈判进行过程中保持活跃的状态。某些企业会在收到项目招标意向书（RFI）的时候就着手组建项目管理办公室。

第二项原则：尽早采取变革管理的措施

实行变革管理的目的，是确保发包企业对业务外包行为的持续支持。其内容涉及管理学以及如何与客户进行顺畅的交流与沟通。许多外包服务供应商把制定变革管理模式的时期称为“业务移交阶段”或“业务执行阶段”，但只有少数精明的外包服务供应商能够做到让业务变革所产生的负面影响降到最低。变革管理工作应该在外包服务供应商正式介入发包企业的相关业务之前就开始进行，很少会出现协议签订后，外包服务供应商的员工已经来到工作现场时，才开始实施变革管理的情况。必须建立一套与发包企业的员工——尤其是那些将会受到业务外包影响的员工——进行交流与沟通的机制，使他们能够理解业务外包的原因，并感觉到在筛选外包服务供应商期间和之后，自身的利益能够得到某种程度的保护。你在这方面作出的努力将会为客户和你自身的员工带来巨大的利益。这一点并不容易做到。如果你所在的企业不具备专业的人员来完成这项工作的话，可以考虑寻求外部资源的协助。

【提示】这里所说的变革管理，指的是对业务主导权发生的转变进行管理，不同于实际业务经营中所发生的各种变动，如：调整订单和工作指令等。如果业务外包活动涉及大规模的信息技术的调整，那么就要尽早地区分两者的差别，以减少不必要的概念混淆。

相关各方各自有着不同的利益和需求，对外包业务进行变革管理必须要把各方的利益全部包括在内。以人力资源业务外包为例，最常见的工作是需要协调发包企业员工、人力资源部门的管理人员以及高级管理层之间的利益。企业外的相关各方包括财务分析师、股东、工会和现有的外包服务供应商等等。发包企业的变革管理措施最好能够和外包服务供应商的变革管理措施配合进行，从而确保相关信息的传达能够做到清晰连贯。

第三项原则：确保业务转移过渡阶段的顺利完成

简单地说，相关业务的转移过渡阶段是指将相关业务从内部管理人员手中转移到外部服务供应商手中的过程。要想顺利地完成业务的移交过渡工作，发包企业内部员工的配合是必不可少的。如果发包企业员工的工作职位面临裁撤的危险，则需要发包企业和外包服务供应商共同采取相应的措施克服可能出现的阻碍（见第二项原则中的相关论述）。有时有必要采取某些措施，设法留住重要的员工。在这个阶段必须要对员工的流失问题加以严格的控制管理，否则业务外包的过渡工作就将面临失败的危险。

相关业务的转移过渡阶段还可以定义为，对所有相关目标、技术、业务流程和业务进行详细规划与分析，并将结果落实到书面上的管理行为。如果过渡阶段还涉及工作人员的调配，则对人员流动的管理也应属于相关工作的一部分。如果发包企业需要相关业务在外包之后能够维持以前的状态，外包服务供应商的工作重点就应该放在如何让业务保持在目前的状态之上；如果发包企业将业务外包是为了给相关业务带来变革或采用新的技术，那么外包服务供应商就应该重点解决如何完成现有业务向未来业务转化的工作。

• 业务流程的转移过渡。外包服务供应商将负责指派工作小组参与发包企业的一项或多项业务流程。工作小组的成员将包括来自发包企业和外包服务供应商双方的人员。他们将会为完成相关业务的转移过渡工作投入大量的时间。在业务转移过渡阶段，需要制作并编辑好相关的业务转交文件。发包企业的员工和外包服务供应商的员工进行一段时期的“协同工作”会是一个让外包服务供应商顺利掌握相关工作技巧的不错的方法。在相关业务和责任正式移交给外包服务供应商之前，发包企业应该对外包服务供应商接手相关业务的准备程度进行验收。

• 人员的转移过渡。人员转移的规模需要根据合同的性质来决定。如果部分相关员工将转而为外包服务供应商工作，那么通常接下来要做的，应该是组织面试、安排工作和对员工们在试用期的工作进行考评。对发包企业来说，有必要采取措施挽留住重要的员工，并为受到业务外包影响的其他员工妥善地办理辞退和安排出路的事宜。设法挽留重要员工和与其他员工解除工作关系的花费通常会由发包企业来负担。在业务的转移过渡阶段，人员的调配安置问题必须成为企业管理层工作安排的重中之重。

• 技术的转移过渡。如果发包企业需要向外包服务供应商提供经营许可证或是发包企业所拥有的其他经营管理资源和基础设施，则必须对相关的业务移交程序进行详细的文字记录。需要对经营许可证、维修协议、主机、LAN、WAN 以及通讯设备等重要的生产/服务资源进行充分的盘点确认，并决定将哪些资源和设施移交给外包服务供应商。如果第三方将负责管理相关的生产资源，那么一定事先达成协议，以确保相关各方清楚明确地了解各自所应承担的责任。

在业务的转移过渡阶段，应该确定最终的业务监管流程（参见图 16 - 2）。这是一项在业务外包“推出”和“运行”阶段必须完成的基本工作。对外包业务进行监管可以通过多种模式来进行，关键在于指定经过充分授权的人员，对发包企业和外包服务供应商围绕外包业务所展开的合作关系进行日常监督和管理。

在外包协议谈判阶段和业务转移过渡阶段，需要对服务水平协议（SLA）的有关条款和主要的业绩考核指标（KPI）形成共识。共识的最终达成通常会发生在业务转移过渡阶段的尾声。当然，如果有需要将新的业务进行外包或采用新的生产/服务科技，还可以对服务水平和考核标准展开重新讨论（注意：对外包业务完成情况进行考核的工作不应过于繁琐，应该重点关注主要的经营表现指标）。

第四项原则：与发包企业的客户关系经理建立良好的关系

业务流程外包是一个长期复杂的过程，需要有关人员的长期参与。使用业务流程外包服务与购买一般的商品不同，它需要相关员工的共同关怀和维护。从法律上讲，发包企业与外包服务供应商之间是客户与服务供应商的关系，但它可以、而且也应该成为一种精诚合作的合作伙伴关系。

SQA（服务质量审计）	指导委员会		发包企业 高层的支持者 业务的管理人 转移过渡工作小组
	项目管理团队		外包服务供应商 客户经理 外包经理 转移过渡工作小组 业务主管
业务转移过渡阶段的管理团队		外包业务完成过程中的管理团队	
• 外包业务工作小组组长 • 发包企业负责业务转移过渡的工作人员 • 工作小组成员		• 业务主管 • 服务经理 • 完成相关外包业务的工作人员	

图 16-2 监管模型范例

发包企业和外包服务供应商双方都会设有客户关系经理的职位。他们将确保外包业务可能出现的变化能够得到及时、有条不紊的处理。发包企业的客户关系经理应该具有良好的人际关系技能、对企业充分了解、拥有丰富的实践经验和分析技能、并且在企业内拥有良好的声望。他们的级别也应该达到一定的高度，从而能够在职权范围内，对某些突发的情况迅速地作出决策而无需再向上请示。

在适当的场合，给予对方的客户关系经理以得体表扬和褒奖。这是肯定双方关系的一个十分重要的表达方式。它在与对方建立良好关系方面所发挥的作用，几乎与按时出具支票同样有效。

第五项原则：令业务外包活动成为发包企业完成战略转变的动力

协助发包企业顺利地完成外包业务并不代表你能够帮助它们完成战略上的转变。你所能做的就是，在消除发包企业臃肿的机构编制和整合它们的各项业务流程的基础上，给予它们更多时间来考虑和认识自身的需要；同时，更好地了解客户的基本的业务，能使你为它们提供更多富有创意和卓有成效的战略发展计划。此外，作为外包服务供应商，你将比客户拥有更好的资源配置和经营管理方法，从而能够帮助它们更好地实现各自的经营目标。业务外包活动完全有可能帮助发包企业完成战略性的转变。

业务外包活动看重的是经营行为的结果。由发包企业提出既定的目标，由外包服务供应商提供实现目标的解决方案。互相之间一旦建立起充分的信任，参与外包活动的双方员工将会在合作的企业间建立起同时对双方有利的、真正的合作伙伴关系。随着越来越多的企业开始选择将部分业务外包出去，市场上为业务外包项目提供的选择和管理方法都将得到进一步的改善，而业务外包的道路也将越来越宽广（参见图16－3）。

成立核心工作小组
为维护客户关系和项目的落实组建专门的工作小组。工作小组成员在项目的整个开展过程中，都需要承担起相应的责任。
工作小组的成员包括：
• 来自发包企业高层的支持者
• 来自客户（发包企业）的合作伙伴
• 外包服务供应商企业内负责完成具体业务的负责人
• 外包服务供应商的项目专家
• 外包服务供应商的技术指导
制订和实施积极的交流与沟通计划，确保相关各方的知情权，使它们的意见和建议得到充分的咨询。
指派业务转移过渡工作小组负责项目的实施。

团队目标的建立
成立项目水平指导委员会，授权他们对项目的成本、项目的优先权、投资回报率和风险进行管理和决策，并对离岸外包的业务进行风险管理。

基础设施的建立
复制发包企业的硬件、软件、管理系统、操作环境，并建立沟通机制。将自身的经营管理方法与承接的外包业务相结合。

质量体系的确立
共同创建质量管理体系。在高级管理层和经理级管理层建立质量监督报告的监督看板。根据需要或是服务水平协议书中的规定，定期对外包业务的完成情况进行汇报。

在完成业务方面的举措
在经营管理体系、管理方法和实际业务上，对项目管理团队进行培训。

在技术方面的举措
就发包企业提供的专有技术，对项目管理团队进行培训。

项目的正式启动

图16－3　新项目的执行和业务转移过渡阶段的示意图

业务外包服务在全球各地的发展状况

北美

在北美地区，外包业务成长最快的行业是会计、金融、行政管理支援服务、市场营销/销售、物流、人力资源管理、加工制造和新媒体。虽然外包服务业务的整体增长率是15%，但美国和加拿大的小规模企业（销售额在1000万到5000万美元之间的企业）业务外包的增长率预期将会超过25%。

亚洲

外包服务业务在亚洲可望比上一年增长将近50%。制造业所占比例接近一半，信息技术、专业理财服务、法律支持服务和销售代理服务构成了外包服务业务的其他组

（续）

成部分。美国企业正在增加它们外包到亚洲的业务，它们倾向于在日本、中国、印度和中国台湾等国家和地区寻找外包服务供应商。

欧洲

在整个欧洲地区，业务外包的规模正在以每年25%的速度持续增长，英国、法国、意大利和德国的企业更愿意将部分业务进行外包。它们在选择外包服务供应商时，也同样关注欧洲以外的地区，特别是对中国、中国香港、日本、澳大利亚和美国，同时会将一些次要的项目外包到非洲的某些地区。在类别上，运输业务的外包活动显得比较突出，其次是财务服务、信息技术和设备管理。新媒体，特别是网站开发业务，也正处于发展的起步阶段。

澳大利亚

澳大利亚几乎与美国一样完全地接受了业务外包的概念。以澳大利亚的经济规模来说，业务外包活动已经具有相当大的规模，而且仍然在快速地成长；信息技术、财务金融支持服务以及销售/市场营销是发包企业主要的外包业务。而同时，澳大利亚也正在为亚洲提供大量的业务外包服务。

南美

南美的企业仍然对其他人能否把相关的业务做好抱着怀疑的态度，在今后几年里，这种态度恐怕也很难发生转变。虽然南美的13个国家只在洲际间开展了少量的业务外包活动，但许多北美和欧洲的企业正在越来越多地把外包项目交给南美的企业完成。

资料来源：Dun & Bradstreet，Dun & Bradstreet全球外包晴雨表，2000年2月23日，http://www.dnb.com/newsview/0200news6.htm。

结　　论

我们将以一条忠告作为本章的结尾：要对你选择从事的外包服务业务的市场中可能发生的变化做好充分的思想准备。成功的企业家们都知道，如何使消费者不断变化的需求得到满足，在近年来对企业的成功经营已经变得越来越重要。没有哪一个商业领域的变化比外包服务市场中发生的变化更为引人瞩目。新技术、不断增长的国际贸易、日益发展的通讯手段以及日益精明而又需求旺盛的发包企业，都给外包服务供应商们带来了更大的压力，迫使它们必须对自身的服务水平进行不断的改进和完善。

在选择外包服务供应商时，发包企业总会选择那些能够最全面地满足它们需要的企业。而在此之后，它们往往会更为依赖已经选定的外包服务供应商，从而形成长期和双方互利的合作伙伴关系。最能满足发包企业需求的外包服务供应商将在市场上取得最大的成功。努力地成为其中的一员吧。

第十七章

开创外包企业

你一定知道，每次飞机起飞前，飞行员都需要核对一下飞行手册上的注意事项清单。为了确保你外包出去的业务也能毫无故障地“腾空而起”，我们建议你作同样的事情。以下是我们认为你应该列出清单的内容（酌情添加任何适合你所从事的业务领域的内容）。

- 我是否已经通过为别人打工积累了从事业务外包服务的经验和基础知识？这或许是判断你的业务是否能够取得成功以及从事这样的工作是否能够令你感到满意的最佳途径。
- 我是否已经取得了管理外包业务所需具备的资格认证和接受了相关的培训？查询有关这方面的信息，请浏览 www.outsourcingmanagementinstitute.com。
- 我所从事的外包服务业务是否属于一种专项的服务业务？一般来说，提供专项外包服务业务的企业或个人，其经营表现要好于同时提供多项外包服务业务的企业或个人。将业务专项化是否有利于我取得成功？外包服务业务越专越好。
- 我的外包创业计划是否已经落实到书面，其内容是否完整？计划书是否对开业阶段、第一年运作阶段和未来的长远运作计划进行了全面的筹划说明。商业计划书将有效地吸引投资者，并且有助于发现商业构想执行过程中的缺陷。www.bplans.com/commom/products/? affiliate = myownbusin 能够为我们提供超过 400 种不同类型企业的商业计划书样本。
- 我是否为业务模型设计、调查研究、抽样调查和试验制订了适当的预算计划？
- 我是否在市场上对计划推出的外包服务业务进行了宣传？市场反应如何？如果反应不是很好，那么你需要对商业计划进行重新设计、制作和重新测试。
- 我是否针对特定的目标市场制订了相应的市场营销计划？是否理解寻找特定目标市场与迎合一般发包企业需求两者之间的差异？
- 我应该把办公地点放在家里、网上还是街边的店面里？我能以特许经营的方式开展业务吗？
- 我是否了解我的竞争对手？
- 我是否了解自身的长处和短处？

• 我是否准备好了头一年开展业务所需的现金，以确保业务在财务上能够顺畅进行？

• 我是否预备好了必要的电子商务工具？

• 我的全部保险单都已更新并完全有效吗？

• 假如我计划为客户提供账期的话，是否已经制定了相应的客户信用等级评审标准，以确保不会因为客户欠款而遭遇风险？你最不愿意看到的事情一定是某些客户欠款不还，而良好的客户将会尊重你的信用评级政策。

• 我是否看重的是以合理的价格出售优质服务，而不是以高价出售一般的服务？

• 我是否已经准备好了通讯设备、计算机和其他业务工具？

• 我的会计师是否已经全面地解释清楚了聘请合同工人和直接雇佣全职员工之间的差别，我是否已经从他那里了解到遵守 IRS 规定的重要性？

• 下列的企业经营管理要素是否已经安排妥当？

——会计和簿记系统是否已经到位？会计人员是否已经选定？

——我的办公地点是否已经解决？其中包括租约是否已经签订以及装修工作是否已经完成。

——是否已经获得了经营所必需的营业许可和执照？

——企业名称注册了吗？与律师进行核实。

——计算机、电话、手机、传真和水电等其他办公设施运作是否正常？

——广告的图案和宣传推广材料是否准备完毕？

——网站的名称是否已经注册，网站是否已经建立？

——是否已经做好电子商务的基础设施准备工作？

——所有的安全设施是否已经到位？包括办公室保安和室内安全系统的建立。

——我是否已经找到我需要的员工并对他们进行了必要的培训？

——我是否已经制定完成了个人的工作时间表？

现在，您已经知道了在创建一家外包服务企业时应该完成哪些方面的工作。接下来，让我们来看一看表 17－1 中的内容，它列出了导致外包服务企业经营失败的最常见的一些原因。

表 17－1 外包服务企业经营失败的原因

外包服务企业经营失败的原因
缺乏在外包企业服务的知识和经验
对产品的成本和质量控制不力
不愿意寻求专家的专业服务
与员工的关系不佳
不能预见到外包市场的变化趋势
出售的服务价格过低
与客户的关系不佳
未能推广和维护良好的公众形象
与分包商关系不佳
决策管理不利

续表

无法达到管理系统的要求
关键人员出现疾病
未能通过税务规划达到降低税赋的目的
保险不充分
关键员工流失
员工缺乏培训
由于自满而忽视竞争
资产管理不力
流动资本不足
没有足够资金来支持发展机会
未做好预算
赊款太多
忽视了与公司的财务状况相关的信息
没有很好地保留业务记录

定价和宣传推广

不论我们在完成之前讨论过的成本收益分析的时候多么小心，定价始终是一个我们很难控制的管理因素。对于产品/服务价格的制定问题，我们始终找不到一个万无一失的计算公式。有时候，我们在这一点上似乎真的需要一点运气、一点想象力和一点大胆的猜测。不过，这里还是有一些我们可以与你共同分享的基本原则。

不要妄自菲薄地报出过低的价格

正如我们在表 17－1 中所看到的，外包服务企业经营失败的一个常见原因就是报价过低。大多数处于创业阶段的外包服务企业都倾向于报出低于服务实际价值的低价而不是相反。为了避免落入这种陷阱，它们需要调查其他企业的报价水平、毛利率以及相关的信息，并根据这些信息来决定企业自身的价格策略。你可以通过电话推销、访谈或是摹拟服务的方式，了解潜在客户对服务价格的预期。在这一章的后半部分你将会看到一个详尽的、能够为外包服务企业提供相关信息的网站列表，它可以帮助你完成定价调查的工作。

战略性地制定服务价格

你对服务的定价事实上是在向外发送与你业务相关的信息，因此，最好能够将确定服务价格作为市场营销策略的一部分。定价是决定你的外包服务业务在起步阶段的市场地位的最有力的工具。第一步是把定价作为服务定位的基础。某些外包服务供应商在提供高价位和与之相匹配的高质素外包服务方面，已经取得了巨大的成功。除了能够提供较高的毛利率之外，高价位也将有利于它们的业务推广工作。较高的服务价格能够提高外包服务企业的名望、使它们具有独一无二的排他性，同时也能够让人感觉这些企业所提供的外包服务具有较高的价值。

要记住，发包企业并不总是青睐于开价最低的外包服务供应商。在决定产品/服务价格时，需要经常性地考虑到企业定位的问题。如果你相信你的外包服务是最好的，不妨考虑把价格定在竞争对手之上。在另一方面，如果你的经营模式要求你向客户提供低价产品或服务或是折扣的话，就需要把价格降下来以配合企业的定位。

十佳外包国家

印度——人口10亿

据有效统计：印度的信息技术软件和服务出口市场将从2002年的100亿美元增长到2008年的600亿美元。

优势：低工资、税率优惠、高质量的信息技术培训和教育、英语语言优势。

劣势：政治和经济风险、基础设施薄弱。

美国公司在当地开展外包业务的情况：惠普公司在印度有10000名员工，他们从事着软件编程和为其他公司提供IT服务等性质和内容广泛的工作。

中国——人口13亿

据有效统计：中国18岁以下的人口比美国和英国人口相加的总和还要多。换句话说，中国可以提供几乎无限的人力资源。

优势：低工资、教育系统完善。

劣势：侵犯知识产权现象严重、官僚体系、语言劣势（指英语）。

美国公司在当地开展业务外包的情况：IBM去年新开办了三家IT/业务流程外包数据处理中心——两家在香港，一家在深圳。Accenture在东北城市大连建有一个人数1000人以上的软件开发中心。

马来西亚——人口2300万

据有效统计：马来西亚的官僚习气和官僚作风甚至比加拿大还要少。

优势：低成本、高水平的全球整合能力、政府的强力支持。

劣势：盗版猖獗、人口数量不足将妨碍其产业规模达到印度的水平。

美国公司在当地开展业务外包活动的情况：政府支持的“智能城市”cyberjaya已经成为摩托罗拉和IBM公司离岸外包服务中心的地区总部。

续1

捷克共和国——人口1000万

据有效统计：每年的离岸外包服务市场增长率在10%以上。

优势：有竞争力的基础设施成本、完善的教育系统、稳定的商业环境。

劣势：与亚洲国家相比劳动力成本较高，人口数量小限制了市场规模。

美国公司在当地开展外包业务情况：Accenture在这里设有IT和业务流程外包服务中心；IBM和Sun Microsystems设有IT和业务支持中心。戴尔在这里设有针对欧洲客户的多语言服务中心。

新加坡——人口500万

据有效统计：以购买力计算，新加坡是世界上人均收入第二高的国家。但是，它还是吸引了美国公司将它作为地区总部所在地和不断增长的高端技术与服务开发业务的办公所在地。

优势：教育系统、基础设施、知识产权保护、稳定的政治环境。

劣势：较高的劳动力成本、人口数量少。

美国公司在当地开展外包业务的情况：惠普公司在这里设有一个业务流程外包服务中心，Eli Lilly在新加坡设有了一个研发中心。

菲律宾——人口7700万

据有效统计：每年的技术学校毕业生约有15000名，仅排在中国、印度、俄罗斯和巴西之后。

优势：较强的英语技能、低成本、与美国有文化亲和力。

劣势：整体的商业环境不佳、政治不稳定、基础设施薄弱。

美国公司在当地开展外包业务的情况：Convergys，时代华纳，chevron - Texaco，Procter & Gamble，都在此设有电话服务中心和业务流程外包服务中心。

巴西——人口1.82亿

据有效统计：巴西国际电话服务中心的员工人数有望从上一年的700人增长到今年的5000人。

优势：低成本、人口众多、以往的业务流程外包活动取得了良好的效果。

劣势：教育和英语技能薄弱。

美国公司在当地开展外包业务的情况：福特汽车在地处东北的Bahia州设有一个工厂，Flextronics International在圣保罗州设有一个占地172英亩的手机制造和通讯设施产品制造的工业园区。

续2

加拿大——人口3200万

据有效统计：加拿大最大的电话服务中心CGI的电话业务周转率仅为6%，而美国大多数的电话服务中心的周转率都在25%~50%之间。

优势：商业环境良好、高素质的工人、基础设施完善、语言技能。

劣势：成本高于像中国、印度这样的国家。

美国公司在当地开展外包业务的情况：EDS在Nova Scotia拥有1500多名雇员，提供包括电话服务中心在内的多项服务。通用汽车宣布将把一些白领职位转移到加拿大。

智利——人口3900万

据有效统计：智利的首都圣地亚哥是世界上消费最高的城市。

优势：良好的基础设施，包括通讯网络、良好的商业环境。

劣势：成本高于其他拉丁美洲国家，缺乏双语技术，知识产权保护意识薄弱。

美国公司在当地开展外包业务的情况：Citigroup在智利设有软件开发集团和融资咨询中心。

波兰——人口3900万

据有效统计：波兰政府的信息和外国投资部门计划引进的外资中，将有25%来自高科技领域投资。

优势：良好的教育系统、比捷克和匈牙利更低的成本。

劣势：语言劣势（英语）、基础设施较差、商业环境较差，与捷克共和国相比，政治安全性较低。

美国公司在当地开展外包业务的情况：IBM、通用电气和摩托罗拉公司在波兰都设有业务流程外包服务中心。

资料来源：《计算机世界》杂志和InterUnity集团公司，Concord。

了解你在定价时所面临的限制

在从战略的和市场定位的角度考虑产品/服务定价之前，你需要认认真真地审视一下你所从事的外包服务业务所处的真实环境。并非所有的企业都能像政府机构和保险公司一样，任意决定服务的价格。同样，有些牙医和医生可以自行制定价格，而其他为政府医疗结构工作的医生和受保险计划限制的医生则不能自行决定收费的价格。一些公共事业机构和公用事业单位则需要向政府申请获准后才能调整产品/服务价格。

确定价码

要想为你的产品与服务找到最理想的价位，首先需要确定你所提供的产品与服务的最高和最低价位。一定不要让你的收费超过客户当前所预算的、且由内部的业务部门完成相关业务所需花费的成本（除非你的服务能够带来额外的附加价值）。了解你自身为完成外包业务所花费的成本是对外报价的一个关键的组成部分。同样，确定服务成本的"底线"，也是确定最终服务收费的重要一步（参见下一条原则）。确定价格底线将有助于你与客户就价格问题展开谈判，并确定最终的报价。

了解你的价格底线

所谓的价格底线或最低保护价意味着你没有从提供服务的活动中获取任何盈利。因此，你为外包服务所设定的价格一定要高于你完成相关业务所支付的总成本。这看起来是个人人都知道的常识，但许多外包服务企业之所以失败，就是因为它们未能全面地认识到为完成相关服务项目所需支出的总成本究竟会有多少。如果你所提供的外包服务的价格不能使企业盈利的话，你也就没有机会"吸引更多的客户"。

尽可能准确地计算成本支出，以找出你的价格底线。这将使你不至把服务价格定得过低，并由此影响到你的盈利。正如我们在前文中曾经提到过的，定价过低还有可能会让客户产生服务质量也与价格一样低下的联想。这将取决于发包企业对服务价值的认识以及它们愿意为外包业务支付多少成本。

除了成本因素外，外包服务的价格还可能受到以下因素的影响：

- 市场上对你所提供的外包服务业务的需求程度。
- 竞争威胁的程度。
- 国家的政府法规的影响。
- 你所提供的产品/服务是否有可能为其他产品/服务所替代，是否可以由发包企业的内部员工完成。
- 产品定位。
- 生产能力和分销能力。
- 整体市场营销策略。

市场需求评估

几乎所有的外包服务供应商都是在小企业的基础上逐渐发展壮大的，只有极少数例外。有的企业始终在原地踏步，而有的外包服务供应商则可以在短短的几年的时间里成长起来。外包服务企业的盈利能力和发展潜力取决于它们了解自身所从事业务和

续1

作出正确决策的能力。良好的企业发展规划应该既着眼于未来，又能充分认识企业当前的资源、业务和财务状况，并能很好地加以利用。此外，外包服务供应商还应该预见到将来可能对企业的生存与发展产生影响的各种变数。有鉴于此，在正式开展外包服务业务之前，有必要围绕着上述问题，进行一次全面的市场需求评估。

由于企业经营过程中时刻会出现这样或那样的问题，因此，做好完全的准备，让业务的开展有一个良好的开端是十分重要的。在轻率地一头扎入创业者的行列之前，有必要了解你所将从事的外包服务业务究竟包括哪些内容。我们在下面列出部分在拟定创业发展规划时应该注意的问题，希望会对有志创建外包服务企业的人士有所帮助。计划自己开展外包服务业务的人们可以通过对市场需求进行评估，认真思考一下自己动手创建外包服务企业的优势和劣势。

对新的外包服务供应商和外包项目进行评估

目的在于：

- 有助于对相关外包服务市场的了解。
- 有助于市场策略的制定。
- 有助于了解客户希望购买哪些产品与服务。
- 有助于为开展新的服务业务提供参考基础。
- 有助于了解竞争环境。

对现有外包供应商和外包项目进行评估

目的在于：

- 有助于对市场策略进行修订。
- 有助于了解客户需要哪些方面的业务外包服务。
- 有助于发现企业的发展潜力。
- 有助于在供需之间找到平衡。
- 有助于判断目前市场上提供相关服务的情况是否令人满意。
- 有助于了解服务定价的正确信息。

对客户及它们想要的服务进行评估

目的在于：

- 了解客户是否已经认识到业务外包服务所能带来的好处。
- 了解客户需要哪类外包服务。
- 了解客户目前所使用的是哪一类外包服务。
- 了解客户有多大可能购买我们的服务。

续 2

- 了解客户是否愿意为我们提供的服务付款。如果是的话，它们又愿意支付多少成本?
- 了解客户对我们的服务评价如何。
- 了解市场的吸引力如何。
- 了解不同类型的外包服务业务市场究竟有多大。
- 了解市场中有多少潜在的客户。
- 了解哪些服务业务是已经存在的。
- 了解当前外包服务市场的营业额有多少。
- 了解市场发展前景如何。

对市场竞争进行评估

目的在于:
- 了解竞争对手的数量和规模。
- 了解竞争对手的市场份额。
- 了解竞争对手所提供的服务。
- 了解竞争对手的定价。
- 就我们的市场定位与竞争对手进行比较。

附录 1

与外包业务有关的商务站点

外包业务商务站点

为外包服务业务的创业者提供服务的网站

Outsourcing Entrepreneur.com

（www.outsourcingentrepreneur.com）

这是一家为新的外包服务企业所有者和即将开创外包服务业务的人士提供庞大相关资源的站点。

为风险投资商提供服务的网站

Outsourced VC Solutions.com

（www.outsourcedvcsolutions.com）

在这里，风险投资商（VC）可以找到有关业务外包活动对企业盈利产生影响、外包活动对投资回报率的影响以及尽职审阅（due diligence）等各方面的资料。评估和咨询服务可以帮助风险投资商就各类外包企业的投资作出明智的决策。

外包服务供应商的资源供应商

First Outsourcing, Inc.

（www.firstoutsourcing.com）

这个站点可以为新老外包服务企业提供公司创立、咨询顾问以及协助寻找客户与合作伙伴的服务。

外包业务经纪人网站

Outsourcing Providers

(www.outsourcingproviders.com)

在这个站点，你可以与其他的发包企业洽谈外包服务的买卖、交易、交换或经纪服务；此外，你还可以在这里发现企业发展的良机。

普通的商务站点

Business Researcher's Interests

(www.hrint.com/interest.html)

BizTech、搜索引擎和行业名录，提供企业和产业信息，包括会计、金融、市场营销、电讯、法律、国际、工作市场、数据采集、基准、电子商务、电子货币、小商务、知识产权以及更多的其他信息。

Is It Any of Your Business?

(www.fdic.gov/news/conferences/consumerprivacy.html)

提供消费者信息、隐私权保护信息以及金融服务产业信息。包括关于消费者隐私保护的演讲文字和视频文件。

Krislyn's Strictly Business Sites

(www.strictlybusinesssitcs.com)

由 Krislyn Corporation 公司制作。包含与大多商业主题有关的资源，如：财务计算器、存贷款配额、商务交换、商业计划书的编制、付款机制、信用服务、破产法、通货膨胀计算器、特许经营、商业服务机构、多层营销、慈善事业、公众讲演、ISO9000 信息以及风险基金等各方面的信息。

Occupational Outlook Handbook

(www.bls.gov/oco)

内容包括各种不同职业的就业信息，如：与就业有关的注意事项以及"职位介绍、工作环境介绍、就业所需的培训和教育背景资料、职位的收入情况介绍和工作岗位的发展前景介绍"等等。

Wharton School of Business Sites

(http: //oldsite.library.upenn.edu/resources/subject/business/guides.html)

网站适用于所有的商业企业，也包括非盈利组织，是商科学生极好的资料搜集助手。

国际商务网站

Asia Business Center

(www.asiadragons.com/business_and_finance/home.shtl)

包含大量在澳大利亚、中国、中国香港、印度、印度尼西亚、日本、韩国、马来西亚、菲律宾、新加坡、中国台湾和泰国等地经商的信息。

European Union Internet Resources

(www.lib.berkeley.edu/GSSI/eu.html)

美国加州 Berkeley 大学的获奖网站。提供与欧洲的服务器和各类协会的网络链接。有网上的 EU 文件以及来自于欧盟的大学、文档中心、报纸和刊物的其他有趣信息。

Federation of International Trade Associations, Internet Resources

(www.fita.org/webindex/noaccess.html)

本站点包含大量与国际贸易有关的信息，如贸易指导、投资信息、货币、税务、翻译服务、国际法、条约和惯例、贸易壁垒、外籍工作人员信息等等。

globalEDGE

(www.globaledge.msu.edu/ibrd/ihrd.asp)

本站点包含大量与国际商务有关的重要文章和美国密执根州大学国际商务研究中心挑选的商务信息。

GLOBUS and NTDB

(www.stat-usa.gov/tradtest.usf)

包含贸易机会信息、外币兑换率（每天更新两次)、市场调查和报告、农业贸易信息以及进出口价格指数等信息。

Rutgers, Resources for International Business Research

(www.libraries.rutgers.edu/rul/rr_gateway/research_guides/busi/intbus.shtml)

尤其擅长于提供国家和地区信息。包括全文刊登的来自于国际和政府间组织的文件、国家研究报告和经济信息。

Virtual International Business and Economics Sources (VIBES)

(www.library.uncc.edu/display/? dept=reference&format=open&page=68)

使用英语并免费提供超过1600个国际商务和经济信息网站的链接。这些链接包括最新的文章和调查报告、统计表格和图形等。

Virtual Library on International Development

（http://w3.acdi-cida.gc.ca/virtual.nsf）

使用英语和法语，加拿大国际发展署制作。相关信息和资源对于有志与各国开展商务贸易者将大有帮助。

基本经济信息分析

要想了解在你选择的国家开展外包业务的前景，掌握该国的基本经济状况是十分重要的。需要考察的关键性参考指标包括：

- 人口（总数、增长比率、地区分布、年龄、性别等等）。
- 经济统计数据和活动（GNP/GDP、增长率、通货膨胀率）。
- 人均收入、家庭平均收入、财富的分布状况。
- 主要产业。
- 国际贸易统计数据、收付平衡情况、双边贸易情况。
- 货币兑换率。
- 劳动力（规模、失业率、趋势）。
- 科技和产业。
- 当前可利用的技术（计算机、机械、工具等）。
- 投资于新产品/新技术研发的 GNP/GDP 百分比。
- 劳动力的科技技能。
- 基础设施。
- 通讯设施。
- 交通运输设施。
- 公共事业设施。
- 分销渠道。
- 中间人。
- 通常的毛利水平（批发业和零售业）。
- 零售商：数量、一般规模。
- 连锁店、百货商店、特殊商店的功能。
- 农村和城区的市场。
- 媒体。
- 媒体的分布情况及成本：电视、电台、印刷品、其他。
- 人口覆盖的百分比。
- 广告成本。

获取相关信息可以访问四个网站，它们分别是：商业部网站——可以了解到相关的新闻和经济指数（www.osec.doc.gov）；The Monetary 网站（www.imf.org）；Stat - USA 网站，美国商业部制作的国际信息统计网站（www.stat - usa.gov）以及世界银行的网站（www.worldbank.org）——可以获得世界银行编制的世界经济发展报告。

创业阶段的外包服务企业可以利用的国际资源

本国

CIA World Fact book

(www.odci.gov/cia/publication/factbook)

一站式信息搜集网站，能够为计划开展国际外包服务的企业提供全面的参考信息。内容包括描述性文字、地图、图表、经济以及通讯数据和跨国业务交流信息。

国际市场审计和竞争市场

BizEurope

(www.bizeurrope.com)

欧洲一流的进出口名录。

British Companies

(www.britishcompanies.co.uk)

英国公司和它们的监管机构、协会、学会的名录。

Bureau of Export Administration

(www.bxa.doc.gov)

对美国的出口许可、商品分类和商品法规进行监管的机构。

Cross – Border Tax and Transactions

(www.crossborder.com)

重点介绍国际税务规划和交易的站点。可选择美国、加拿大或者国际链接，查询不同内容。

ECeurope.com

(www.eceurope.com)

在这个快速成长的使东欧、中欧和西欧与全世界的国际买家和卖家相联系的电子商务市场，可以发布和查看 BtoB 的有关贸易信息。

EUbusiness.com

(www.eubusiness.com)

欧洲商务社区，内容包括新闻、招标信息、经济数据、即时新闻、网站链接和经济类文件。

ExecutivePlane.com Business Culture Guides

(www.executiveplanet.com)

能够提供国际商业文化和礼仪方面的指导信息。

Federation of International Trade Associations

(www.fita.org)

重点介绍当地、本地区和国内参与国际贸易行为的各类协会的信息。

International Political Economy Network Site for the International Political Economy Community

(http://csf.colorado.edu/ipe)

由学生、教师、专家、社工、国际银行家、贸易工会、工人以及全球其他对全球政治经济话题感兴趣的人群组成的商业论坛。该论坛同时也会适当进行其他论题的讨论。

The Internationalist

(www.internationalist.com)

提供与国际商务、进出口以及其他主题相关的书籍、名录、出版物、报告和地图等资源。

International Trade Administration

(www.ita.doc.gov)

使命：鼓励、协助和提倡美国产品/服务的出口行为；确保美国企业能够平等地进入外国市场；使美国的企业能够与不平等的贸易进口进行竞争，并保护美国产业的工作职位和竞争优势。

Journal of International Business Studies

(www.gsb.georgetown.edu/prog/jibs)

该刊物的宗旨是发表社会科学调查和其他能提高人们商务认知水平的文章。

Management International Review

(www.uni - hohenheim.de—mir)

针对重要的国际管理领域的常识和命题进行介绍和分析的专业刊物。它的目标读者群包括学者及企事业机构的行政管理人员。

Russian Business Directory

(www.rusmarket.com)

介绍俄罗斯和其他新独立国家商业企业资源的名录。

Trade Information Center

(www.trade.gov/td/tic)

在“国家信息”栏里，读者可以按地区和国家分类，找到商务旅行和礼仪方面的信息。

Working Abroad: Country Profiles

(www.careerjournal.com/myc/workabroad/countries)

《华尔街日报》的求职专栏。

World Bank

(www.worldbank.org)

为世界上100多个发展中国家和正处于转型期的国家提供贷款、建议及一系列相关资源。

World Trade Organization

(www.wto.org)

全球惟一的处理国与国之间贸易规则问题的国际组织。它的主要功能是尽可能地确保国家与国家间进行顺畅的、可预测的以及自由的贸易交流。

亚洲

Asia One

(www.asia1.com.sg)

了解亚洲的新闻、商务以及生活方式的渠道。

Asia - Pacific.com

(www.asia - pacific.com)

提供及时的、战略性的地区商务信息，在这里可以找到相关的数据、专家信息、新闻、分析文章、书籍、刊物（文章的全文）以及其他方面的资源。

eThailand.com

(www.ethailand.com/express)

在这里可以了解泰国的新闻、商务和经济信息以及其他更多方面的信息。

Hong Kong Trade Development Council

(www.tdctrade.com)

推广香港商品与服务贸易的官方组织。

Japan External Trade Organizations (JETRO)

(www.jetro.go.jp)

旨在促进日本与其他国家互利互惠的贸易交流的、有政府背景的非盈利组织。

Keidanren

(www.keidanren.nr.jp/A2J)

在这里可以找到日本的采购商名单。

Mizuho Securities Research & Links

(www.mizuho-sc.com/english/ebond/index.html)

可以提供英文的、与日本相关的金融、经济、政治和法律信息。

Singapore Online

(www.singapore.com)

提供所有有关新加坡商务的一站式链接。

U.S.-China Business Council

(www.uschina.org)

美国公司在中华人民共和国进行贸易和投资的主要组织，成立于1973年，委员会通过在华盛顿特区、北京和上海的办事处，为250多家企业会员服务。

U.S.-Thailand Business Council

(www.ustbc.org)

旨在促进美国公司与泰国上市公司和私人企业建立长期联系的组织。

Web India

(www.webindia.com)

介绍与印度公司做生意的相关信息。

欧洲

Business in Poland

(www.poland.com/modules.php?name=Business)

有关波兰的网上商务指南。

Finfacts

(www.finfacts.ie)

提供广泛的、与爱尔兰相关的金融和商务信息。

拉丁美洲

Latin Trade

(www.latintrade.com)

提供与拉丁美洲相关的商务资源。

中东

Middle East Business Information

(www.anseinfo.com)

总部设在 Abu Dhabi。提供全面的、与中东相关的商务信息。

国际贸易协会

Agency for International Trade Information and Cooperation (AITIC)

(www.acici.org/aitic/index.html)

旨在增强缺乏竞争优势的发展中国家和处于经济转型期的国家经济实力的国际组织，倡导国家间进行更加积极有效的贸易往来，主张各方从多元贸易体系中获益。

America - Asian & Associates

(www.america - asian.com)

一家为有兴趣在中国和亚洲其他国家开展商务的北美公司提供国际商务管理服务的咨询顾问公司。

American Australian Association (AAA)

(www.americatsaustralian.org)

旨在促进美国、澳大利亚、新西兰之间贸易的组织。网站上提供会员信息、事件信息以及其他相关链接。

American Importers Association

(www.americanimporters.org)

能够把全世界的出口商带到美国进口商和批发商面前。

American - Russian Business Council

(www.russiancouncil.org)

总部位于美国，在俄罗斯设有办事处，专门从事两国间的贸易和投资推广活动，并提供国际商务支持服务。

APEC - CHINA

(www.apec - china.gov.cn)

水果和蔬菜加工技术的产业化国际论坛和展览会。

Asia Pacific Foundation of Canada

(www.asiapacific.ca)

加拿大的亚洲问题智库，能够提供当前亚洲和加拿大间的跨洋商务关系的全面信息、调查和分析。

Association of Forfaiters in the Americas, Inc.（AFIA）

(www.afia - forfaiting.org)

推广中长期票据收购服务（包括金融/贸易类票据），提供事件、新闻、成员列表以及联系信息。

Association of German Australian Industry

(www.gernsany.org.au/htnsl/dcfault.htm)

宗旨为促进德国和澳大利亚间的双边贸易，对寻找贸易伙伴的成员和公众提供支持。

Atlanta British American Business Group

(www.babg.org)

致力于推广美国和英国各类规模的商业企业间的贸易、投资和商务机会。

Australia Arab Chamber of Commerce

(www.austarab.com.au)

致力于推广澳大利亚和中东以及北非间地区双边贸易的非盈利组织。

Australian Business Network in Italy

(www.australianbusiness.it)

在意大利经商的澳大利亚企业，或与它们做生意的及在澳大利亚的意大利企业可以相互交流沟通的网上论坛。

Brazil Chamber of Commerce and International Business

(www.braziltampa.org)

提供大量美国和巴西企业信息的国际性组织，提供英语和葡萄牙语服务。

Brazil - U.S. Business Council

(www.brazilcouncil.org)

双边贸易组织，提供美国、巴西私营企业交流沟通的高级论坛。

The British - Caribbean Chamber of Commerce

(www.britishcarihbean.com)

提供与英国和加勒比地区相关的事件、贸易活动、新闻、联系人以及如何加入这个团体的信息。

Business Council for International Understanding

(www.bciu.org)

BCIU是一家美国的商业协会，其宗旨是以拓展国际商务交流为目的，促进企业和政府间对话和行动。

Canada New Zealand Business Association (CANZBA)

(www.canada - nz.org.nz)

协会宗旨是促进加拿大与新西兰之间的两国贸易。网站内容包括协会宗旨、历史、理事成员介绍、服务、新闻事件和协会的各种活动安排等。

Coalition of Service Industries

(www.uscsi.org)

该企业组织的宗旨是减少世界其他国家和地区对美国服务出口的贸易壁垒以及建设性地改善美国的国内出口政策。网站内容包括事件、出版物和成员信息等。

Consuming Industries Trade Action Coalition (CITAC)

(www.citac.info)

提倡有利于美国消费品行业的相关政策法规。

The Danish American Chamber of Commerce in New York

(www.daccny.com)

专门推广丹麦和美国间商业交流的会员组织。

Dominican - American Chamber of Commerce

(www.amcham.org.do/english)

双边商业组织，宗旨是在多米尼加共和国与美国间搭建促进互惠贸易、改善投资关系以及交流相互观点的平台。

Federation of International Trade Associations

(www.fita.org)

由美国、加拿大和墨西哥企业组成的相互交流信息的贸易协会。

Fédéraeion Internationale des Déménageurs Internationaux

(www.fidi.org)

FIDI是一个全球性组织，它代表世界各地全部经认证的专业国际搬运公司。

Foreign Trade Association

(www.fta - eu.org)

代表欧洲企业的贸易利益，总部设在布鲁塞尔。提供会员信息。

Foundation for Russian - American Economic Cooperation

(www.fraec.org)

一家经政府授权的、在美国和俄罗斯间积极创造商业机会的非盈利组织，重点服务美国西海岸和俄罗斯远东地区的商业企业和政府组织。

The G77 Trade & Information Network

(www.g77tin.org)

该组织通过各地的商会组织，为企业进入发展中国家提供服务；同时提供集体讨论、培训资源以及召开相关问题研讨会等会员服务。

International Accreditation Forum, Inc.

(www.iaf.nu)

由世界各地产品认证机构组成的专业协会。它的首要职能是推广世界各地的产品认证机制，从而消除非关税贸易壁垒。

International Agency for Economic Development

(www.iaed.org)

与联合国合作的商业慈善组织。

International Association of Administrative Professionals

(www.iaap - hq.org)

负责行政管理工作的员工组成的世界组织。

International Chamber of Commerce

(www.iccwbo.org)

惟一代表世界各地各行业企业利益的国际组织。

International Executives Association

(www.ieaweb.com)

一个在会员企业间实现信息分享的精英论坛组织。

International Import - Export Institute

(www.expandglobal.com)

是对全球的进出口贸易专业程度进行认证的国际团体。

The Italian Chamber of Commerce and Industry in Australia Inc.

(www.italchambers.net)

该组织的主要活动是促进意大利和澳大利亚企业间的贸易和商业交流。

The Moroccan American Business Council Ltd.

(www.usa - morocco.org)

是促进摩洛哥王国和美国间贸易与投资活动的非盈利组织。

National Association of Foreign - Trade Zones

(www.naftz.org)

由参与美国外国贸易区项目的相关实体、个人和企业组成的非盈利组织。

New Zealand German Business Association Inc.

(www.germantrade.co.nz)

德国商会设在新西兰的代表机构，宗旨是推广德国与新西兰之间的双边贸易。

Polish Economic and Business Association (PEBA)

(www.peba.org.uk)

总部设在英国，宗旨是在波兰推广经济和商业发展意识。网站提供新闻、活动日程、会员信息以及会员专用的网络论坛服务。

Puerto Rican Chamber of Commerce of South Florida

(www.puertoricanchamber.com)

该组织致力于改善社区的商业环境，推广南佛罗里达和波多黎各的商业贸易活动。位于美国迈阿密。

Research Unlimited

(www.wheretodoresearch.com/Assns.htm)

通过该网站可链接到150多个美国主要的专业协会、贸易协会以及贸易团体的官方网站。

Swiss Australian Chamber of Commerce and Industry (SACCI)

(www.sacci.com.au/sacci/sacci.home.nsf)

协会的宗旨是为澳大利亚和瑞士间的大中小型企业提供商业服务。

Sweden Trade Council

(www.swedishtrade.com)

协会的宗旨是帮助瑞典企业真正持久地提高它们在北美的销售业绩。

Tradeco Export Import Industries Development Association

(www.tradecoexportimport.net)

提供进出口资讯的非盈利组织。备有多种语言的服务，可以以英语、意大利语、德语、法语、葡萄牙语和俄罗斯语进入。

TransAtlantic Business Dialogue

(www.tabd.com)

为增强大西洋沿岸的商业社区和欧盟和美国的政府间的合作而搭建的交流平台。

World Federation of Direct Selling Associations

(www.wfdsa.org)

宗旨是在监管、教育、通讯、消费者保护以及道德方面宣传直销活动的协会组织。网站提供新闻、法律概要和相关的说明文件。

World Technology Network

(www.wtn.net)

通过整合各个领域——技术、金融、市场营销、政府——的资源，以鼓励新技术的发展的协会组织。网站包括相关事件信息和会员信息。

附录2

顶尖的外包服务供应商名录

企业将部分业务外包的目的不是要放弃对相关业务的控制权，而是出于相信商业伙伴能够把业务做得更加完美的信念。信任只会随着交往时间的累积和交往次数的增多而逐渐建立，但了解企业所在的业务领域有哪些最值得信赖的外包服务供应商，可以缩短建立信任感的过程。为此，本章与本书中其他章节不同，仅根据外包服务供应商所提供的服务类别，列出知名外包服务供应商的名单。在名单中，你可以看到每个外包服务供应商的联系方式和一段简短的业务职能描述。附表 1 则列出了在 2004～2005 年度名列前茅的外包服务供应企业。

【提示】 名单的更新资料和新增外包服务供应商资料可以在本书相应的参考网站找到，网址是：www.TheBlackBookOfOutsourcig.com.

附表 1

业务类别

会计和审计	应用开发
应付账款	应用维护和重组
应收账款	应用管理
行政和管理支持服务	建筑和工程
银行和财务	内勤处理
福利管理	IT 存储管理
企业持续服务	IT 策略和规划
企业流程外包（BPO）	IT 支持服务—内嵌系统
企业服务重组	IT 支持服务和企业应用
企业支持系统	IT 系统和数据集合
电话中心	IT 系统发展

续表

资本业务管理	IT系统整合
渠道解决方案	贷款处理
收款	物流
宣传管理	可控应用系统
建筑	可控服务供应商
内容解决方案	制造和工程
信用服务	抵押银行业务
客户交流服务	网络管理
客户关系管理（CRM）	办公解决方案和文件转换
计算机安全和基础设施支持	薪金
数据库管理	药品
设计和多媒体	营业网点解决方案
文件生成和管理	印刷和交付使用
文书处理	采购和外包匹配
电子学习和教育	专业招聘机构
员工联系和服务中心	项目管理
员工解决方案	不动产管理外包
能源分析	招募过程外包
企业资源计划（ERP）与实施	调查和分析
企业储存方案	零售
环境管理	安全
费用管理	销售和营销
设施管理	科学和工程业务外包
金融和金融服务	软件质量保证/测试
表格处理/BPO	安置职工和劳动力
全球运输和资源搜索	战略性IT资源外包合作伙伴关系
政府资源	供应渠道管理
医院、诊所和医疗服务	系统整合和咨询
人力资源（HR）	人才和人力资本外包
信息检索	税务服务
信息技术（IT）	电信
内包和交互外包	电话和企业宣传
保险系统	培训和员工发展
交互信息	业务处理
ISP咨询台服务	变革性外包
IT基础设施管理	学费和奖学金服务
IT主机和服务器管理外包	风险资本外包服务
IT业务管理和企业灵活性管理	网站开发
	网站发布
	劳动力咨询和管理

附表2　　2004—2005 TOP OUTSOURCING VENDOR

TOP RANKED 2004—2005 VENDORS									
	外包管理协会 50家管理最好的外包买家	资源总监协会 18家消费者最满意度和表现等级最高的企业	25家美国最大的BPO行动	BPOrbit 15家最好的业务流程外包服务供应商	Data Quest 25家国际收入最高的业务流程外包服务企业	DQ－IDC 10家最好的业务流程外包雇主企业	HRO 9家最好的企业人力资源外包服务供应商	Nasscom 20家最大的印度外包软件和IT服务供应商	AMR 5家最好的远程数据中心管理服务供应商
IBM Global/Daksh	1	X	X	X	X	X	X	X	X
Accenture	2	X	X		X			X	
Hewlett Packard	3	X	X	X	X	X		X	X
Mphasis	4	X	X	X	X			X	X
Ernst & Young/Capgemini	5	X	X	X	X				
Wipro Spectramind	6		X	X	X	X		X	X
ICICI Onesource	7	X		X	X		X	X	
eFunds Global Outsourcing	8	X	X	X	X				
Convergys	9	X			X		X		
Affiliated Computer Systems (ACS)	10	X	X		X		X		
Sutherland Technologies	11	X		X	X	X		X	
Oracle On Demand	12	X				X			
Hewitt/Exult	13		X				X	X	
HCL Technologies	14		X	X	X	X		X	X
Xansa	15	X	X		X				
CSC	16	X	X		X				
Unisys	17		X		X				
Keane	18		X			X			
Satyam	19		X					X	
CGI	20		X		X				
Cognizant	21		X						
24/7 Customer	22	X			X				
Intelligroup	23	X			X				
Northrop Grumman Information Technology (IT)	24	X			X			X	

续表

TOP RANKED 2004—2005 VENDORS									
	外包管理协会 50家管理最好的外包买家	资源总监协会 18家消费者最满意度和表现等级最高的企业	25家美国最大的BPO行动	BPOrbit 15家最好的业务流程外包服务供应商	Data Quest 25家国际收入最高的业务流程外包服务企业	DQ－IDC 10家最好的业务流程外包雇主企业	HRO 9家最好的企业人力资源外包服务供应商	Nasscom 20家最大的印度外包软件和IT服务供应商	AMR 5家最好的远程数据中心管理服务供应商
Infosys	25		X			X		X	
Getronics	26						X	X	
Covansys	27		X						
Syntel	28		X						
Ceridian	29	X							
Spherion	30					X		X	
ADP	31						X		
i－Flex	32							X	
TATA Infotech TATA Consulting	33		X	X	X	X			
GE	34				X				
Siemens Business Services	35		X					X	
Atos Origin International B.V.	36								
InfoCrossing	37	X		X					
Datamatics	38		X	X				X	
Outsourced Partners International	39				X				
TechBooks	40			X	X				
i－Gate	41							X	
Office Tiger	42				X				
Perot	43		X					X	
EDS	44		X				X		
Patni Computer	45							X	
Gevity HR	46						X		
V Customer	47			X					
SourceNet Solutions	48				X				
WNS Global	49			X					
Deloitte	50								

下列的这些企业，在列表中出现的次数不止一次。这说明它们提供跨行业、跨类别的外包服务业务。(为方便读者查找更多关于相关企业的信息，在此仅以英文列出类别及公司名。)

Accounting and Audit

Daksh IBM
Deloitte
Ernst & Young LLP
Hewlett - Packard (HP)
Outsource Partners International, Inc.

Accounts Payable

Accenture
API Outsourcing, Inc.
CoEfficient Back O fice Solutions
Earnest John Technologies (EJTL)
LASON

Accounts Receivable

Earnest John Technologies

Administrative and Management Support Services

ACS
eFunds Corporation
FOCUS AMC
Investment Administration Sciences Inc.
NIIT SmartServe Ltd.
Office Tiger
OKS Group
TopSource Global

Application Development

Accenture
Aquent Inc.
Cognizant Technology Solutions
Covansys
Data Return
Espire Infolabs Inc.
Gateway TechnoLabs
Larsen & Toubro (L&T) Infotech
Mastek
MphasiS
NIIT Technologies
Olive Optimized e - Business Solutions
Perot Systems TSI India, Limited
Polaris Software Lab Limited
Siri Technologies
Softtek

Application Maintenance and Reengineering

Accenture
Cognizant Technology Solutions
Infosys - Progeon BPO Division

Application Management

CSC Financial (Computer Sciences Corp.)
CTG
Mahindra - British Telecom (MBT)
iGATE
Perot Systems TSI India, Limited
Syntel, Inc.

Architecture and Engineering

All States Technical Services
Satyam

Back - Off ice Processing

Barry - Wehmiller International Resources (BWIR)
Datamatics
eDATA Infotechp Ltd.
eFunds Corporation
emr Technology Ventures
EXL Service
HCL BPO
eFunds Corporation

DOW Networks
eTelecare
GTL Limited
ICICI OneSource
LiveBridge
NIIT SmartServe Ltd.
OKS Group
PacificNet Communications
Perimeter Technology
SSI Inc.
Telelink, The Call Center, Inc.
Tecnovate eSolutions
vCustomer
VMC
WNS Global Services
Zenta Technologies

Capital Business Management

GE Capital International Services

Channel Solutions

Aquent Inc.

Collections

Ajuba Solutions
CCR Services
D&B Receivables Management Services
eFunds Corporation
Epicenter
STA International

Communications Management

Pitney Bowes, Inc.

Construction

Larsen & Toubro (L&T) Infotech

Content Solutions

TechBooks

Credit Services

CSC Credit Services
NCO Group

Customer Interaction Services

eFunds Corporation
Wipro Spectramind

Customer Relationship Management (CRM)

AFFINA
Bearing Point
ClientLogic
Compass Technology Management
Convergys Corporation
i－f lex Solutions
RightNow Technologies
Strategic Alliances LLC
Sutherland Global Services
TATA Consultancy Services
TeleTech
vCustomer
WNS Global Services

Cybersecurity and Infrastructure Support

CISCO
Northrop Grumann

Database Management

Oracle On Demand

Data Center Management

Acxiom Corporation
CTG
Digica Ltd.
SARCOM
VMC

Design and Multimedia

Designscape
Intetics Co./Web Space Station
Redix Web Solutions

Document Creation and Management

IKON

Pitney Bowes, Inc.

Document Processing

Advanced Business Fulfillment (ABF)

Cendris

E – Learning and Education Solutions

TATA Infotech Ltd.

Employee 联系人 and Service Centers

Exult, Inc.

Employment Solutions

Kenexa

Spherion

StratSource

TalentFusion

Energy Analytics

SourceNet Solutions

Enterprise Resource Planning (ERP)

Implementation

Computer Enterprises Inc.

ERP Outsourcing Asia Pte Ltd.

Global Business Services

ReSourcePhoenix.com

Terra Solutions

Enterprise Storage Solutions

Satyam

Environmental Management

Heritage Environmental Services

Expense Management

Gelco Information Network

Facilities Management

Eastco Building Services

Johnson Controls – Facilities Management

Outsource Management Group

Siemens Building Technologies, Inc.

Staubach Management Services (SMS)

UNICCO

Finance and Financial Services

Accenture

Aquarian Group

Capggemini

Daksh IBM

eFunds Corporation

Geller & Company

HCL BPO

Hinduja TMT Ltd.

Kanbay

KPMG LLP

NCO Group

Outsourcing Partners International Inc. (OPI)

Sundaram Finance Group

Forms Processing/BPO

Forms Processing, Inc. (FPI)

MphasiS

Global Delivery and Sourcing

Accenture

eFunds Corporation

HCL BPO

MphasiS

TATA Consulting Services (TCS

Trowbridge Group)

Government Sourcing

Covansys

JPMorgan

联系人: Doug Criscitello

Keane, Inc.

Unisys Corporation

Healthcare, Hospital, and Medical Services

Ajuba Solutions

Amisys Synertech

Eclipsys

First Consulting Group

Keane, Inc.

LASON

Perot Systems Corporation

Human Resources (HR)

1st Odyssey Group

Accenture HR Services

ACS

Administaff

ADP (Employer Services)

Advantec

AlphaStaff Group Inc.

Aon Consulting

ARINSO International

Ceridian Centrefile

CheckPoint HR

Complete HR

Convergys Employee Care

EADS (European Aeronautic Defense and Space Company)

EDS

Exult, Inc.

Gevity

Hewitt Associates

HRCentral

HR XCEL

Manpower

Mellon HR Solutions

Mercer

PlatformOne

RSM McGladrey Employer Services

U.S. Personnel, Inc.

Xchanging

Information Retrieval

OfficeTiger

Information Technology (IT)

ACS

Amnet Systems Private Limited

Bearing Point

Capgemini

CGI

EDS

Fortune Infotech

Getronics

Hewlett - Packard (HP)

IBM Business Consulting Services

Infosys Technologies Limited

i - Vantage Inc.

Keane, Inc.

NEC

Perot Systems Corporation

Siemens Business Services, Inc.

Siri Technologies Pvt. Ltd.

TATA Consultancy Services (TCS)

Unisys Corporation

Wipro Technologies Xansa

Insourcing and Outsourcing Consulting

First Sourcing

Insurance Systems

Accenture

AIG Technologies

Allenbrook, Inc.

Ebix Inc.

HCL BPO

Hinduja TMT Ltd.

ICICI OneSource

Insurance Data Services

Pilgrim

Interactive Messaging

SmartSource Corporation

ISP Help Desk Services

Hughes BPO Services

IT Infrastructure Management

Capgemini

IT Mainframe and Server Management Outsourcing

Bridgestone/Firestone Information Services (BFIS)

Infocrossing

(i) Structure, Inc.

NEC

VMC

IT Performance and Organizational Flexibility

Keane, Inc.

IT Storage Management

Softek

IT Strategy and Planning

Booz Allen Hamilton Inc.

IT Support Services – Embedded Systems

MphasiS

Patni Computer Systems Limited

Applications

BlueStar Solutions

Covansys

DecisionOne Corporation

MachroTech, LLC

MphasiS

Patni Computer Systems Limited

TMA Resources

Xansa

IT Systems and Data Hosting

Data Infosys Ltd.

IT Systems Development

Arambh Network

Hexacta

Reliable Integration Services

SEEC Software

IT Systems Integration

Bearing Point

Birlasoft

CGI

Loan Processing

LASON, Inc.

Logistics

ArchiLog

Cendian Corporation

Jacobson Companies

Power Logistics

TSi Logistics

Wilson Logistics Inc.

Managed Application Systems

Unisys

Managed Service Providers

CISCO

i – Structure

TriActive, Inc.

Manufacturing and Engineering

AeTec International, Inc.

Benchmark Electronics

Birch Group

Cendian Corporation

联系人：Betsy Bishop

International Smart Sourcing (ISS)

USA – BPO

Marketing Program Management

WNS Global Services

Mortgage Banking

Infosys – Progeon BPO Division

iSeva

Marlborough Stirling

U.S. Bank

Network Management

Getronics

Information Management Systems, Inc.

Off ice Solutions and Document Conversion

Xerox

Payroll

Accenture

ADP

LeadingEdge Payroll Group Inc.

MBS

SourceNet Solutions

Pharmaceutical

Estco Medical

TGA Sciences, Inc.

Point Solutions

Siemens Business Services

Printing and Fulf illment

PrintGPO, Inc.

Procurement and Outsourcing Matching

Ariba

Global Outsourcing Partnership

Prosero

Professional Employer Organizations

ADP TotalSource

Project Management

Keane, Inc.

Real Estate Management Outsourcing

CoreBriX

Equis Corporation

Trammell Crow Company

Recruitment Process Outsourcing

Accolo

Adecco Recruitment Management Solutions

BrassRing

Hudson Resourcing

Hyrian

Kenexa

Recruitment Enhancement Services (RES)

Research and Analytics

Office Tiger

Retail

Satyam

Safety

PlanTech, Inc

Sales and Marketing

ACS

Advoca, Inc.

American Customer Care, Inc.

ClientLogic

Colwell & Salmon Communications

Epicenter

Sutherland Global Services

VMC

Scientific and Engineering Business Outsourcing

SAIC

Software Quality Assurance/Testing

AppLabs, Inc.

Caresoft Inc. Software Quality Assurance Labs
Perot Systems TSI India, Limited
Thinksoft Global Services

Staffing and Workforce

Kenexa
Manpower Inc.
Quintech Solutions Inc.
Vedior

Strategic IT Partnership Outsourcing

Intelligroup
Accenture
ACS
AMG Logistics
Ariba
EchoData West
Eurobase Limited
GENCO
Kaye – Smith
Logisteon Supply Chain Solutions
Prosero
StarTek, Inc.
Supply Chain Dynamics Inc.

Systems Integration and Consulting

Bearing Point

Talent and Human Capital Outsourcing

Hewitt Associates

Tax Services

CIC Enterprises
Ernst & Young LLP
Outsource Partners International, Inc.
PricewaterhouseCoopers (PwC)

Telecommunications

AT&T Solutions
Getronics
Hughes BPO Services
International Network Administration
Mahindra – British Telecom (MBT)
MSS* Group, Inc.

Telephony and Business Communications

Avaya

Training and Staff Development

Accenture
Edcor
Exult, Inc. (Hewitt)
Intrepid Learning Solutions
Raytheon Professional Services (RPS)

Transaction Processing

Accenture
Datamatics
Diversified Information Technologies
ICG Commerce
ICICI OneSource
Outsource Partners International, Inc.

Transformational Outsourcing

Accenture
Deloitte

Tuition and Scholarship Services

Scholarship Management Services
Edcor

Venture Capital Outsourcing Services

Outsourced VC Solutions

Web Development

Consortium Business Services
Direction Inc.
eonBusiness
Integrica
Kawin Interactive Inc.
Lead Dog Design & Development
Tim Kirker Creative

Web Publishing

OfficeTiger

Workforce Consulting and Management

Veritud

1st Odyssey Group

联系人：Dave Rettig

联系电话：817 - 508 - 7402；传真电话：817 - 508 - 7403；e - mail：drettig@1stodyssey.com

网址：www.1stodyssey.com

1st Odyssey 是全球顶尖的专业人才招聘企业之一，其业务是帮助中小企业实现非核心业务的外包。

24/7 Customer

联系人：Hemalatha Najr

联系电话：080 - 2841 - 0775，Ext.141；传真：080 - 2841 - 1767；e - mail：hemalatha.nair@247customer.com

网址：www.247customer.com

24/7 Customer 是一家全球顶尖的业务流程外包服务供应商和电话服务中心服务提供商。它为客户提供一系列的外包服务，涉及客户经营管理的方方面面。24/7 Customer 能使你所在的企业对业务外包的各个环节进行有效的管理，并通过客户分析，对客户的整体经营管理模式提出极具前瞻性的建议。

Accenture

联系人：Laurie M. Schiro

联系电话：312 - 737 - 8842；e - mail：laurie.m.schiro@accenture.com

网址：www.accenture.com

Accenture 是一家全球性的管理咨询、技术服务和外包服务公司。Accenture 倡导不断创新，致力于帮助身为客户的商业企业和政府机构实现一流的绩效管理。该公司拥有一大批熟悉各行各业经营管理和业务流程的专业人才，遍及全球的商业资源和良好的历史纪录，这使得 Accenture 能够灵活地调配合适的人才，运用恰到好处的工作技巧和科学技术，有效地帮助客户提高他们的经营业绩。近二十来年，经过他们与各行各业的顶尖企业一起努力创新，业务外包已经成为一个不可或缺的商业工具。通过业务流程外包服务的各个部门——包括财务管理、人力资源管理、培训、采购管理、电力服务管理、电子商务管理、保险服务管理等部门，Accenture 已经能够为客户提供全套的外包服务——如应用外包服务、技术基础设施外包服务、个性化业务流程外包服务以及标准化最佳业务流程外包服务等等。

Accenture HR Services

联系人：David Clinton

联系电话：312 - 737 - 8842

网址：www.accenture.com/hrservices

Accenture 人力资源服务部门提供的服务项目包括：客户联络服务、退出服务、信息服务、学习服务、人力资源咨询服务、工资与福利服务、经营表现服务及资源服务等。利用先进的技术和业内最好的人力资源管理实践经验，Accenture 人力资源服务业务为规模较大的企业提供个性化的综合人力资源解决方案，涵盖员工从被公司录用到退休的各个阶段。同时，它也为中型企业和个人提供更为标准化的综合人力资源管理服务。

Accolo

联系人：Matt Cooper

联系电话：415 - 785 - 7833；e - mail：mcooper@accolo.com

网址：www.accolo.com

Accolo 提供全套的人员招聘服务。作为职业中介服务机构，它可以在平均 13 天内，为遍布全美国的公司寻找某个职位空缺的候选人、进行前期面试、并把初步筛选过关的人选推荐给用人企业。它们所提供的 RPO 服务包括：与用人企业招聘员工的经理人一起对招聘过程进行直接管理；负责客户员工招聘的主要工作；提高客户企业在员工招聘方面的口碑；对候选人甄选过程进行跟踪管理；整合所有候选人的资源；提供从用人企业的经理人提出要求到成功推荐候选人的整个流程的全套服务；对每一位候选人进行评估；利用各种资源获取、搜集和提供 EEO 的相关数据；对成功录用的候选人进行跟踪调查，确保他们能够满足用人企业的要求。

Accord Human Resources

联系人：Jason Skaggs

联系电话：405 - 232 - 9888，Ext. 141；传真电话：405 - 232 - 9899；e - mail：jskaggs@accordhr.com

网址：www.accordhr.com

Accord Human Resources 通过提供全面的外包业务人力资源管理解决方案，帮助中小型企业提高生产力和盈利能力。Accord 提供以下服务：人力资源管理、福利管理、薪金和税务管理以及风险管理。

ACS

联系人：Lesley Pool

联系电话：214 - 841 - 8028；传真电话：214 - 584 - 5873；e - mail：lesley.pool@acs - inc.com

网址：www.acs - inc.com

ACS提供的人力资源管理服务涉及包括人员筛选、薪酬管理、人员发展培训和员工挽留等各个环节。具体的服务项目包括：薪金处理和管理；福利管理、招聘、岗位分配和录用服务；人事管理；人力资源系统支持和管理；员工教育与培训服务；员工服务中心和岗位调动服务。ACS为全世界的商业企业和政府客户提供全面多样的业务流程外包和信息技术（IT）外包的人力资源管理解决方案。ACS拥有43000多名员工，服务范围遍及全球近百个国家，客户中不乏众多蓝筹企业。ACS擅长于技术管理。它们提供的管理服务包括电子和纸张文档的管理和记录、设配和资产的购买以及工作设施管理等。ACS的解决方案包括文档管理、商业记录管理、资产管理、安全管理和设备管理。

Acxiom Corporation

联系人：Jane Vitro

联系电话：501 - 342 - 1000；e - mail：jane.vitro@acxiorn.com

网址：www.acxions.com

销售咨询联系电话：888 - 322 - 9466

联系人：Peggy Walters

联系电话：+44 020 7526 5134；传真电话：+44 020 7526 5261；

e - mail：peggy.walters@acxmom.com

Acxiom提供外包服务业务已经拥有超过30年的历史。该公司的1200名技术专家为遍布美国和英国的7个数据中心的6000个服务器和18000个主机MIPS提供技术支持服务。公司的服务范围广泛，包括提供IT基础设施专门技术以及解决客户企业的特定问题等等。

Adecco Recruitment Management Solutions

联系人：Ray Roe

联系电话：631 - 844 - 7800

网址：www.adeccousa.com

联系人：Chris King

联系电话：+411 878 8838；e - mail：Chris.King@Adecco.com

Adecco招聘管理部门是人力资源管理巨头Adecco负责员工招聘的分支机构。Adecco广泛地服务于全球的汽车业、银行业、电子业、物流业和电信业企业，同时也为美国本土企业提供灵活的员工招聘解决方案。Adecco的服务包括员工临时录用服务、临时录用转永久录用服务、永久录用服务和其他与员工招聘录用相关的服务项目。

Administaff

联系人：Jay E. Mincks

联系电话：281 - 358 - 8986 or 800 - 237 - 3170；e - mail：Jay Mincks@adniinistaff.com

网址：www.administaff.com

联系人：Alan Dodd

联系电话：281 - 348 - 3105；e - mail：alan_dodd@adnsinistaff.com

该公司为美国中小型企业提供全面的人力资源管理支持服务。Administaff在全国有4个地区服务中心和38个销售点，已经连续四年被《财富杂志》（Fortune）评选为“美国最令人向往的公司”，在《信息周刊》主办的最富有创新精神的IT企业评选活动中，该公司也榜上有名。Administaff在纽约证券交易所（NYSE）上市交易，被Employer Service Assurance Corporation授予服务信得过企业称号。同时，该公司也是国家专业人士招聘协会会员企业。

ADP Fmployer Services

联系人：Rita Mitjans or Mark Benjamin

联系电话：800 - CALL - ADP or 973 - 952 - 7000 or 305 - 630 - 1000；e - mail：rita_mitjaims@adp.com

网址：www.adp.com

这个数据处理业的巨头也提供全面的综合人力资源管理服务，为遍布26个国家的50万员工提供传统和网络外包服务解决方案。除了薪金和税单处理服务外，ADP还提供全面的外包服务，其中包括：人力资源管理系统服务，福利和薪金处理服务，薪金和企业税务管理服务，中介行业工作效率工具和证券交易、处理和投资人信息交流服务。公司还为汽车代理商提供数据处理和咨询服务，电脑汽车修理估价和汽车部件备查服务以及人身伤害的赔偿核算服务等等。

ADP Total Source

联系人：Mike Benjamin 或 Mike Maseda

联系电话：800 - CALL - ADP（800 - 447 - 3237）或 800 - HIRE - ADP（800 - 447 - 3237）；

e - mail：sales@adp.com

网址：www.adptotalsource.com/peo/index.htm

ADP TotalSource是ADP负责员工招聘的分支机构，为企业所有者提供各种人力资源管理服务，其中包括员工关系管理服务、薪金和税务管理服务、保健福利管理服务、401（k）管理服务、工作场所安全和法规监管服务等等。ADP是全球企业将相关业务的外包最佳选择之一。国际上有超过500000家企业使用ADP的服务，服务内容包括：渐进式的人力资源管理解决方案，全面综合性的人力资源管理服务，以提高管理效率、增强灵活性和管治力目的的系统支持服务，最新的技术服务，先进管理技术的应用与落实服务以及其他世界级的人力资源管理支持服务。

Advanced Business Fulfillment（ABF）

联系人：Joseph DiMartini

联系电话：800 - 804 - 7430；传真电话：314 - 770 - 2654；e - mail：Joe.DiMartini@aap - abf.com

网址：www.abfhealth.com

Advanced Business Fulfillment（ABF）是医疗保健业提供文件处理和赔偿沟通服务领域最大的和发展最快的外包服务供应商。位于密苏里州 St. Louis 的 ABF 为超过 130 家健康保险公司、健康维护组织（HMOs）、护理组织（MCOs），牙医计划、自保公司和第三方管理人（TPAs），其客户所服务的人群人数由一万到三百万不等。

AFFINA

联系人：Jerry Martin

联系电话：800 - 787 - 7626；传真电话：309 - 679 - 4408；e - mail：services@affina.com

网址：www.affina.com

AFFINA 是一家客户关系维护公司，它与财富 500 强企业合作的历史超过 26 年，主要参与客户企业旨在提升客户忠诚度和产品销量的项目。AFFINA 提供目的在于将一次性消费的客户转变成终身消费客户的一系列服务（包括接受客户函件、网络服务、接受订单、产品交付、交互式语音回复服务、市场调查、数据库营销和管理、对外发布信息以及邮件处理服务）。

Advantec

联系人：Lynne Hopkins

联系电话：813 - 289 - 9442 or 888 - 340 - 9442；传真电话：813 - 636 - 8238；

e - mail：lhopkins@advantechr.com

网址：www.advantecHR.com

成立五年的 Advantec 坐落于美国的佛罗里达州，为全美的客户提供一系列的人力资源管理服务。创新的网络服务中心和专业的人力资源管理咨询与培训服务，使该公司成为发展最为迅速的人力资源管理公司。

AIG Technologies

联系人：Gary Lu

联系电话：800 - 788 - 0144；传真电话：973 - 535 - 0752；e - mail：aigtinfo@aig.com

网址：www.aigtechnologies.com

AIG Technologies, Inc.（AIGT）擅长于提供灵活可靠的信息技术解决方案——包括硬件 IT 管理方案和财产伤害保险软件解决方案。AIG Technologies 的服务项目包括：数据中心外包和运营控制服务；主机/开放式系统数据中心运营服务；保险软件开发和相关解决方案。

Ajuba Solutions

联系人：Simrat Singh

联系电话：91 - 44 - 2254 - 0410，Ext. 2014；传真电话：+91 - 44 - 2254 - 0415；e-mail：info@ajubanet.net or stni rat.ssngh@ajubanet.net

联系电话：248 - 426 - 0090；传真电话：248 - 426 - 0185

网址：www.ajuhanct.net

Ajubas公司擅长的服务领域有：医疗保健、应收账款管理、业务处理（包括数据录入/转换、数据库创建、索赔处理）、电话营销、分析（市场调查、编码）和电话服务中心管理等。

Allenbrook, Inc.

联系人：Jan Dargue

联系电话：978 - 937 - 2980，Ext. 2133；传真电话：978 - 937 - 5464；e-mail：sales@allenbrook.com

网址：www.aljenbrook.com

Allenbrook Policy Processing Services（APPS）为提供财产和伤害保险的保险公司提供业务外包解决方案。有APPS提供相关业务的支持服务，客户可以集中精力于核心业务的开发与管理。

All States Technical Services

联系人：Andrea Hopkey

联系电话：205 - 972 - 5401；免费电话：877 - 972 - 5402；传真电话：205 - 972 - 5433；e-mail：hopkeya@allstatestech.com

网址：www.allstatestech.com

All States Technical Services为世界各地的企业提供工程和设计服务。该公司能够为你提供令人心动的工作机会。

AlphaStaff Group Inc.

联系人：Rob Hannon

联系电话：561 - 241 - 9545，Ext. 222；传真电话：561 - 241 - 9587；e-mail：rhannon@alphastaff.com

网址：www.alphastaff.com

AlphaStaff Group Inc. 为中型企业提供人力资源业务外包服务。该公司能够为客户灵活地提供包括薪金管理、福利管理、税务管理、风险管理、会计管理、技术管理和人力资源管理在内的综合性解决方案。

American Customer Care, Inc.

联系人：Jeff Velodota

联系电话：800 - 267 - 0686；传真电话：800 - 211 - 2980；e - mail：jeffv @amerjcancustomercate.com

网址：www.americancustomercare.com

American Customer Care 擅长于为客户提供个性化的客户联络服务。

Amisys Synertech

联系人：Craig Combs

联系电话：800 - 216 - 9756，Option 3or 301 - 251 - 8600；e - mail：cconsbs@asihealth.com

网址：www.asihealth.com

业务发展办公室：800 - 216 - 9756，Option 3

Amisys Synertech Inc. 提供全面的、任务化的信息管理软件产品以及一流的业务流程外包和技术服务。Amisys Synertech 为美国各地的医疗卫生组织提供个性化的外包解决方案。Amisys Synertech 是医疗卫生业主要的应用服务供应商（ASP），它同时提供行政管理外包服务、索赔处理和备案服务，应用主机、扫描和图像服务以及牙医索赔处理和咨询服务。

AMG Logistics

联系人：Rob Sida

联系电话：905 - 897 - 2644，Ext. 202；传真电话：905 - 897 - 3525；e - mail：sidar@amglogistics.com

网址：www.amglogistics.com

位于安大略省 Mississauga 的 AMG Logistics 公司是一家第三方物流企业，提供全套现场和远端供应链管理服务。服务项目包括咨询、运输管理、仓储操作（货物分类、提货、包装、运输）和系统开发。

Amnet Systems Private Limited

联系人：Aashish Agarwaal

联系电话：91 - 98 - 4103 - 0403；传真电话：91 - 44 - 2431 - 3694；e - mail：aagarwaal@amnet - systems.com

网址：www.amnet - systems.com

Amnet Systems Private Limited 是一家综合数据服务公司，提供数据搜集和录入、数据转换以及远程排版服务等。

Aon Consulting

主要联系人：Al Orendorff

联系电话：312-381-3153；e-mail:al orendorff@aon.om

联系人：Michael Tomback

联系电话：847-545-8398；e-mail:michael_stomback@aoncons.com

咨询业务联系人：Tim Oyer

联系电话：419-429-6032；传真电话：419-427-4404

网址：www.aon.com

Ann's HRO集团为客户的人力资源管理业务提供专业化的技能和资源，使客户能够有效地简化内部业务流程，并集中精力创造盈利。公司所拥有的经过严格培训的员工、各类人力资源管理工具以及一流的通讯/计算机系统，能够有效地替代客户的人力资源管理体系。Aon提供广泛的业务外包服务，内容包括协助客户完成员工福利管理、岗位分配、人才的选拔和评估以及对员工的领导能力进行培训等多项工作。

API Outsourcing, Inc.

联系人：Jonathan Blood

联系电话：952-472-9868 or 651-675-2605；传真电话：952-472-9884；

e-mail:jon.blood@apioutsourcing.com 或 sales@apioutsourcing.com

网址：www.apioutsourcing.com

API Outsourcing是一家提供一流的账单和应付账款的自动化解决方案的外包服务供应商，它的主要客户群体是财富1000强企业。API的应付账款解决方案具有量身定制的灵活性，能最好地适应客户的需要。这种灵活性使客户能够根据自身条件，保留对应付账款业务流程的部分管理权。API使客户能够根据内部需要和业务成长的状况，随心所欲地决定应付账款管理业务的外包程度。

AppLabs, Inc.

联系人：Robert AIluru

联系电话：215-569-3220 or 215-569-9976；传真电话：215-569-9956；e-mail:robert@applabs.net

网址：www.AppLabs.com

AppLabs是一家提供离岸软件测试和应用软件开发服务的SEI CMM五级企业。它的服务包括软件质量测试、安全测试、应用测试、单元测试、单元验收试验、质量评估测试、软件检验、系统测试、黑箱测试、自动化测试、恢复测试、实用性测试、白箱测试、装载和压力测试、GUI测试、自动化测试、网压测试和软件性能测试等。

Arambh Network

联系人：Jayrans V. Menon

联系电话：91 - 44 - 8224450 或 91 - 44 - 8274268；传真电话：91 - 44 - 8233847；e - mail：info@aramb.com

网址：www.ararnb.com

Arantbh Network 提供本地和离岸的软件开发和系统整合专业服务。针对的软件包括：微软平台（VC，VB，ASP，WinNT internals，SDK，MFC），Unix 系列（Linux、Irix、SunOS、Solaris、SCO Unix、Ultrix、开发要求 IPC、设备驱动程序开发等），数据库（SQL 服务器，Oracle、Sybase、MySQL，Postgre SQL），互联网/内部网（Java ASP，Perl，PHP3，MS Visual，Interdev）等。

ArchiLog

联系人：Alexandre Cuvelier

联系电话：33 4 42 92 33 54；e - mail：alexandre.cuvelier@archilog.net

网址：www.archilog.net

ArchiLog 是一家提供物流解决方案的专业企业。公司的经营目标是，帮助那些计划将物流和运输业务外包的企业，顺利地实现部分或全部相关业务的外包。该公司的专业服务包括航空和海上运输、快递服务、陆上运输、清关服务、信息管理、运输监控服务、货物的供应、分销和仓储服务。

Ariba

联系人：Michael Schnsitt

联系电话：650 - 390 - 1000 传真电话：949 - 623 - 8510 e - mail：mschmitt@ariba.com

网址：www.ariba.com

The Ariba Supplier Management Solution 能够提供全套的供应商管理服务。

ARINSO International

Corporate 联系人：Marleen Vercammen，首席执行官

联系电话：+32 2 558 06 70；e - mail：marleen.vercammen@arinso.com

地区联系人：Ignacio Palomera

联系电话：404 - 260 - 1900；e - mail：info.us@arinso.com

美国和拉丁美洲：

Graham Young，英国和中欧地区

联系电话：44 207 098 0350；e - mail：info.uk@arinso.com

联系人：Wim de Smet

联系电话：404 - 869 - 2040；传真电话：404 - 869 - 2045；e - mail：wim.de.smet@Qargus -

is.net

网址：www.arinso.com

ARINSO International 能够提供全套人力资源（HR）行政管理服务，包括相对简单的薪金管理到复杂的员工福利管理服务。在企业现有资源难以实现所有 IT 技术管理更新的企业环境中，ARINSO 能够帮助企业确定需要优先考虑的投资项目。该公司擅长提供公司规划，尤其是人力资源规划管理解决方案。

Aquarian Group

联系人：Terry Davis

联系电话：770 - 551 - 4550；企业联系电话：678 - 551 - 4550；e - mail：tdavis@aquariangroup.com

网址：www.aquariangroup.com

Aquarian 提供全套的业务流程外包服务，主要服务领域为金融、会计和内勤办公业务流程。该公司能够调动其在加拿大、印度和东南亚的各类资源和技术。

Aquent Inc.

联系人：Jeff Feakes

联系电话：973 - 402 - 7802；传真电话：973 - 402 - 7808；e - mail：questions@aquent.com

网址：http：//www.aquent.com

Aquent 的业务是通过开发技术性解决方案，帮助客户解决棘手的业务难题。它们擅长将互联网技术应用于传统的企业经营管理机制，从而扩大客户企业的业务扩展能力。

Artemis PR and Design

联系人：Kerry Slavens

联系电话：250 - 595 - 0136；传真电话：250 - 383 - 7723；e - mail：kerry@artemispr.com

网址：www.artemispr.com

Artemis 通过网站设计、平面设计、公共关系管理、广告等手段，帮助客户打造强有力的商品品牌。许多客户选择把它们的整个公关业务和公司形象设计业务外包给 Artemis 完成。该公司广泛地为本国和世界其他各国各种规模的商业企业提供服务。

AT&T Solutions

联系人：Melissa Keenan

联系电话：973 - 443 - 3676；传真电话：973 - 443 - 2672；e - mail：mkeenan@solutions.att.com

网址：www.att.com

AT&T Solutions 是美国电报电话公司下属的一个业务成长迅速的网络服务机构，其高质量的服务已经赢得全球客户的认可。

Atos Origin

联系人：Marie – Tatiana Collombcrt

联系电话：33155912633；e – mail：marie – tatiana.collombert@atosorigin.com

网址：www.atosorigin.com

Atos Origin 是一家一流的国际 IT 服务和商务咨询与技术综合服务公司。2002 年 8 月，Atos Origin 收购了 KPMG 在英国和荷兰的咨询业务，以 Atos KPMG 咨询公司的名义对外营业，使集团成为 IT 服务市场上的重要企业。2004 年 1 月，Atos Origin 从 Schlumberger 手中收购了 Sema 集团，从而正式使集团成为国际最大的 IT 服务企业之一。在收购当时，Sema 集团已经拥有 21000 名人员，年收入约为 24 亿欧元。当时，Atos Origin 共有 26500 名员工，年收入超过 30 亿欧元。新集团为全世界 50 个国家的跨国企业提供一整套 IT 服务和解决方案，涵盖咨询、系统整合和经营管理等内容。公司现在每年的总收入超过 50 亿欧元，共有员工 45000 人。

Avaya

联系人：Louis J. D'Ambrosjo

联系电话：866 – GO – AVAYA 或 877 – 372 – 5719；美国以外：908 – 953 – 6000

联系人：Barbara Burgess；联系电话：908 – 953 – 3348；e – mail：barbarab@avaya.com

联系人：Renaldo Juanso；联系电话：44 – 776 – 485 – 2836；e – mail：juanso@avaya.com

网址：www.avaya.com

Avaya 是全球 IP 电话业的顶尖企业。该公司在全球各地提供网络设计、建造和管理服务。商业通讯咨询是企业经营管理的一个战略型资源，能够为你所在的企业提供富有创意的战略发展计划，使企业的通信网络发挥最大的价值。Avaya 的咨询顾问们能够把技术与商业智慧紧密地结合起来，使企业在通讯网络方面的投资充分作用于企业的经营目标。

Barry – Wehmilier International Resources（BWIR）

联系人：Jim Webb

联系电话：314 – 862 – 8000. Ext. 259；e – mail：Jim.Webb@BWIR.com

网址：www.bwir.com

BWIR 在特定领域提供专业的后勤支援服务，服务内容包括：网站文字设计，专业系统和预防性维护工具的文字设计，客户文字材料——包括产品使用手册的发行，网页设计，文档翻译处理，企业内部网络和企业间网路站点的文件管理，字符识别工具，图像加工，数据库更新和维护等等。

BearingPoint

联系人：Bruce Culbert

联系电话：703－747－3000；e－mail：bculbert@bearingpoint.net

网址：www.bearingpoint.com

一流的全球商务顾问和系统整合供应商，BearingPoint 帮助全球各地的企业确立经营方向，并创造实现企业的价值。公司提供的解决方案包括：战略管理、业务流程管理和业务转型管理、客户关系管理、供应链管理、企业解决方案整合服务、基础设施解决方案和管理服务。

Benchmark Electronics

联系人：Bill O'Dwyer or Shannon Spears

联系电话：979－849－6550；e－mail：bill.odwyer@bench.com or Shannon.spears@bench.com

网址：www.bench.com

Benchmark Electronics 在全球范围内（遍布世界的 14 个地点），为 OEM 客户提供电子产品生产制造服务。它提供的服务包括：精密电子产品的产品设计、Proto、NPI、BTO 服务。产品涉及高档的容错计算机、AOI 设备、X 光设备、ICT 设备和医学设备，机箱建造和 PCB 组装，直接针对终端消费者的订单执行服务，压模、MIT 以及全面的供应链管理服务。

Benefit Information Services, Inc.（BIS）

联系人：Patrick Williams

联系电话：952－847－1354；传真电话：952－847－1355；e－mail：info@bis－mn.com

网址：www.bis－mn.com

Benefit Information Services, Inc. 是提供 COBRA HIPAA 管理的专业企业。

Birch Group

联系人：Nicole Van Gheluwe

联系电话：44（0）118－977－7300；传真电话：44（0）118－977－7499；e－mail：Info@birch.co.uk

网址：www.birch.co.uk

Birch Group 主要围绕跨国企业和它们的市场渠道提供服务。服务内容包括：渠道确认服务，多种语种的客户管理服务，代理商的开发和管理服务。

Birlasoft

联系人：Ajit Velankar

联系电话：+ 61 - 2 - 9959 - 2397；传真电话：+ 61 - 2 - 9959 - 2244；e - mail：ajit.velankar@birlasoft.com

网址：www.bitlasoft.com

Birlasoft 是一家全球软件咨询和服务公司，也是印度 C.K. BIRLA 集团（该集团年收入超过 15 亿美元）的下属企业之一。GE Capital 在该公司也进行了资产投资。该公司尤为擅长咨询、IT 服务、系统整合、业务流程外包以及其他外包服务业务。该公司在美国、欧洲、亚洲和澳洲都设有办事机构，年收入超过 7200 万美元，拥有 1500 多名咨询顾问。Birlasoft 在银行和金融服务业方面拥有丰富的经验。

BlueStar Solutions

联系人：David M. Budnick

联系电话：800 - 944 - 3454；传真电话：408 - 253 - 2976；e - mail：info@bluestarsolutions.com

网址：www.bluestarsolutions.com

BlueStar Solutions 是一家主要的 IT 业务外包服务供应商，提供针对 Lawson、Oracle、PeopleSoft/JD、Edwards、SAP 等软件的外包服务，并为 Lotus、微软公司和 Sun 公司提供信息解决方案以及其他多种数据中心服务。使用该公司服务的企业，可以把主要精力用于自身的核心业务。

Booz Allen Hamilton Inc.

联系人：Chris Disher

联系电话：703 - 902 - 5000；e - mail：disher_chris@bah.com

联系人：Michael Bulger；e - mail：bulger.michael@bah.com

网址：www.bah.com

Booz Allen Hamilton 是一家全球性战略和技术咨询公司，其宗旨是与客户携手营造可持续保持的经营成果。企业为主要的跨国企业和世界各地的政府提供服务。Booz Allen Hamilton 的专业领域包括：战略咨询、企业组织结构和领导层变更管理、业务运作流程管理、信息技术管理和技术管理。

BrassRing

联系人：Mark McMillan

联系电话：781 - 530 - 5000 or 888 - 747 - HIRE；传真电话：781 - 530 - 5500；e - mail：partner@brassring.com

网址：www.brassring.com

除了提供招聘软件解决方案和人才咨询服务外，BrassRing 还提供招聘流程管理服务，包括管理招聘的行政事物、数据库搜寻、信息反馈管理、面试日程安排、发布工作广告、招聘网站和招聘活动管理、对员工推荐的候选人进行甄选以及招聘软件系统的管理人才

等等。

Bridgestone /Firestone Information Services（BFIS）

联系人：Dennis Saraljno

联系电话：330 - 379 - 7913；传真电话：330 - 379 - 7290；e - mail：jamiesondave@bfusa.com

网址：www.BFIS.com

BFIS 提供世界水平的计算机主机和中程计算机设施的技术支持、维护和操作服务。其服务宗旨是，提供富有经验的专业人员，帮助那些希望对计算机的硬件设施和数据中心进行重新安置的企业尽可能地降低成本。

Capgemini

联系人：Mike Thomas

联系电话：972 - 556 - 7612 或 972 - 556 - 7000；传真电话：972 - 556 - 7001；e - mail：Mike.Thomas@capgemini.com

网址：www.us.capgemini.com

Capgemini 是世界主要的咨询、技术和外包服务供应商之一。该公司通过一个独特的、它称之为“合作商业经验”的工作模式，为全球各地的客户提供服务。Capgemini 在全世界共有大约 60000 名员工，公司 2003 年的全球收入高达 57.54 亿欧元。Capgemini 提供的外包服务业务内容广泛，其中包括业务流程外包服务。

CareerSoar

联系人：Darwin Flinn

联系电话：845 - 838 - 1150；传真电话：845 - 838 - 0171；e - mail：darwin@careersoar.com

网址：www.careersoar.com

CareerSoar 为中小型专业企业提供人力资源管理外包服务。它的外包服务包括为雇主提供所有的与人力资源相关的管理服务，如：工资税管理、医疗健康保险管理、劳工保险管理等等。

Caresoft Inc. Software Quality Assurance Labs

联系人：Deepak Khare

联系电话：866 - 530 - 3998 or 91 - 755 - 241 - 8177；传真电话：866 - 530 - 3999；e - mail：QALabs@caresoftinc.com

网址：www.caresoftinc.com

Caresoft 为本地/离岸团队提供独特的质量管理服务。

Cendian Corporation

联系人：Betsy Bishop

联系电话：800 - CENDIAN（236 - 3426）；传真电话：678 - 459 - 3939；e - mail：sales@cendian.com

网址：www.cendian.com

Cendian Corporation 是一流的物流解决方案供应商，致力于为化工企业提供服务。通过创新和行之有效的外包模式，利用业内最佳的互联网技术和超过 300 家物流服务中心的经营网络，Cendian 能够为客户提供全球准时送货服务，有效地提高了化工产品物流供应链各方面的工作效率。

Cerldiau Ccntrefile

联系人：Sharon Whitfield

联系电话：020 - 7335 - 3681；传真电话：020 - 7335 - 3636；e - mail：info@ceridian.com

网址：www.ceridiancentrefile.com

Ceridian Centrefile 致力于为客户提供尖端的人力资源管理服务。该公司提供的解决方案有：全面的人力资源管理和薪金管理服务，电子人力资源软件开发和 ASP 解决方案，人力资源自助管理服务，网站招聘服务，员工协助服务和针对如何寻找工作与生活平衡点为客户企业的员工提供咨询服务。

CCR Services

联系人：Mark Mastenbrook

联系电话：800 - 363 - 0227；传真电话：614 - 577 - 9082；e - mail：sales@ccrservices.com

网址：www.ccrservices.com

CCR Servies 是 1986 年创建于俄亥俄州的 VAS Dimensions 公司的下属机构。CCR Services 为不同的客户提供专业的服务。

Cendris

联系人：Jeremy Hutchins

联系电话：44（0）1925 - 711427；e - mail：jeremy.hutchins@cendris.co.uk

网址：www.cendris.com

Cendris 是跨国企业 TPG 集团的分支机构，在数据和文件管理服务领域拥有超过 30 年的经验。

CGI

联系人：Jennifer Ratcliff

联系电话：416 - 945 - 3591；传真电话：416 - 862 - 2321；e - mail：jennifer.ratcliff@cgi.com

网址：www.cgi.com

CGI 为客户提供以 IT 技术为导向的解决方案。CCI 是北美最大的独立的 IT 服务供应商之一，拥有 25000 名专业人员。除了掌握先进的科技和软件应用技术之外，CGI 还能够帮助客户将公司的管理软件与 ISO 9001 和 CMM 等国际管理体系认证系统进行整合，从而最大限度地发挥外包业务远程管理的经济效益。

CheckPoint HR

联系人：Tim Padva

联系电话：800 - 385 - 0331 或 732 - 287 - 8270；传真：732 - 287 - 2297；e - mail：davsd.flook@checkpointhr.com

网址：www.checkpointhr.com

这家位于新泽西的公司以 HRMS 网上管理体系和个性化的客户服务方式，为客户提供人力资源管理和薪金业务外包管理服务。公司的目标客户群是员工人数在 50 到 2000 人的中小型企业 。目前，该公司为全美 175 家客户提供服务。

CIC Enterprises

联系人：Derrick Wilson

联系电话：317 - 844 - 4249；传真电话：317 - 844 - 4577；e - mail：derrickw@cicenterprises.com

网址：www.cicenterprises.com

自 1980 年以来，CIC 一直为全美 350 多家大型企业提供联邦和各州税务减免的第三方服务。

CISCO

联系人：Doug Dennerline

联系电话：408 - 526 - 4000 or Toll Free 800 - 553 - 6387

网址：www.cisco.com/en/U.S./hmpgs

Cisco Powered Network Managed Security Services Designation 是 Cisco 公司发起建立的商业交际网络，在 52 个国家有大约 500 名成员。该网络的会员借助 Cisco 行业领先的防火墙和网络侦测产品，为客户提供网络安全服务。

ClientLogic

联系人：Julie M. Casteel

联系电话：615 - 301 - 7100；传真电话：615 - 301 - 7150；e - mail：pr@clientlogic.com

网址：www.clientlogic.com

ClientLogic 通过电子邮件、网上聊天系统、传真、电话、自助式服务设施和邮件，为客户提供全天候的客户服务、销售和技术支持服务。

CoEfficient Back Office Solutions

联系人：Ron Bays

联系电话：310 - 850 - 9630；e - mail：HR@CoEffjcientSolutions.com

网址：www.coefficientsolutions.com

CoEfficient 是一流的、以客户为中心的业务流程外包服务供应商，擅长提供财务和会计流程外包服务。CoEfficient 为各行各业的企业提供应付账款外包服务、应收账款外包服务和全面的会计业务外包解决方案。

Cognizant Technology Solutions

联系人：Jennifer Schelling

联系电话：201 - 678 - 2794；传真电话：201 - 801 - 0243；e - mail：jschelli@cognizant.com

联系人：Chandra Sekaran

联系电话：201 - 801 - 0233；免费电话：888 - 937 - 3277；e - mail：csekaran@cognizant.com

网址：www.cognizant.com

Cognizant Techisology Solutions 针对复杂的软件开发和维护问题提供高质量、经济有效、全方位的解决方案。公司提供以下服务：应用软件开发、应用软件维护、电子商务、数据存储、数据转换、升级软件的货币（欧元）转换功能、软件测试和质量担保以及主机的重建和改建服务。在《福布斯杂志》最近公布的排名中，该公司名列美国小型企业榜首。

Compass Technology Management

联系人：Erin Hartless

联系电话：757 - 233 - 7308；Toll Free 联系电话：888 - 239 - 8515；e - mail：erin.hartless@compass.net

网址：www.compass.net

Compass Technology Management 提供有助于企业提高运营效率、减少运营成本和处理重要企业信息的 IT 解决方案。解决方案包括业务管理和财务管理软件、网络文字和商务管理、客户关系管理、电话服务中心、商业情报管理以及 IT 管理服务等。公司是微软公司黄金级合作伙伴，总部设在弗吉尼亚州的切萨皮克，数据中心设在弗吉尼亚州的弗吉尼亚海滩和田纳西州的纳什维尔。

Complete HR

联系人：Steven Singer

联系电话：617 - 875 - 5703；e - mail：sas@complete - hr.com

网址：www.complete - hr.com

Complete HR 为中小型企业提供在质量上与财富 100 强企业相同的人力资源管理和行政管理服务。

Compu Com

联系人：Maria McManus

联系电话：972 - 856 - 3600；e - mail：mmcmanus@compucom.com

网址：www.compucom.com

自 1987 年成立以来一直保持盈利的记录。CompuCom 拥有丰富的设施管理经验、财务管理经验、行业专业人才以及行之有效的管理方法。它能帮助客户将经营风险降到最小，同时实现降低成本、增加盈利的经营目标。CompuCom 在全美受到众多客户的推崇与支持，其中包括财富 1000 强企业、高成长的公司、大型综合性企业集团、主要技术设备制造商、尖端技术和无线技术供应商。这些公司在部分业务上完全依赖 CompuCom 提供的先进的 IT 和系统整合服务。

Computer Enterprises Inc.

联系人：Pete Barrouk

联系电话：800 - 354 - 9155；传真：818752 - 9195；e - mail：alliances@cesamersca.com

网址：http：//www.ceiamerica.com

CEI 提供下列服务：咨询、项目管理和终端用户培训。

Convergys Corporation

联系人：Teresa Williams

联系电话：800 - 344 - 3000；传真：513 - 458 - 1315；e - mail：marketing@convergys.com

网址：www.convergys.com

Convergys Corporation 是标准普尔 500 强和福布斯白金 400 强企业，它是员工权益保护和消费者权益保护服务方面的顶尖企业。Convergys 在近 60 个国家为电信、互联网、光缆和宽频、技术、金融服务和其他产业的顶级企业服务。

Convergys Employee Care

联系人：Karen R. Bowman

联系电话：800 - 344 - 3000；传真：513 - 488 - 1315；e - mail：HRPartner@convergys.com or marketing@convergys.com

网址：www.cotsvergys.com/emcare.htm

通过 Convergys Employee Care 提供的解决方案，全球各地的企业人力资源部门正快速地成为能为企业决策提供灵活的人员保障的管理服务中心。

CoreBriX

联系人：Mohit Sharma

联系电话：704－632－7701，Ext. 102；e－mail：msharma@corebrix.com

网址：www.corebrix.com

CoreBriX 是一家为商业房地产公司提供金融服务业务外包服务的公司。通过该公司在美国和印度的房地产专家团队，和一个综合性的技术平台，CoreBriX 能够帮助您所在的企业在经营管理、数据分析和技术需求方面节省大量的成本。该公司的员工了解资本市场的运作、了解银行产品、也了解 CMBS——中介——建筑服务和房地产企业对于风险管理的需求。

Covansys

联系人：Rajendra B. Vattikuti

联系电话：248－488－2088 or 800－688－2088；传真：248－488－2089；e－mail：info@covansys.com

网址：http：//www.covansys.com

Covansys Corporation（Nasdaq：CVNS）为 NASDAQ 上市企业，提供应用软件维护与开发、公立企事业机构解决方案和离岸外包服务。

CSC（Computer Sciences Corp.）Credit Services

联系人：Mike Dickerson

联系电话：800－753－1312；e－mail：Cac@csc.com or mndickers@csc.com

网址：www.csc.com/solutions/creditservices

CSC Credit Services 为全美超过 52000 家对外提供信用额度的企业提供全套的消费者信用报告、抵押贷款报告和综合性的商业解决方案。

CSC（Computer Sciences Corp.）Financial

联系人：Kathy Sadden

联系电话：214－523－5535；e－mail：ksadden@csc.com

联系电话：800－345－7672；传真：803－333－6980；e－mail：info@csc－fs.com

网址：www.csc－fs.com

CSC 综合运用自身拥有的保险、银行、医疗保健和证券知识，结合有效的应用软件管理系统，为企业提供度身定做的解决方案。

CTG

联系人：Curtiss Montgomery

联系电话：800－992－5350，Ext. 3631；传真：716－888－4129；e－mail：curt.montgonscry@ctg.com

网址：www.ctg.com

CTG是国际公认的应用软件外包服务供应商。CTG的业务能力包括单一和多项应用软件的支持服务、设施管理服务以及包括系统开发和整合在内的全套综合性解决方案。

Customer First Call Centers

联系人：Michael Ruby

联系电话 888 - 205 - 8025；传真：604 - 394 - 0509；e - mail：snike.robv@djcustoinerfirst.com

网址：www.custoinertirst.com

Customer First Call Centers是一家提供全套电话服务中心外包服务的专业公司，专长于食品和消费品的电话服务中心外包业务。它的服务项目包括产品信息查询服务、投诉处理服务、电子邮件接收服务、邮件接受服务以及接收订单和仓储服务。

D&B Receivable Management Services

联系人：David Caruba

联系电话：484 - 942 - 6821 or Toll - Free：866 - 205 - 9947；e - mail：Caruba@dnh.com

网址：www.dnbcollections.com

D&B Receivable Management Services的总部设在宾西法尼亚的Bethlehem，在美国、加拿大、香港、墨西哥和欧洲（通过与Intrum Justitia的战略联盟）开展业务。它是全球顶尖的应收账款管理服务供应商。D&B Receivable Management Services为客户提供包括出具电子账单、应收账款业务外包服务、传统的收账服务、破产服务、账款抵扣管理服务等等。

Daksh（IBM）

联系人：Macthin Prescott（UK/Europe）

Headquarters联系电话：91 - 124 - 2439816 - 25 传真：91 - 124 - 2439845

e - mail：sareensh@daksh.com or info@daksh.com

网址：www.daksh.com

Daksh eServices是印度发展最迅速的业务流程外包服务提供商。它们为全球顶尖的银行、保险公司、金融服务机构、旅行社、科技企业、电信和零售企业，提供客户服务和后勤保障服务。它们的服务项目包括客户服务、技术支持服务、数据转换服务、收账服务、电话销售服务、交易处理和其他增值服务。

Data Infosys Ltd.

联系人：Manoj K. Chandna

联系电话：91 - 141 - 367800；传真：91 - 141 - 367738；e - mail：manoj@dil.in

美国 e - mail：support@datainfosys.com

英国 e - mail：sales@rnyxgen.co.uk

网址：www.datainfosys.com

Data Infosys Ltd 提供的服务包括运用各种编程语言和各种操作平台，为客户提供网站设计/主机和数据库开发、系统整合、软件开发、一站式的内部网络和互联网解决方案。其他方面的服务有：应用软件开发服务、应用软件定制服务、软件维护服务、软件改造服务等。该公司可以为你所在的企业提供完整的综合性解决方案。

Datamatics

联系人：Vijay Singh

联系电话：+91-22-2837-5519；传真：91-22-2835-0217；美国联系人：Arvind Sirrah

联系电话：888-772-5532

网址：www.datamaticsoutsourcing.com

Datamatics 是印度最大的 IT 和包括软件开发、知识管理和业务流程管理外包在内的一系列外包服务的提供商之一。它拥有超过 27 年、为 58 个国家 1100 个全球性客户提供质量解决方案的经验。它可以提供投资者记录管理、薪资处理、会计和簿记服务、表格和数据处理、财务交易处理和电话服务中心管理等服务。凭借在大宗交易处理方面超过 20 年的经验，Datamatics 已经成为印度首屈一指的交易处理和后勤保障业务的外包服务供应商。

Data Return

联系人：Adam Drutz

联系电话：800-767-1514；传真：972-869-0150；e-mail：adam.drutz@datareturn.com

网址：www.datareturn.com

Data Return 是为名列全球前 2000 强的企业提供高水平的软件管理服务。它在运用微软、SUN，和 Linux 等操作平台为客户提供专业管理服务方面，拥有良好的记录。

Decision One Corporation

联系人：Ron Cerniglio

联系电话：813-249-6649；传真：813-880-8419；e-mail：info@decjsionone.com

网址：www.decisionone.com

DecisionOne Corp 是北美最大的、同时为多家企业提供技术支持服务的独立外包服务提供商。它能使客户企业享受到更高水平的技术服务，更好地节约投入服务项目的成本，更好地改进现金流量，并使客户企业能够将有限的资源集中用于发展核心业务。该公司通过单一联络地点，为全美范围的客户提供广泛的业务外包服务，服务内容包括：计划和咨询、部署和支持（数据中心对桌面）、电话中心/帮助桌面、网络和物流服务。

Deloitte

联系人：Sandra Little

联系电话：216-589-1380；传真：216-774-5265；e-mail：salittle@delojtte.com

网址：www.deloitte.com/us/outsourcing

Deloitte 为客户提供财务会计业务外包及其他相关服务。它们提供全套符合 Sarbanes-Oxley 和 GAAP 要求的服务和解决方案，其中包括交易处理服务；财务会计和报告服务等。它们的交易处理服务涵盖应付账款管理、支出和费用管理、应收账款管理、出单管理、收支管理、总账管理和工资处理服务等等。

Digica Ltd.

联系人：Amanda Dring

联系电话：44-15-977-1177；传真：44-15-977-7043；e-mail：amanda.dring@digica.com

网址：www.dsgica.com

Digica 提供全套的运行和技术支持服务。

Direction Inc.

联系人：Chirs Lasso；联系电话：519-894-6514；传真：519-894-6515；e-mail：info@directionsolutions.com

网址：www.directionsolutions.com

Direction Inc 的网页设计师、网站开发人员和程序员共同合作，为客户提供以下的高效互联网服务：网站管理、安全商务交易处理、网站和电子商务维护、公司电子邮件服务、数据库开发、自定义编程、接口设计、信息结构、搜索引擎定位、网络营销和推广、计算机网络咨询与培训等等。

Diversified Information Technologies

联系人：William E. Yeomans

联系电话：570-343-2300，Ext. 1820；传真：570-342-5291；e-mail：byeomans@divintech.com

网址：www.divintech.com

Diversified 提供以下服务：文件获取和转换、自动化表格处理、邮件空间处理、接收订单、数据库开发、"NetView"的安全电子存储和互联网检索、"CIRM"自动记录跟踪系统、活跃档案记录管理、索赔处理、出单和合格登记服务、投保合同、保险客户关系管理、应收应付账款管理、合同管理、企业/法律文件储存、人力资源管理、邮件管理、采购管理、病历档案存储管理（符合 HIPPA 要求）、个人和企业记录存储管理等。

DOW Networks

联系人：James Wilson

联系电话：770-937-9519；传真：770-037-9720；e-mail：Jamnes@downetworks.com

网址：www.downetworks.com

DOW Networks 是一家新一代的通讯服务提供商，主要从事电话服务中心、企业流程外包中心（BPO）和其他国际商务管理服务。DOW Networks 是网络电话市场的领军企业，其中电话服务中心业务、业务流程外包服务业务和其他的国际商务服务业务所使用的网络通话量，占该公司网络电话通话量的70%以上。

EADS（European Aeronautic Defense and Space Company）

联系人：Andrew Jeacock

联系电话（U.K.）：+44-20-78458419 or

联系人：Diane Murphy

网址：www.eads.net

EADS 是国际宇航、国防和相关服务领域的领军企业之一。当该公司于2004年宣布与IBM成立一家提供人力资源管理服务的合资企业时，着实令国际人力资源管理界吃惊不小。合资企业的名称是人力资源技术与管理公司，或 HRTM。成立之初，该合资企业拥有100名员工和包括空中巴士在内的35家企业客户。EADS 由法国、西班牙和德国的几家大型宇航企业于2000年合并组建而成。

Earnest John Technologies（EJTL）

联系人：Kailash Ramrakhiyani

联系电话：+91-22-22832017；e-mail：kailash@earnestjohn.net

网址：http：//earnestjohn.net

Earnest John Technologies Ltd.（EJTL）是一家实力雄厚的，为金融企业提供内勤服务的业务流程外包服务公司。它们了解外包流程的关键成功因素和作为跨国企业一个业务组成部分的重要意义。EJTL 是座拥有数亿美元资产的 Earnest John 集团的全资子公司。该集团自1925年创建以来，一直从事房地产和物业开发管理、运输、医药和财务服务业务。该集团已经在其所从事的各个行业建立了独到的竞争优势。该公司的企业核心由一贯经营目标明确的专业人士组成。

Eastco Building Services

联系人：Rose Mattos

联系电话：516-924-9553；传真：631-243-5772；e-mail：mattosr@eastcobuildingservices.com

网址：www.eastcobuildingservices.com

Eastco 提供内容广泛的物业管理服务，例如全套设施管理服务、HVAC 操作和设备维护服务、清洁和相关支持服务、物业维修和改造服务、玻璃清洗服务、照明设备重新设置服务、室内空气质量维护和强力洗涤服务。该公司的存在，使业主省去了聘请其他承包商的麻烦。同时，该公司还在全美提供全天候的专业管理服务。

cBenX, Inc.

联系人：Scott Halstead

联系电话：763 - 614 - 2000；传真：763 - 614 - 6000；e - mail：info@ebenx.com

网址：www.ebenx.com

eBenX 是一流的员工医疗福利供应链管理专家。通过改进集体医疗保健产品的购买、管理和付款流程，该公司能够极大地提高员工享受的医疗福利，同时大幅降低企业需要为此支付的成本。它的服务内容包括战略咨询、采购、Web/IVR 自助注册、账单支付、客户服务、承保人管理、FSA、COBRA/HIPAA、直接收费和退休人员项目管理等。

Ebix Inc.

联系人：KalloI Paul

联系电话：678 - 528 - 3098，Ext. 163；e - mail：kpaul@ebix.com

网址：www.ebix.com/india

Ebix Inc. 为保险机构、再保险公司、金融机构、抵押公司、代理、经纪、医院和其他机构提供个性化的管理软件开发解决方案。它也为保险机构、再保险公司、抵押公司、金融机构和其他行业的企业提供电话服务中心服务。

EchoData West

联系人：Jim Chick

联系电话：800 - 635 - 2679，Ext. 113；e - mail：jchick@echodata.com

网址：www.echodata.com

EchoData West 提供综合性的外包解决方案。它的平台能够提供全面的业务外包服务，其中包括：供应链管理（订单处理、电子商务执行、分装、存货管理、退货管理、分销管理等）和终端到终端的电子商务服务和互联网支持（网站管理、订单管理、电子发货管理、订单处理等）服务。

Eclipsys

联系人：Pete Mounts or Gary Trickett

联系电话：404 - 847 - 5410；传真：404 - 847 - 5086；e - mail：gary.trickett@eclipsys.com

网址：www.eclipsys.com/outsourcing

The Eclipsys Outsourcing Solutions Group 为医疗保健机构提供战略外包服务，以帮助它们最大程度地利用 IT 资源。为了给客户提供最好的服务，The Eclipsys Outsourcing Solutions Group 提供从长期的、全面性的解决方案，到短期的、独立项目的形式完成的解决方案等，多种不同类型的服务。这些个性化的服务方式，可以使你所在的企业根据自身的需要来选择最佳的服务项目。Eclipsys 的 IT 业务外包服务包括：全面解决方案、转型期业务外包解决方案、转型期业务管理和经营管理流程外包等。

eDATA Infotechp Ltd.

联系人：Ramani Natarajan

联系电话：91+44+52121451；传真：91+44+28206655；e-mail:nramani@vsnl.com

网址：www.edatainfotech.com

eDate是一家专门为企业的财会部门提供数字调节、数据转换、贷款处理等业务外包服务的印度公司。该公司的业务还包括工资处理、纳税申报表的准备、财务交易处理等。eDate公司提供从简单的数据转换到复杂的涉及知识管理解决方案的，范围广泛的服务。eDate的业务优势在于，能够迅速地消化客户企业的管理模式，提供符合客户要求的专业服务。

Edcor

联系人：John McBride

联系电话：248-836-1323；传真：248-836-1402；e-mail:jmcbride@edcor.com

网址：www.edcor.com

Edcor是一家经过ISO 9002认证的企业。该公司提供的系统化、拥有相关科技含量的外包服务，能够帮助客户企业降低行政管理成本。Edcor通过互联网、IVR和电话服务中心技术提供服务。

EDS

联系人：Renee Montcalns

联系电话：972-605-2360；传真：972-605-8316；e-mail:renee.montcalm@eds.com

网址：www.eds.com

EDS是一家全球顶尖的外包服务公司，为客户提供低成本、高价值的业务外包服务业务。EDS的核心业务包括信息技术和业务流程外包服务以及信息技术转型服务。EDS为世界各地的客户提供范围广泛的企业经营和技术解决方案。该公司拥有超过130000名雇员，为世界上60多个国家的企业和政府机构提供IT、软件应用、业务流程外包、IT技术转型和管理咨询服务。它的“企业支持服务”部门负责管理主要的商业管理支持服务，工作内容涵盖人力资源调动以及财务和会计管理等等。

eFunds Corporation

联系人：Jim Wood

联系电话：973-615-4202；传真：480-629-7675；e-mail:james..wood@efunds.com

网址：www.efunds.com

该公司总部设在美国，是印度第三大业务流程外包服务供应商，主要为金融服务业、零售业和电信业企业提供终端客户客户管理服务。其专业领域包括争取客户、为客户提供服务、维护现有客户和收款；信用卡服务；活期存款账户管理和ATM服务等等。

emr Technology Ventures

联系人：Atul Grover

联系电话：703 – 652 – 2506；Corporate 联系电话（印度）：+ 91 – 124 – 239 8392 – 93；传真：+ 91 – 124 – 5001901；

e – mail：atul.grover@emrtechventures.com

网址：www.emrtechventures.com

emr Technology Ventures 是一家国际领先的业务流程外包服务供应商——主要客户是全球保险业、金融服务业、医疗卫生服务业的企业。emr 是经英国标准协议（BSI）认证的，符合 BS7799..2：2002 信息安全要求的专业服务企业。它所从事的业务流程外包服务包括：医疗服务申请处理业务、个人贷款和信用卡承保业务、索赔裁定业务、代位清偿业务、商业抵押贷款业务、收款和客户服务业务等等。

eonBusiness

联系人：Becky Delhotal

联系电话：303 – 850 – 9300；传真：303 – 850 – 9383；e – mail：info@eonbusiness.com

网址：www.eonbusiness.com

eonBusiness 是一家电子商务服务供应商，致力于为希望业务快速成长和产品快速进入市场的客户提供项目开发、销售渠道整合和电子商务管理等综合性解决方案。eonBusiness 将与客户共同设计商务解决方案，然后提供以下的服务：网站设计、数据整合、电子信箱管理、电子商务、ASP、后勤管理、网络主机服务、网上营销、内/外部电子网络的建立、客户服务和电子信息安全管理服务等。

Epicenter

联系人：Raja Chaudhuri

联系电话：866 – 883 – 7702，Ext.2 or Ext.93940；印度：91 – 22 – 5694 – 8843 or 91 – 22 – 5694 – 8940；e – mail：RajaC@Epicentertechnology.com

网址：www.epicentertechnology.com

Epicenter 专门提供海外账款收缴服务，是该行业的领军企业。该公司拥有 800 名经验丰富的收账人员。排名财富 300 强的企业，有不少都在使用该公司的收账服务，并评价该公司为世界上最好的收账公司。

Equitant

联系人：Chris Jenkins

爱尔兰联系电话：+ 35314060600；爱尔兰传真：35314969377

美国联系电话：2033595643；传真：2033595843；e – mail：partners@equitant.com

网址：www.equitant.com

于1987年起，为大型企业提供运营资本管理服务。之后，Equitant迅速地转向为客户更紧迫的需求提供服务：即对整个Order - to - Cash（O2C™）业务流程尽心优化管理。今天，Equitant为全球的顶尖企业，如Cisco，惠普，Lucent，微软，Visteon等公司处理数以亿万计的美元收支业务。

Ernst & Young LLP

美国联系人：Charlie Perkins；联系电话：212 - 773 - 2418；e - mail：charlie.perkins@ey.com

英国和全球联系人：Ian Sadler；联系电话：020 - 7931 - 8127；传真：020 - 7951 - 1345；e - mail：isadler@uk.ey.com

网址：www.ey.com/uk/gto

在安永会计师事务所（Ernst & Young），公司的GTO团队通过长期合约，为众多跨国企业提供一系列的诸如税务、会计服务和公司秘书服务等业务外包服务。它们利用其设在全球的办公网络，为客户提供全球统一的标准化管理。然后通过完善的客户交流沟通与管理机制，使客户能够对服务的成果进行即时跟踪——这一点对于处于新的经营环境下的客户来说，尤其重要。

ERP Outsourcing Asia Pte Ltd.

联系人：Garapati Chakri

联系电话：65 - 6832 - 5066；传真：65 - 6838 - 5296；e - mail：chakri@erpoutsourcing.net

网址：www.erpoutsourcing.net

ERP Outsourcing Asia Pte Ltd是一家专业的新加坡IT公司。作为SAP业务的一部分，ERP Outsourcing Asia为包括银行、CPG、销售和分销、金融服务、生产制造、零售和通讯产业在内的多个行业的企业提供专业外包服务。

Espire Infolabs Inc.

联系人：Rajiv Tarafdar

联系电话：+91（11）5152 - 0000，Ext. 529；传真：+91（11）5167 - 8790；e - mail：rrtarafdar@espireinfo.com

网址：www.espireinfo.com

Espire是一家业内顶尖的软件和业务流程外包服务公司，为全球各地的企业提供商务解决方案。Espire的海外外包服务业务以能够提供出类拔萃的外包解决方案，涵盖范围包括日常运作管理（国内/周边地区/海外地区），服务（电话服务中心、后勤业务流程管理）和企业经营能力管理（人员、业务流程和技术管理）等。公司能够为客户提供固定成本、富有竞争力、而且零风险的外包解决方案。

Estco Medical

联系人：John Estafanous

联系电话：301 - 657 - 9332；传真：301 - 657 - 9435；e - mail：johne@estcomedical.com

网址：www.estcomedical.com

公司开发的 Medigent 软件能够为医药、医疗设备、生物技术和其他从事生命科学的企业提供网络营销服务。以互联网为载体的 Medigent 软件涵盖内容管理、媒体和投资人关系管理、产品和临床教学、社区开发以及成果和市场调查分析等。

eTelecare

联系人：Natalie Fischer

联系电话：626 - 256 - 7584；传真：626 - 256 - 7565；e - mail：natalie.fischer@etelecare.com

网址：www.etelecare.com

eTelecare International 是一家顶尖的电话服务中心业务的外包服务供应商。该公司能够为客户企业提供高质量的客户服务业务。该公司在菲律宾拥有 3000 名员工，是该国最大的电话服务中心之一。

Eurobase Limited

联系人：Julie Colclough

联系电话：00 - 353 - 51 - 379755；传真：00 - 353 - 51 - 379772；e - mail：info@euro - base.com

网址：www.euro - base.com

Eurobase Limited 的服务包括：欧洲范围内全方位的电子商务物流服务；全面的供应链服务；价格灵活的全球分销和运输管理及存货管理业务。它的客户包括许多蓝筹跨国企业，如 Waterford Crystal、Hasbro、Allied Signal、Wyeth Medica、Huffy Sports 等等。它作为国际化、具有丰富经验和富有远见的外包服务供应商，可以通过更为有效的解决方案，更好地满足客户对供应链的要求。

EXL Service

联系人：Shiv Kumar；e - mail：shiv.kurnar@exlservice.com

或者联系人：Nandita Khanna

联系电话：212 - 277 - 7100；传真：212 - 277 - 7111；e - mail：nandita. khanna@exlservice.com Phone： + 44 - 207 - 484 - 5026

网址：www.exlservice.com

EXL 通过其设在印度的业务中心，为全球企业提供各类业务流程外包解决方案，其中包括后勤业务流程管理服务、电话服务中心服务以及网上客户服务等。EXL 能够强化企业的竞争优势，并增加富于进取精神的企业的股东价值。

Exult, Inc.（see Hewitt）

联系人：Trey Campbell

联系电话：949－856－8840；传真：949－856－8806；e－mail：trey.canspbell@exult.net

网址：www.exult.net

Exult能够提供全面优质的人力资源业务流程外包服务，其服务内容包括：薪金管理、员工福利管理、招聘和员工岗位分配服务、调职和海外派驻支持性服务、学习（培训）、员工电话中心、人力资源技术（集成软件）和员工网上自助服务（“ESS”）等。该公司于2004年被Hewitt收购。

FBD Consulting, Inc.

联系人：Jay Gould

联系电话：913－319－8806；e－mail：jgould@fbdconsult.com

网址：www.fbdconsult.com

成立于1967年的FBD公司是一家专业的员工福利咨询公司，擅长员工供款和福利管理、员工账户管理、医疗保健咨询、人力资源服务和投资等。该公司的客户既包括只有100名左右员工的中小型企业，也包括名列财富100强的大型企业。

First Outsourcing

联系人：Douglas Brown or Scott Wilson

联系电话：727－784－5461；传真：727－784－6689；e－mail：outsourcingmanagement@earthlink.net

网址：www.firstoutsourcing.com

First Outsourcing聘请的具有能够领导能力培训和商务咨询服务的专业人士，在为国内企业和跨国公司、国家和地方政府、风险投资企业和初创企业提供内包、换包和外包咨询服务方面，享有良好的声誉。First Consulting最为人们所熟悉的业务包括：通过提供内包和/或外包服务，对客户的经营方式和顾客施加积极正面的影响；借由业务内包创造再投资的机会；通过交叉投资，对受工作流失影响的公司/社区进行再造和改造。First Outsourcing是一家受不同业务规模的外包后期管理客户极力推崇和尊敬的外包服务供应商企业。此外，First Outsourcing还提供专业公关服务以及外包/内包战略评估与规划服务，以帮助客户的业务外包行为获得最大的回报，同时促进企业的盈利能力和当地劳务市场的复苏。

Forms Processing, Inc.（FPI）

联系人：Barry Matz

联系电话：305－702－7374；传真：305－702－7329；e－mail：Sales@FormsProcessing.com

网址：www.formsprocessing.com

Forms Processing是一家专门从事表格、文档处理和信息管理的专业外包服务机构。公司善于信息的获取和运用。它致力为保险业、政府机构和零售企业提供广泛的信息管理解决方案。FPI提供外包资料输入、图像和仓库检索服务；同时，公司能够对书面、电传或互联网形式的数据进行转换处理，并把处理后的数据迅速地发送给客户。

FOCUS AMC

联系人：Karla Williams

联系电话：703－299－6629；传真：703－299－6528；e－mail：Karla@focusamc.com

网址：www.focusamc.com

FOCUS提供专业的外包服务，能够向客户企业提供各种行政管理和内勤解决方案，从而使客户企业可以集中精力地开展自身的核心业务。公司目前提供的服务项目有：邮件收发、仓储服务、分销服务、产品供给、停车设施、医疗保健物流支持、递送快件服务、管理咨询和培训等。

Fortune Infotech

联系电话：＋91－22－55997970，25947278；传真：＋91－22－25948141；U.S.联系电话：909－972－5214；e－mail：us@fortuneinfotech.com

网址：www.fortuneinfotech.com

Fortune lnfotech成立于1998年，是一家领先的提供软件和网络服务以及移动基础设施软件和服务的外包服务供应商。Fortune lnfotechd的专门技术有：以网络为载体的无线客户服务器应用软件——移动电话和便携式多媒体和图像展示用途。通讯渠道、行业、工程(汽车，重工和贸易)、保险（寿险和非寿险、索赔结算)、医疗保健（医院和实验室管理)、财务（顾问、股票、M&F)、信息技术（业务流程外包、市场营销、电子学习)。

Gateway TechnoLabs

联系人：Niraj Gernawat

联系电话：91－79－26852554，55，56；传真：91－79－2685－8591；e－mail：ngemawat@gatewaytechnolabs.com

网址：www.gatewaytechnolabs.com

Gateway TechnoLabs专长于为世界各地的客户提供离岸软件开发服务、外包服务和现场开发工作。公司的服务项目包括：互联网技术开发、应用软件开发、应用软件管理、战略离岸软件产品开发、原有软件升级转换服务、UI改进等。

GE Capital International Services

联系人：Ashok Tyagi或Michael Coming联系电话：203－373－2211；e－mail：gecis.hr@ge.com

网址 www.gecapital india.com/gecapital/gecis_india.htm

联系人：Iqbal Singh 联系电话：91224445267；传真：91224448571

GE Capital International Services（GECIS）以其高超的信息技术能力，为全球各地的客户提供世界级的远程业务流程管理服务。公司成立于 1997 年，它充分地利用了印度拥有大批会讲英文、受过高等教育的人力资本，为不需要向客户提供面对面服务的 GE Capital 公司客户服务项目提供外包支援服务。GECIS 拥有超过 11500 名员工，为美国、欧洲、日本和澳洲的 30 个不同的企业提供 450 多项业务流程服务。

Gclco Information Network

联系人：Linda Orwoll

联系电话：800 - 444 - 6588 或 952 - 947 - 1500；传真：952 - 947 - 8383；e - mail：info@gelco.com

网址：www.gelco.com

Gelco 是世界上最大，也是经验最丰富的电子商务软件供应商，它同时也提供员工价值最大化服务，擅长于为消费品产业提供费用管理、员工开支报销以及电子商务解决方案等项服务。在今天，Gclco 为 1.3 百万名用户管理着价值在 100 亿美元以上的业务开支资产。

GeUcr & Company

联系人：Laurie Caplane

联系电话：212 - 583 - 6120；传真：212 - 583 - 6243；e - mail：info@gellerco.com

网址：www.gellerco.com

Geller 为中小型企业、企业家、投资合伙人和富有人士提供财务、会计、采购和税务外包服务。近 20 年来，公司一直在向企业的首席执行官和财务总监们提供管理和促进企业成长所需的信息。

GENCO

联系人：Debbie Beck

联系电话：412 - 820 - 2289；传真：412 - 820 - 2285；e - mail：beckd@genco.com

网址：www.genco.com

GENCO 是一家公认的供应链管理行业的顶尖企业。作为一家并不直接拥有自己资产的外包服务企业，它通过严格的技术管理、完美的运作方式和详尽的调查分析，为客户提供客观公正的物流解决方案。GENCO 提供以下深受好评的服务项目：商品配送和回收中心管理服务；运输管理服务、订单执行服务、交货期延误服务、资产挽回服务；并为客户提供其他的非销售资产管理服务和相关的分析工具。GENCO 为整个供应链设计执行天衣无缝、能够为企业创造极大效益的解决方案。

Getronics

联系人：Cathleen Blair

联系电话：978 - 858 - 6147；e - mail：cathleen.blair@getronics.com

网址：www.Getronics.com/us

Getronics是一家世界领先的信息和通讯技术（ICT）解决方案和相关服务的外包服务提供商，在30多个国家拥有23000名员工和30亿美元的收入。Getronics将原先的荷兰公司与1999年收购的Wang Global公司以及Olivetti系统和服务部门的业务能力进行了整合。它在网络和桌面外包服务业务方面全球排名第二位，在网络咨询和业务整合服务方面排名第五。它的服务项目包括：网络和桌面服务、询问台服务、服务器管理服务、远程和移动工作支持服务、网络管理服务、应用软件管理服务、多元外包服务供应商的支持和维护服务、财产管理服务、桌面和网络技术部署和迁移、服务器整合服务、网络安全和IP电话系统实施和管理服务等。

Gevity HR

联系人：Sal Uglietta

联系电话：800 - 243 - 8489，传真：941 - 744 - 8784；e - mail：sal.uglietta@gevityhr.com

网址：www.gevityhr.com

Gevity是美国最大，也是经验最丰富的人力资本管理解决方案供应商之一。它们提供的特别服务项目包括：协助招聘、培训、福利管理、工资处理和相关的文书管理和法规管理等。

Global Business Services

联系人：Lew Pulvitso

联系电话 585 - 292 - 6073；传真：585 - 424 - 4808；e - mail：lpulvino@egbs.net

网址：www.global - business - service.net

Global Business Services（GBS）提供：业务流程外包服务，包括客户关系管理/电话服务中心服务，各种企业经营活动、管理咨询和业务程序再设计、电子采购业务的外包服务；信息技术服务，包括ERP实施/整合、应用软件设计、软件开发和维护/远程监控、解决框架、安全服务、基础设施服务以及文件管理服务，包括扫描服务和图像系统管理服务等。

Global Outsourcing Partnership

联系人：Doug Brown和 Scott Wilson

联系电话：727 - 784 - 5461；e - mail：dbrown@chiefresourceofficer.com，或swilson@chiefresourceofficer.com

网址：www.outsourcingpartership.com

Global Outsourcing Partnership是一个客观独立的，帮助发包企业与外包服务供应商企业寻找合作伙伴的中介公司，它提供全面的 RFP 和外包服务供应商筛选服务。公司是世界首屈一指的外包咨询服务供应商之一，在优异的经营表现、业务外包评估服务、监管机制建立服务、外包服务供应商筛选服务和业务外包过渡期战略管理方面享有很高的声誉。

GTL Limited

联系人：Pradeep Phadke 或 Shariq Vahanvaty

联系电话：212 - 812 - 5088；传真：212 - 931 - 8350；e - mail：shariqv@gtllimited.com

网址：www.globalecms.com

联系人：Richard Wheeler

联系电话：+44 - 1483 - 730 - 712；传真：+44 - 1483 - 730 - 712；e - mail：richardw@gtllimited.com

GTL 是一家为全球企业提供联络中心服务和业务流程外包服务的顶尖企业。它是印度最大的、向客户提供客户联络中心服务的外包服务供应商之一。

HCL BPO

联系人：Saurav Adhikari

联系电话：203 - 482 - 6498；（印度）联系电话：91 - 120 - 2538958；传真：203 - 326 - 3368；e - mail：sadhikari@corp.hcltech.com

网址：www.hclbpo.com

联系人：Pawan Sharma

联系电话：91 - 120 - 4588972 或 44 - 7736497235；传真：91 - 120 - 4589688；e - mail：pawan.sharma@hclbpo.com

HCL Technologies BPO Services Ltd 是世界上最受业界尊敬的业务流程外包服务和客户联络管理服务供应商企业之一。公司在印度、英国、马来西亚和美国设有八家服务中心，以向客户提供以 IT 技术为主导的外包服务而著称。

Heritage Environmental Services

联系人：Holly Gamage

联系电话：877 - 436 - 8778

网址：www.heritage - enviro.com/index.html

Heritage Environmental Services 是北美最大的私有环境管理公司。

Hewitt Associates

联系人：Kelly Zitlow

联系电话：847 - 442 - 7662；传真：847 - 883 - 9019；e - mail：kelly.zitlow@hewitt.com

网址：http：//was4.hewitt.com/hewitt

Hewitt Associates 是世界最大的，为大型企业提供人力资源外包服务和咨询服务的外包

服务供应商企业，拥有60多年的人力资源管理经验和20多年的外包业务管理经验。Hewitt是惟一一家把人力资源业务流程管理作为核心业务的外包服务供应商，凭借在人才、医疗保健和退休员工管理方面所拥有的人力资源咨询知识和专门技术，它为客户提供全面的人力资源外包管理服务，包括福利、工资和劳务管理服务。

Hewlett - Packard（HP）

联系人：Jim Wardrup

联系电话：972 - 497 - 3839；传真：972 - 437 - 1208；e - mail：jim.wardrup@hp.com

网址：www.hp.com/hps/process/bpjinance.html

HP提供的外包服务可以使客户的企业将主要精力用于处理重要的战略问题，而非纠缠于附加值较低的一般业务流程的管理活动。HP提供的财务和会计服务包括：应付账款管理、应收账款管理、时间与费用管理、固定资产管理、总账管理、项目会计服务和财务状况汇报服务等。

Hexacta

联系人：Juan Navarro

联系电话：54 - 11 - 4779 - 6400；e - mail：juan@hexacta.com

网址：www.hexacta.com

Hexacta是一家位于拉丁美洲的离岸软件开发公司。它以巴西、阿根廷和墨西哥为基地的办事处以十分有吸引力的价格提供优质的软件开发服务。它的客户中包括拉丁美洲、美国和欧洲的大型跨国企业。

Hinduja TMT Ltd.

联系人：A. P. Hinduja

联系电话：91 - 80 - 5732620/50；传真：91 - 80 - 5731592；e - mail：marketing@htmt.soft.net

网址：www.hindujatmt.com

HTMT是为客户提供一站式IT服务和业务流程外包服务/联络中心服务的外包服务供应商企业。HTMT提供的IT服务有：应用软件的开发和维护、原有软件的升级转换服务、工程设计服务和SAP执行服务。公司的业务流程外包服务包括：客户投诉处理服务、技术问询台服务、客户联络中心服务、工资处理服务、应收账款和应付账款管理服务等等。

HRCentral

联系人：Kevin Osborne

联系电话：425 - 462 - 6286；传真：425 - 455 - 5995；e - mail：brudkin@hrcentral.com

网址：www.hrcentral.com

HRCentral是一家专门提供各种人力资源管理外包服务的企业。它所提供的服务使企业可以不必花费维持传统人力资源管理部分所需的高额费用，也一样可以享受到高质量的人力资源管理与支持服务。

HR XCEL

联系人：Jeff Mortland

联系电话：704 - 357 - 6008；传真：704 - 357 - 1688；e - mail：jmortland@hrxcel.com

网址：www.hrxcel.com

HR XCEL 是一家经验十分丰富的人力资源和福利管理外包服务供应商。

Hudson Resourcing

联系人：Thomas Moran 或 Christine Raynaud

联系电话（美国）：212 - 351 - 7300；传真：646 - 658 - 0544；

联系电话（英国）：+44 - 20 - 7187 - 6000；传真：+44 - 20 - 7187 - 6001

网址：www.hudson.com

Hudson 提供的服务十分全面。在人员招聘方面的服务包括：Hudson 提供招聘合同工和全职员工的服务；它帮助客户寻找、筛选和确认中级的专业、技术和管理人才。在业务外包方面提供的服务包括：周密的人员招聘解决方案、全套人才招聘服务、外包服务供应商管理和客户代表服务等。在人力资源咨询方面提供的服务有：提供目的在于评估员工工作能力、进行员工职业前途规划管理和挽留重要员工的人力资源咨询服务。

Hughes BPO Services

联系人：Amalendu Das

联系电话：91 - 124 - 509 - 5555，Ext. 5546；e - mail：ansdas@hss.hns.com

网址：www.hughesbpo.com

Hughes BPO 提供富有特色的离岸业务外包服务。公司拥有世界水平的基础设施，能够提供一流的服务，同时也被评为印度最佳雇主企业。公司提供多种电话中心和办公室管理服务。

Hyrian

联系人：Daniel Solornons

联系电话：877 - 448 - 6837 或免费电话：323 - 525 - 3400；e - mail：sales@hyrian.com

网址：www.hyrian.com

Hyrian 在全美为名列财富 500 强和全球 1000 强的企业提供终端人力资源招聘业务外包服务。它的服务项目涵盖整个人员招聘流程，从工作职位的设计到目标人员的寻找，再到候选人的筛选和员工背景调查等，甚至包括后期的人员慰留工作等。

IBM Business Consulting Services

联系人：Catherine Roberts

联系电话：818 - 539 - 3091；e - mail：catherine.a.roberts@usibm.com

Corporate 联系人：800 - IBM - 7080，Ext. ONDEMAND

网址：http：//www - 1.ibm.com/services/us/index.wss/it/so/a1000414 和 http：//www - 306.ibm.com/e - business/ondemand/us/opetations/outsoutcing.shtml

IBM Business Transformation Outsourcing 是一个通过外包模式来整合经营流程、人员和技术转型管理，从而达到提高企业价值目的的企业咨询服务项目。

ICG Commerce

联系人：Jason Gilroy

联系电话：312 - 558 - 4590；传真 877 - 424 - 2339；e - mail：jgilroy@icgcommerce.com

网址：www.icgcommerce.com

ICG Commerce 提供全面的企业支出管理服务（支付采购款项、对外购买技术和业务托管支出等）。公司通过成熟完善的技术和管理技能为 50 多家企业提供的外包服务，帮助这些客户节省了大笔的开支。

ICICI OneSource

联系人：Bhupender Singh

联系电话：+91 - 6531414，Ext. 7524；传真：+91 - 6531414；e - mail：bhupcnder.singh@icicionesource.com

网址：http：//ICICIOneSource.com

ICICI OneSource（I - OneSource）为零售银行、信用卡、保险、抵押贷款和财产管理行业的企业提供交易处理服务。同时，公司还为多家其他行业的企业提供电话联络中心服务。I - OneSource 的客户中包括名列财富 500 强的公司和 FTSE 100 强的公司，为这些企业的超过 800 万个客户提供了互动服务。

i—flex Solutions

联系人（美国）：Sajal Mukhetjee

联系电话：646 - 619 - 5300；传真：212 - 430 - 1918 or 212 - 430 - 5808；e - mail：sajal.niukhetjee@iflcxsolutions.com

联系人：Dennis Roman 联系电话：+44 - 207 - 531 - 4400；传真：+44 - 207 - 531 - 4401；e - mail：v.senthilkumar@iflexsolutions.com

联系人（India）：Rakcsh Khanna 联系电话：+91 - 22 - 2839 - 1909；传真：+91 - 22 - 2823 - 5231；e - mail：rakesh.khanna@ilexsolutions.com

网址：www.iflcxsolutions.com

PrinseSourcing 是为商业银行、零售银行、财产管理企业、中央银行、私有和投资银行、资本市场和保险公司提供全方位 IT 解决方案的外包服务供应商。它为超过 105 个国家的 500 多家客户提供服务。i－flex Solutions 的专项服务能使财政机关削减成本，使客户对市场需要作出迅速反应，提高客户的服务水平，并且降低客户的经营风险。自从 1997 年创立以来，有 90 个国家超过 200 家财政机构已经选择了该公司的 FLEXCUBE 产品，它被英国的 International Banking Systems（IBS）在 2002 年和 2003 年连续两年，列为世界销量第一的银行业务解决方案。FLEXCUBE 也被《银行家杂志》（金融时代集团出版，伦敦）评为 2003 年的核心银行业务解决方案和最佳应用软件。

IKON

联系人：David Mills and Cathy Lewis

联系电话：888－275－4566；Corporate Offices：610－296－8000；e－mail：sales@ikon.com

网址：www.ikon.com

与客户结为密切的合作伙伴关系对客户对相关业务的需求、成本、操作流程和未来期望进行评估，是文件管理业务战略外包服务业务的一个重要组成部分。IKON 提供的文件管理服务包括：专业服务、现场管理服务、场外印刷生产、法律文件服务、数字图形和转换及电子服务、财务文件处理服务等。

iGATE

联系人：Aprajita Rathore

联系电话：412－257－4277；e－mail：aprajitar@advisore.com

联系人：Vivien Jones

联系电话：±91－80－51040000；e－mail：viv.jones@igate.com；

传真：+91－80－51259090；美国免费电话：877－924－4283

网址：http：//wwxv.igate.com

iGATE 是一家 NASDAQ 上市的，全球信息技术和业务流程外包服务企业，在 27 个国家拥有 4000 多名员工，在印度、中国、新加坡、日本和加拿大设有 8 个离岸服务中心。iGATE 的外包服务包括应用软件维护、数据管理、软件开发、联络中心问询台管理服务/技术支持服务和内部办公管理服务。在过去 10 年中，iGATE 已经为几家财富 500 强企业节省了 40%～60%。

India Life Capital

联系人：Kavitha Reddy

联系电话：9108023848U1，Ext. 837；传真：910802384802；e－mail：kavitha@india－life.com

网址：www.india4ife.com

India Life 是印度最大的人力资源管理业务流程外包供应商。该公司提供的战略人力资

源业务流程外包解决方案已经达到国际标准。其核心业务包括工资和福利管理外包服务等。它们为250多家企业和超过25万名员工提供服务。

Infocrossing

联系人：Michael Bendit

联系电话：866-392-4369；传真：201-840-7250；e-mail：marketing@infocrossing.com

网址：www.infocrossing.com

Infocrossing, Inc是一家提供IT业务外包服务的主要供应商。它所提供的服务包括：主机业务外包、AS/400和iSeries管理、开放系统管理、商务持续服务以及IT基础设施咨询服务等。

Intelligroup

联系人：Douglas Berto

联系电话：800-535-0156或732-590-1600或者

联系人：Bosco Malapatti

印度联系电话：91-40-2329 7487/88；传真：91-40-2323 4978；e-mail：marketing@intelligroup.com

网址：www.intelligroup.com

Intelligroup是许多世界知名企业的战略外包合伙人。它行之有效的本地/离岸外包服务模式，已经使成百上千的企业客户通过业务外包，实现了提高经营管理效率和减少成本开支的目的。Intelligroup凭借对特定行业的深入了解而提出的各类解决方案，获得了一贯能够为客户提供超出预期的外包服务的良好声誉。

International Network Administration

联系人：Setup Shah

联系电话：718-460-2118；传真：718-460-2118；e-mail：sshah@netadmin.net

网址：www.netadmin.net

International Network Administration在以下几个领域提供服务：所有IT/MIS和与通讯相关的领域的咨询/配置服务，例如Unix（所有版本）、NT、和其他网络操作系统的系统管理等。

Information Management Systems, Inc.

联系人：Roosevelt Giles

联系电话：404-329-1260-传真：404-329-6365；e-mail：cservice@imsinc.com

网址：www.imsinc.com

提供以下服务：网络和验证服务、问询台服务、概念原形和证据测试服务、路由器安装和培训服务、网络和系统管理实施服务以及Cisco、Checkpoint、ISS Security、Microsoft

WatchGuard 和 Nortel Networks 等软件资格认证服务等。

Infosys Technologies Limited

联系人：Sunder Sarangan

联系电话：510 – 742 – 3038；传真：510 – 742 – 3090；e – mail：lnfosys@infy.com

网址：www.infy.com

Infosys Technologies Ltd 为全球的客户提供咨询和 IT 服务。公司将以合作伙伴的身份，帮助客户在概念上和具体的业务实践中，完成因受科技更新的影响而必须进行的业务转型工作。

Infosys – Progeon BPO Dit'ision

联系人：Subrat Mohanty

联系电话：+91 – 80 – 5117 – 5142（Direct）；企业联系电话：+91 – 80 – 2852 – 2405；传真：+91 – 80 – 2852 – 2401；

美国联系人：Gautant Thakkar 联系电话：972 – 770 – 0456；传真：972 – 770 – 0490 e – mail：gautam_Thakkar@progeon.com

英国联系人：Ramkuntar Akolla 联系电话：+442087743388（Direct）；传真：+44 208 686 6631；e – mail：ramkumar_akella@progeon.com

网址：www.infosys.com

Infosys，咨询和信息技术服务业的领军企业，为全球 2000 强企业提供商务咨询、系统整合、应用软件开发和产品工程服务。通过这些服务，公司可以使客户充分地将新技术用于企业业务流程的改良和转型工作。客户利用 Infosys 的全球管理资源获得高质量、低成本和能够迅速适应市场需要的解决方案。Infosys 拥有 20000 名员工，在世界各地设有 30 家办事机构。

Insurance Data Services

联系人：Lee Roth

联系电话：949 – 661 – 2046 – 传真：949 – 661 – 2749；e – mail：LeeRoth@certsonline.com

网址：www.certsonline.com

Insurance Data Services 是全美顶尖的保险认证调查和外包服务供应商。它的客户包括许多财富 500 强企业和较小的地区性企业。其服务范围遍及美国和加拿大。

International Smart Sourcing（ISS）

联系人：Brian Strebel

联系电话：631 – 93 – 4796；传真：631 – 752 – 6907；e – mail：brains@smart – sourcing.com

网址：www.smart – sourcing.com

通过设在美国的总部和设在中国的分公司，ISS 搭建了一个全方位的、为外包中国的

加工制造产品提供服务的平台。公司主要的服务项目包括：项目管理、资源搜索、工程协调、质量管理和物流管理等。

Interpro Global

联系人：Nandan Setlur

联系电话：866 - 367 - 2100 - 传真：240 - 238 - 2101：e - mail：nandan.setlur@interprobps.com

网址：www.interprohps.com

Interpro Global 提供一系列业务流程外包服务，年营业额超过五亿美元。公司总部设在美国，为多个行业的企业提供各种后勤办公服务、信息技术服务和管理咨询服务。InterPro 同时提供联络中心解决方案、文件管理服务、企业门户网站开发服务、雇主服务、医疗收入周期支持服务以及技术开发和支持服务。

Intetics Co. /Web Space Station

联系人：Svetlana Savitskaya

联系电话：877 - SOFTDEV；传真：847 - 256 - 3190 e - mail：svs@intetics.com

网址：www.WebSpaceStations.com or www.intetics.com

Intetics 是一家位于伊利诺伊州的 IT 公司，擅长提供各种专用软件和网络开发服务。公司在东欧设有软件开发办公室和有 80 位 IT 专家组成的国际团队。自 1995 年来，公司为 31 个国家的 130 多家客户完成了大约 400 个项目。

Investment Administration Sciences Inc.

联系人：Chris Jackson

联系电话：416 - 360 - 8966，Ext. 241；传真：416 - 360 - 8970；e - mail：cjackson@iasciences.com

网址：www.iasciences.com

IA Sciences 为投资管理公司和投资经纪人提供优质的前、中、后端办公管理业务流程外包服务。公司的长项是为客户提供即刻可以开始使用的办公管理解决方案。IAS 的核心业务为内部管理体系的咨询与开发服务以及客户管理业务外包服务。

iSeva

联系人：Sridhar Turaga

联系电话：866 - 828 - 2281or 408 - 764 - 5100 传真：408 - 982 - 5401；e - mail：sales@iseva.com or marketing@india.iseva.com

iSEVA 总部设在加利福尼亚的圣塔克来拉，在新泽西、得克萨斯和加利福尼亚设有销售和营销办公室。公司在印度班加洛设有两个服务中心，提供终端抵押贷款业务的业务流程外包解决方案。

(i) Structure, Inc.

联系人：Jeff Washburn

联系电话：888 - 757 - 7301；传真：480 - 775 - 5398；e - mail：info@i - structure.com

网址：www.i - structure.com

(i) Structure 为客户提供全天候的电脑系统维护管理服务。其服务项目包括：AS400 咨询服务、容量规划、数据库服务、监测、网络服务、性能检测、远程监控和管理、服务平台、信息存贮解决方案、系统运作与管理等。

i - Vantage Inc.

联系人：Mahendra Penumathsa

联系电话：617 - 393 - 2338，Ext. 1306；传真：253 - 679 - 2959；e - mail：mahendrap@i - vantage.com

网址：www.i - vantage.com

i - Vantages 擅长软件开发、系统整合、应用软件维护、远程管理和技术支持服务。它们还能提供全套的业务流程外包服务，譬如办公和客户服务业务流程管理等。

Jacobson Companies

联系人：John Rolf

联系电话：515 - 265 - 6171；传真：515 - 263 - 8927；e - mail：marketing@jacobsonco.com

网址：www.jacobsonco.com

Jacobson Companies 是一家由六家独立的公司组成的，能够提供全面的物流服务的企业集团。这六家企业分别是 Jacobson Warehouse，Jacobson Transportation，Jacobson Packaging，Jacobson Logistics，和 Jacobson Industrial Services。

Johnson Controls - Facilities Management

联系人：Denise M. Zutz

联系电话：414 - 524 - 1200；传真：414 - 524 - 2077；e - mail：Denise.M.Lutz@jci.com

网址：www.johnsoneontrols.com/cg - services/Default.htm

Johnson Controls 是世界领先的全球经营设施管理解决方案供应商。凭借在经营设施管理领域 50 多年的丰富经验，Johnson Controls 可以为全球各地的客户企业提供全面的工作场所解决方案，使你的企业所使用的设施随时满足经营管理的需要。Johnson Controls 的服务具有以下优点：更低或更加便于预测的经营成本、有利于实现工作环境的优化管理、值得信赖的服务质量。

JPMorgan

联系人：Doug Criscitello

联系电话：202 - 533 - 2128；e - mail：douglas.a.ctiscitello@jpmorgan.com

网 址： www.jpmorgan.com/cm/cs? pagename = Chase/Href&urlname = jpmOrgan/trust/government

JPMorgan 的政府外包服务部门为美国的联邦政府、州政府和世界其他国家的政府提供全面的解决方案。它们的解决方案包括：付款服务、贷款会计服务、委托人和财产信托服务、投资和证券管理、文件记录整理、文件维护和保管、履行政府协议的内容和信息系统管理等等。

Kanbay International.

联系人：Debra Johnson

联系电话：847 384 6100 传真：847 384 0500；e - mail：solutions@kanbay.com

网址：www.kanbay.com

同时拥有必需的专业技术和商业管理的战略眼光，使 Kanbay 成为技术咨询领域十分富有特色的外包服务供应商——正是因为如此，许多金融服务业颇负盛名的企业都在使用该公司提供的服务。Kanbay 的四个具体服务项目是：信用管理服务，包括针对信用卡、借记卡、智能卡和保证它们运行的所有管理系统所提供的支持性服务。

Kawin Interactive Inc.

联系人：Kaushal Chokshi

联系电话：630 - 355 - 9377；e - mail：info@kawin.net

网址：www.backupoffice.net

Kawin 提供网络开发、电子商店软件开发、纵向门户（vortal）网站开发、应用软件开发、网络管理、网络营销、网络维护和门户网站管理等外包服务解决方案。它使用各种各样的软件包、程序语言、工具和数据库产品来提供各类项目管理服务。通过设在美国的办事机构，公司能够提供各种近乎完美的项目管理服务。

Kaye - Smith

联系人：Vicki LaBarge

联系电话：425 - 228 - 8600 或 800 - 822 - 9987 或 925 - 294 - 5300，Ext. 217；

传真：425 - 226 - 4312 或 925 - 294 - 5301；e - mail：vicki.labarge@kayesmith.com

网址：www.kayesmith.com

Kaye - Smith 是一家业界顶级的文件管理公司，提供报表和票据处理、一对一直接营销管理、数据库编程管理、数据库管理、数据重组管理以及印刷/表格管理等多项解决方案。

Keane, Inc.

联系人：Gary Rader

联系电话：617－241－9200；800－73－KEANE，617－241－9507；e－mail：Gary.D.Rader@keane.com

网址：www.keane.com

企业联系人：美国和加拿大：312－787－6777；英国：Sharron Lloyd，0870 191 6243；e－mail：bpo@keane.com

Keane，Inc.（NYSE：KEA）通过提供范围广阔的商务咨询和外包服务，帮助客户改善经营管理活动和IT技术应用的效率。特别的，Keane提供的各种配套服务包括：应用软件开发与整合、应用软件外包和业务流程外包服务。

Keane Worldzen

联系人：Kate Duggan

联系电话：925－398－8810；传真：925－398－8810；e－mail：Kate_Duggan@keane.com

网址：www.keaneworldzen.com

Keane Worldzen通过提供业务流程外包和经营管理咨询服务，帮助客户企业最大程度地提高企业的经营效率。公司提供的解决方案综合了业务流程重新设计、技术改良和业务外包等多项内容，十分富有特色。近30年来，Keane Worldzen给某些财富500强企业，主要是医疗保健企业、保险企业、金融服务企业和债务管理企业的经营管理模式带来了十分可喜的变化。Keane Worldzen是Keane.Inc.负责完成业务流程外包服务的分支机构。

Kenexa

联系人：Donald F. Volk or Sora Teten

联系电话（美国）：610－971－9171；传真：610－971－9181；e－mail：Don.Volk@kenexa.com或sora.teten@kenexa.com

网址：www.kenexa.com

联系电话（英国）：±44（0）207－851－8120；传真：+44（0）207－851－8121；e－mail：europeaninfo@kenexa.com

Kenexa为某些财富500强企业和中型企业提供部分或整套员工招聘和工作岗位安置服务。从20世纪90年代中期起，Kenexa就一直在全球范围内提供高效率、低成本和高质量的企业员工招聘服务。

KPMG LLP

联系人：Ted Senko

联系电话：303－295－8828；传真：303－382－7439；e－mail：tsenko@kpmg.com

网址：www.us.kpmg.com

KPMG会计师事务所是全球首屈一指的内部审计服务供应商。通过提供管理保障服务，KPMG的专业人士能够有效地控制客户的财务和运营风险，并将内部审计职能转换为一项能够为客户企业提供战略企业信息的重要工具。

Larsen & Toubro (L&T) Infotech

联系人：Anand Vyas

联系电话：770 - 956 - 4019 或 770 - 329 - 6585；传真：770 - 980 - 2050；e - mail：avyas@Intinfotech.com

网址：www.Intinfotcch.com

TL&T Infotech 是一家一流的 IT 业务外包服务公司，提供终端的离岸/本地 IT 业务外包服务。它所擅长的业务包括：应用软件开发、维护和支持、打包执行和升级、针对企业业务改造而提供的 EAI、SCM、CRM、移动技术、以及客户/服务器技术。L&T 是一家经过 CMM Level 5 和 ISO 9001 认证的公司，在印度设有 7 家服务中心，在美国设有两家服务中心。它是资产高达 20 亿美元的 L&T Group 集团公司的一个分支机构。L&T Group 在工程、建筑、MFG 和电信服务等领域，是印度最负盛名的企业之一。

LASON

联系人：Jeni Grasnsan

联系电话：847 - 995 - 7012；传真：786 - 524 - 7655；e - mail：jgrasman@lason.com

网址：www.lason.com

LASON 是一家世界一流的综合信息外包解决方案供应商，在美国的 26 个州以及印度、中国、墨西哥、加勒比地区和加拿大设有 60 多个服务机构。LASON 的核心竞争力在于，它有能力通过承包客户的非核心业务流程，达到提高客户经营表现的目的。

Lead Dog Design & Development

联系人：Sales Department

联系电话：212 - 564 - 5070 传真：212 - 564 - 6886；e - mail：sales@idd.com

网站：www.Idd.com

Lead Dog Design & Development 是一家提供全方位电子商务解决方案的供应商和市场战略咨询顾问。它是一家世界级的互联网设计和开发的供应商，其客户名单上不乏各行各业的顶尖企业。

Liberata

联系人：Patrick McGuirk

联系电话：07974 321 491 or 01494 731 700；传真：01494 731 600；e - mail：patrickmcguirk@liberata.com

网址：www.liberata.com

Liberata 为客户提供业务外包服务，其服务项目包括：保险精算和审核服务、索赔处理服务、客户关系管理、财务和会计服务、人力资源服务、信息和通讯技术服务、政策制定和管理服务、采购服务、收款服务、交易和办公管理服务等等。Liberata 是英国业务流程外包服务供应商中的领军企业之一。

LiveBridge

联系人：John Bartholomew

联系电话：800 - 783 - 6000 或 503 - 652 - 6000；传真：503 - 653 - 3994；e - mail：cdelambo@livebridge.com

网址：www.livebridge.com

LiveBridge 提供电话服务中心的创建、管理和运行服务。它同时也提供电话服务中心基础设施的建设和维护服务。

Logisteon Supply Chain Solutions

联系人：Thomas Marlow

联系电话：630 - 400 - 7570；传真：630 - 563 - 1973；e - mail：info@logisteon.com

网址：www.Logisteon.com

Logisteon Supply Chain Solutions 通过提供供应链咨询、设计、改造和国内外管理服务，帮助客户企业确立高效的经营管理策略。

Machro Tech, LLC

联系人：Manish Chowdhary

联系电话：203 - 336 - 2284 Ext. 202；传真：203 - 384 - 6327；e - mail：sales@machrotech.com

网址：www.machrotech.com

MacbroTech 是一家世界级的离岸软件开发和电子商务咨询公司，在美国的康涅狄格州设有先进的软件开发中心，同时在印度的 Pune 也设有离岸软件开发服务中心。它的离岸外包服务包括：应用软件离岸编程服务；电子商务解决方案服务；应用软件整合服务；SCM 服务；客户关系管理服务以及包括数据处理、工资、会计和人力资源管理等内容的业务流程外包服务；电话中心服务；质量管理和测试服务；技术支持服务以及在线市场营销和调查服务。

Mahindra—British Telecom (MBT)

联系人：Jagdish Mitra

联系电话：+91 22 5679 2000；传真：+91 22 2852 8959；e - mail：jagdish.mitra@mahindrabt.com

网址：www.mahindrabt.com

MBT 是一家一流的软件外包服务供应商，为电信业企业，包括电讯公司、设备供应商、软件商和其他综合性电讯解决方案供应商，提供软件开发服务。公司凭借丰富的电信产业知识所提供的服务包括：应用软件开发、应用软件管理和维护、价值提升管理、综合

打包和执行等。

Manpower

联系人：Tammy Johns and Margaret Gerstenkorn

联系电话：414 - 906 - 6336；传真：414 - 906 - 7822；e - mail：mgersten @ na.manpower.com；e - mail：tansmy.johns@na.manpower.com

或联系人：Tracy Shulobrit

联系电话：414 - 906 - 6088；传真：414 - 961 - 8780；e - mail：tracy.shilobrit @ na.manpower.com

网址：www.manpower.com

Manpower是一家世界顶级的员工招聘服务企业。公司为大中小型企业提供人员招聘及培训管理服务，在67个国家设有超过4300个办事处。公司擅长向客户企业提供全职员工、临时工和合同工的招聘服务，员工工作表现评估服务，培训服务，职业转换和企业咨询服务以及业务流程外包服务。在公司名下开展业务的其他品牌还包括：Right Management Consultants、Jefferson Wells、Elan、Brook Street和Empower。

Marlborough Stirling

联系电话：+ 44（0）1242 547000；传真：+ 44（0）1242 547100；e - mail：info @ marlhorough - stirling.com

网址：www.nsarlborough - stirling.com/channels/uk/default.htm

Marlborough Stirling Mortgage Services（MSMS）为多种产品提供灵活专业的多渠道分销支持服务，包括电子商务解决方案。

Mastek

联系人：Sanj.w Mudnaney

联系电话：91 - 22 - 829 - 0182，Ext. 1155；传真：91 - 22 - 829 - 0557；e - mail：marketing@mastek.com

网址：www.nsastek.com

Mastek Ltd.是一家通过ISO 9001认证的全球IT服务公司，在美国、英国、德国、新加坡和马来西亚设有分支机构。它在印度孟买设有5个最新技术装备的离岸软件开发中心，占地面积达150000平方英尺。Mastek拥有800多名经验丰富的IT员工，提供以下离岸外包服务：应用软件开发、应用软件转换和支持服务、产品开发和支持以及互联网应用软件开发等等。

MBS

联系人：Gabriel Romero

联系电话：678 - 795 - 5700；传真：678 - 795 - 5747；e - mail：gromero @

theMBSsolution.com

网址：www.theMBSsolutjon.com

H&R Block 公司的分支机构，提供综合的薪金处理、福利代理和福利管理服务，通过 SingleSource 技术为客户企业提供最佳的员工管理服务。与其他薪金管理公司不同的是，MBS 也是一家经过专业授权的，提供全面的核心福利、自助食堂计划、401（k）以及其他保险和金融服务的代理服务公司。

Mellon HR Solutions

联系人：James Calver

联系电话：86mellonhris；e-mail：calver.j@mellon.com

网址：http：//mellon.com/hrils

借助整个 Mellon 企业的专业技术，公司的 HR&IS 部门运用其在财务和人力资本管理方面的经验，为客户企业提供全套人力资源和投资人服务，服务内容包括：人力资源管理、工资报酬管理、员工培训和职业发展服务、退休咨询服务、业务流程外包、通信战略和公司重组服务等等。Human Resources & Investor Solutions 在 56 个国家为客户提供服务。

Mercer

联系人：Barbara Perlmutter

联系电话：212-345-5585or 866-879-3384；e-mail：Barbara.perlinutter@nsercer.com

网址：www.mercer.com

Mercer 为 Marsh & McLennan 集团公司的分支机构，在 40 个国家拥有超过 15000 名员工。公司在人力资源管理方面拥有超过 60 年的历史。公司为国内外客户提供范围广泛的服务，其擅长的服务项目包括：员工报酬管理、福利管理、通信和人力资本战略咨询服务。

Meridian

联系电话：+49 171 460 2025；传真：+49 611 205 9068；e-mail：clemens.wolbers@nseridianp2p.com

网址：www.meridianp2p.com

Meridian 为财富 500 强企业提供 T&E 和应付账款管理的总体解决方案。公司设在爱尔兰都伯林的业务处理中心，能够提供从资料输入（OCR 技术）、文件整理、规章制度审核、增值税退税管理、交互式数据门户和电子档案管理以及增值税咨询等多项服务。Meridian 在增值税退税管理服务领域，处于世界领先水平。公司在近 40 个国家设有办事处，客户多是世界各地的蓝筹企业。

Motif Inc.

联系人：Sansir Parekh 或 Parul Mehta

联系电话：+91-70-2656-9828；传真：+91-79-2656-3825；e-mail:samir.parekh@motjfinc.com

网址：www.motifinc.com

Motif的服务包括：电子信箱管理/技术支持、后勤服务处理、财务服务、人力资源服务、福利管理服务、贷款偿还服务、401（k）计划整合、技术支持服务、语音支持服务、电话服务等。

Morneau Sobeco

联系人：David Ostcrhaus

联系电话：412-802-4801；传真：412-622-5665：e-mail：dosterhaus@morneausobeco.com

网址：www.issoriicausobeco.com

Moriscau Soheco是北美最大的DB年金和医疗保健计划服务供应商。

MphasiS

联系人：Anita Singh

联系电话：91-80-2556-7500. Ext.1720；传真：91-80-2552-2719. e-mail：Shreya.Ukil@mphasis.com

网址：www.naphasis.com

MphasiS是一家为全球G2000企业提供IT和业务流程外包服务的外包服务供应商，它通过提供专项技术和经营管理外包解决方案，除了在重要地区设有分支机构外，公司在印度、中国和墨西哥的IT开发和业务流程外包中心建有齐全的离岸基础设施。

MSS * Group, Inc.

联系人：Shannon Murphy

联系电话：510-645-1982；e-mail:Shannon.Murphy@mssgroup.com

网址：www.mssgroup.com

MSS * Group是该行业中最大和最成功的电信费用管理（TEM）服务供应商。仅在2003年一年，公司就处理了金额高达九亿五千万美元的退款业务以及350万张发票业务和15亿笔通电话记录业务。

NEC

联系人：Beth Makosey

联系电话：408-844-1320 企业总部：916-463-7000；e-mail：beth.makosey@necsam.com

网址：www.necsam.com

NEC通过将IT技术与客户企业的核心业务流程和战略目标进行紧密结合，来帮助金融服务业的客户企业优化它们的 IT 投资。NEC Solutions America 是一家为相关联的企业提供综合解决方案的外包服务供应商。NEC Solutions America 的战略和实用咨询服务来自于公司 100 多年的成长经验。从经营业务管理、生化安全管理、商业情报管理、视觉演示系统到高性能服务器管理和相关服务，NEC Solutions America 的所有客户都能够得到度身定做的服务。

NCO Group

联系人：Chuck Burns

联系电话：215－441－2335；传真：215－441－3908；e－mail：chuck.burns@ncogroup.com

联系电话（美国）：215－441－3000；传真：215－441－3929；800－220－2274；

联系电话（英国）：020－8565－4700 网址：www.ncogroup.com

NCO 是世界最大的收支循环管理解决方案供应商，为客户企业提高经营管理的效率和效能提供广泛灵活的解决方案。NCO 能在收支循环的各个阶段为客户企业提出改进现金流和客户关系的解决方案。

NIIT SmartServe Ltd.

联系人：D. Ayappane

联系电话：91－124－8902702；传真：91－124－8902701；e－mail：ayappane@niitsmartserve.com

网址：www.niitsmartserve.com

公司为财务保险企业、银行、电信企业、零售企业、电话服务中心提供办公管理服务；教育和培训服务以及技术支持服务。

NIIT Technologies

联系人：Lee Anne Winsberly

联系电话：770－55－9494；888－454－NIIT；传真：770－551 9229；e－mail：lawinsberly@niit.com

网址：www.niit.com/tech

NIIT Technologies 运用先进的软件开发流程和创新思想，帮助全球各地的客户企业完成将重要业务外包的工作。

Northrop Grumann

联系人：Juli Ballesteros

联系电话：703－713－4675；e－mail：juli.ballesteros@ngc.com；e－mail：sales@ngc.com

网址：www.northropgrumman.com

Northrop Grumman 运用它在 IT 基础设施和系统整合领域的专业经验，为联邦政府、州政府、地区政府和商业客户提供外包解决方案。

Office Tiger

联系人：M. Breault or Anupam Ahuja；e－mail：aahuja@officetiger.com

联系电话：212－629－9275；传真：212－629－9276；e－mail：mbreault@officeriger.com

网址：www.officetiger.com

自1999年以来，Office Tiger一直致力于为美国本土的外包服务供应商和其他第三方服务企业提供专业服务，使它们取得更高的效率和更大的收益。

OKS Group

联系人：Brian Johnson

联系电话：77－229－8625；传真：772－229－5778；e－mail：bjohnson@oksgroup.com

网址：www.oksgroup.com

OKS Group是一家为国内外客户企业提供业务流程外包服务、信息技术外包服务和电话中心服务。它的服务项目包括：电话呼出呼入服务、数据获取和分析服务、业务处理服务、办公管理服务、网络开发服务、语音记录服务、业务流程咨询服务；直邮和直接营销服务以及其他的全套的业务流程外包服务、信息技术外包服务、电话中心服务以及客户关系管理服务等。OKS在美国、英国、加拿大和德国设有咨询办公室，在美国、印度和马来西亚建有生产中心。

Olive Optimized e－Business Solutions

联系人：Dipin Kapur

联系电话：91－11－2699－1100；传真：91－11－2699－1110；e－mail：enquiry@oliveglobal.com

网址：www.oliveglobal.com

Olive e－Business是一家在印度设有离岸开发中心的全球顶级的网络解决方案和软件外包服务企业。它为企业提供全球离岸外包解决方案。凭借行之有效的专业技术，Olive提供包括应用软件开发服务、网站设计、网络主机管理服务、搜索引擎排名服务、业务流程自动化解决方案、门户网站开发、BtoB站点开发、客户关系解决方案、文件管理服务、产品目录开发、电子商务解决方案以及互联网和企业局域网的开发解决方案。

Oracle On Demand

联系人：Timothy Chou 或 Glenn P. Lini

联系电话：800－833－3536加利福尼亚总部：650－506－7000；Reston，VA：703－478－9000；主传真：703－318－6340；e－mail：Glenn.Lim@Oracle.com

网址：www.oracle.com

Oracle On Demand通过最新科技的数据中心帮助客户管理企业的技术数据，从而使客户企业的IT开支转化为每月固定的一笔费用，并且得到有效的控制。让Oracle的专家介入你所在企业的数据库管理、应用软件管理和训练工作，能够使你公司自己的 IT 人才专心致力于战略生产技术的开发，从而给企业带来更大的经营收益。

Outsource Management Group

联系人：Celeste Smith – Patkerson

联系电话：502 – 515 – 7656；e – mail：celestes@omgservices.com

网址：www.onsgservices.com

Outsource Management Group 提供多种外包解决方案，其中包括：邮件室设备管理服务、复印中心图像处理服务、交换机维修服务、货物运输和接收以及仓库管理设备的评估咨询服务等。

Outsource Partners International, Inc.

联系人：Kishore H. Mirchandani；e – mail：kmirchandani@opiglobal.com 或

联系人：James H. Liggett

联系电话：212 – 768 – 9393；传真：212 – 768 – 9414；e – mail：jliggett@opiglobal.com

网址：www.opiglobal.com

Outsource Partners International, Inc.（OPI）是一家先进的业务流程外包服务公司。公司擅长财务和会计服务，它们提供的富有创意的业务解决方案能够带给客户企业显著的竞争优势，并且使它们能够集中精力于各自的核心业务。在一般的企业中，业务处理部门通常是员工人数最多、最耗时、也最容易出错的部门。通过一整套经过实践检验的最佳作业程序，公司能够为客户企业提供高效的信息管理服务，并且根据事先设定的业务流程，对相关信息进行即时监管和及时的汇报。OPI 提供的服务包括：应收账款处理服务、应付账款处理服务、现金支付服务、信用记录管理服务和收账服务、现金管理、出单、银行业务服务等等。

Outsourced Venture Capital Solutions

联系人：Scott Wilson

联系电话：727 – 784 – 5461；传真：727 – 784 – 6689；e – mail：swilson@chiefresourceofficer.com

网址：www.outsourcedvcsolutions.com

Outsourced VC Solutions 对风险投资项目通过业务外包实现盈利的可能性进行客观的评估。公司推荐的外包解决方案，能够帮助客户企业迅速地实现投资回报和收益。

Outsourcing Solutions, Inc.（OSI）

联系人：TimothyJ. Bauer

联系电话：800 – 487 – 2005

网址：www.osioutsourcing.com

Outsourcing Solutions Inc.（OSI）是全美首屈一指的业务流程外包服务供应商，公司通过提供战略应收款管理服务，帮助客户企业大幅提升盈利能力。公司拥有最好的员工和管理方法、深度的产业知识以及超过50年的经验，它所提供的应收账款管理服务，能够为客户企业创造最大的利益。OSI在美国的25个州以及加拿大、墨西哥和波多里哥设有超过65个办事机构，同时在许多客户所在城市，通过合作伙伴提供专业服务。

PacificNet Communications

联系人：Victor Tong

联系电话：605-229-6678；传真：605-229-0394；e-mail：usoffice@pacificnet.com

网址：www.pacificnet.com

PacificNet是中国的最大的电话服务中心和数据输入服务中心。公司的外包团队拥有5000个席位和2000位员工。公司（Nasdaq：PACT）的子公司PacificNet Communications Limited是一家提供高附加值电讯服务的外包服务供应商。公司在大中华地区提供电话中心服务、客户关系管理服务、电话营销服务、数据开发服务以及如SMS、MMS、UMS、LBS、移动商务、漫游、寻呼、无线上网，VPN和VoIP等移动数据服务。

PAR Computer Sciences（Int.）Ltd.

联系人：Dipa Kapadia

联系电话：91-22-2497-1450；传真：91-22-2497-1460；e-mail：par@parcomputers.com

网址：www.parcomputers.com

以网络为基础的软件开发解决方案、网络设计、多媒体解决方案和办公管理服务，是PAR的核心业务。公司提供的办公管理服务包括：票据处理、财务数据分析、表格处理、电子书籍转换、网络文字开发、文件转换和数字化产品目录等。

Patni Computer Systems Limited

联系人：Ravi Ramabuja

联系电话：91-22-5693-0500；传真：91-22-2832-4856；e-mail：mktg@patni.com

网址：www.patni.com

Patni Computer Systems Limited是一家全球2000强企业提供IT服务的外包服务供应商。公司的客户来自包括生产制造企业、保险公司、银行和财务服务公司、零售企业以及能源和公用事业企业。公司拥有8000多名经验丰富的员工，在7个城市设有多个离岸软件开发设施，并在横跨美洲、欧洲和亚太地区拥有22个国际办公室。Patni2003年的收入超出两亿五千万美元。公司提供的服务广泛，包括应用软件开发和重建、应用软件管理和业务流程外包服务。

Perimeter Technology

联系人：Howard Smedley

联系电话：603 - 645 - 1616，Ext. 1211；传真：603 - 329 - 5464；e - mail：sales@perimetertechnology.com

网址：www.perimctertechnology.com

Perimeter Technology是电话服务中心，Centrex和ACD解决方案——包括VU—ACD/100实时显示管理信息系统——的顶尖外包服务供应商。

Perot Systems Corporation

联系人：Georgia Engle

联系电话：972 - 577 - 6012；传真：972 - 577 - 5142；e - mail：georgia.engle@ps.net

网址：www.perotsystems.com

Perot Systems是信息技术服务和企业解决方案的外包服务供应商，在全球范围内提供服务。

Perot Systems TSI India, Limited

联系人：Anurag Sharma

联系电话：+91 120 2432750；传真：+91 120 2430545；e - mail：anurag.sharma@pstsi.com

网址：www.psti.com

公司提供创新应用软件开发服务，并可以根据客户企业的业务发展需要，对现有软件进行升级改造。

PFSweb, Inc.

联系人：Laura Osborne或Miriam Kertzman

联系电话：972 - 881 - 2900，Ext. 3574；888 - 600 - 6661，Ext. 18；传真：972 - 509 - 7813；e - mail：losborne@pfsweb.com

网址：www.PFSweb.com

PFSweb, Inc.是一家国际性的业务流程外包供应商，为IBM、Lancôme、惠普、The Smithsonian Catalogue、杜邦和诺基亚等国际一流企业提供外包服务。公司为客户度身定制的解决方案包括：订单的执行和产品分销服务、网络客户服务、网络设计和主机维护服务、收益管理、电子商务软件服务和付款处理服务等。

Pilgrim

联系人：Linda Gillen

联系电话：800 - 526 - 4616；传真：617 - 956 - 6448；e - mail：Linda@discoverpilgrim.net

网址：www.discoverpilgrim.net

Pilgrim为个人和商业汽车保险企业提供全套保险和业务流程外包服务。

Pitney Bowes, Inc.

联系人：Natalie Forrest

联系电话：212 – 808 – 3867

网址：www.pb.com

国际联系人：Catherine Verrall

联系电话：+44 1442 416000

Pitney Bowes Management Services（PBMS）是一家主要的全球外包服务供应商，在12个国家拥有1300多家客户。PBMS为客户提供邮件综合管理服务、文件管理服务和图像解决方案。核心业务包括邮件和信息管理服务、创意服务、邮件回收服务、数字邮件服务、资产恢复和管理服务、数码印刷服务、定量印刷服务、多种数据印刷服务、记录归档服务和企业恢复服务等。客户企业包括诉讼服务机构、政府机构、金融服务企业、保险企业和医药企业。

Plan Tech, Inc

联系人：Jim Bongiorno

联系电话：248 – 737 – 2100，Ext. 223；传真：914 – 273 – 2631；e – mail：mrzeznik@gagebabcock.com

网址：www.gagebabcock.com

GBA Consulting Engineers, LLC是一家专业的消防、救生和保安工程公司。

PlatformOne

联系人：Dusty Rhodes

联系电话：800 – 444 – 6211或770 – 623 – 9143；传真：770 – 623 – 5710；e – mail：sales@platformone.com

网址：www.Platformone.com

PlatformOne是SCI公司的一个分支机构。在过去的18年中，PlatformOne已经为450多家客户企业提供了专业的人力资源业务流程外包服务。公司同时也是中型企业市场开拓方面发展最为迅速的人力资源业务流程外包服务供应商之一。

Polaris Software Lab Limited

联系人：K Srinivasan

联系电话：732 – 590 – 8102；传真：732 – 404 – 1188；e – mail：info@polaris.co.in

网址：www.polaris.com

Polaris提供下列领域的业务外包服务：应用软件移植服务、创新应用软件开发服务、互联网软件开发服务、应用软件维护、软件测试和检验服务，主要为金融服务机构提供终端服务，如银行业务服务、信用卡业务服务、风险管理服务、票据和外汇服务、商品和期货服务、客户关系管理方案的设计和实施以及业务重组服务等。

Power Logistics

联系人：Carman Imrisek

联系电话：630－377－3838；传真：630－377－8322；e－mail：info@powergroup.com

网址：www.powergroup.com

The Power Group 是一家具有国际水平的加工制造和物流服务供应商，在两个大洲的四个国家建有 20 个服务设施。Power Logistics 是 The Power Group 公司的一个业务部门。总部位于芝加哥附近的 The Power Group 公司是一家私人控股企业，擅长为各个行业的财富 500 强企业提供物流和加工生产服务。The Power Group 的 3100 多名员工和 30 多年的外包服务经验，成为公司客户获得长期回报的重要保障。

PricewaterhouseCoopers（PwC）

联系人：Joseph Postighone

联系电话：646－394－9319；e－mail：joseph.postighone@us.pwc.com

网址：www.pwc.com

依法纳税是许多商业企业都同样面临的一大挑战，为此，它们不得不雇用专门的税务人才来管理公司的税务申报工作。普华永道会计师事务所（PricewaterhouseCoopers）提供的各项内容广泛的税务服务，能够帮助客户企业满足依法纳税的需要。普华永道所提供的专业人员和技术资源，能够根据客户的实际情况提供合理的建议，使客户企业税务核算部门的管理水平得到最大程度的加强，同时使客户相应的成本支出降到最低。

PrintGPO，Inc.

联系人：S. Wilson

联系电话：727－784－6689；e－mail：info@PrintGPO.com

网址：www.PrintGPO.com

PrintGPO 是发展最为迅速的发包企业与外包服务供应商中介机构。

ProcessMind，Inc.

联系人：Nimish Soni

联系电话：91－80－5110－5000，Ext. 1001；传真：91－80－5110－5200；e－mail：nsoni@processmind.com

网址：www.processmind.com

ProcessMind Inc. 为医疗保健企业、保险公司和金融服务企业提供业务流程外包服务；公司同时也提供业务流程咨询和项目管理服务。ProcessMind 的核心优势在于能够调动公司

在业务流程管理方面的技术优势，将业务流程外包解决方案转化为良好的客户关系。

Prosero

联系人：David Wire

联系电话：678 - 731 - 8500；传真：678 - 731 - 8700；e - mail：sales@prosero.net

网址：www.prosero.com

Prosero 为采购行为注入了巨大的活力。作为联合采购合作行为的开创者，Prosero 为了满足客户的需要，提供战略资源搜索、合同履行、法规管理和供应商管理服务等多项业务外包服务。

Raytheon Professional Services (RPS)

联系人：Jeffrey Lucas

联系电话：972 - 344 - 1092；e - mail：jslucas@raytheon.com

网址：www.rps.com

作为 Raytheon 公司内部的一个分支机构，Raytheon Professional Services（RPS）是一家在全球范围内提供学习培训服务的企业。公司总部设在德克萨斯州 Plano，在亚洲、澳洲、欧洲和美国都设有办事机构，广泛地为汽车制造企业、国防企业、金融服务企业和高科技企业提供培训与学习服务。

Redix Web Solutions

联系人：Dharmesh Acharya

联系电话：91 - 79 - 6400685；传真：91 - 79 - 6566681；e - mail：se@web - design - india.com

网址：www.web - design - india.com

这家总部位于印度的公司能够根据客户的不同需要，提供网页设计、网络应用软件开发、电子商务开发和数据处理服务，并且作为离岸软件开发中心，为海外的软件开发公司提供相关的外包服务。

Reliable Integration Services

联系人：Gary Markin

联系电话：703 - 205 - 0930；传真：703 - 205 - 0920；e - mail：info@risi.com

网址：www.risi.com

自 1988 年以来，位于弗吉尼亚州 Tyson 角 Reliable 公司，为多达 50 万的商业企业和政府 IT 机构提供了优质的软件开发管理服务。

ReSourcePhoenix. com

联系人：Cynthia Randall

联系电话：415 - 485 - 4712；传真：415 - 485 - 4823；e - mail：crandall@resourcephoenix.com

网址：www.resourcephoenix.com

ReSourcePhoenix 提供会计、企业资源计划（ERP）、客户关系管理（CRM）和企业信息处理等多项业务外包服务。

RightNow Technologies

联系人：Dean Brown

联系电话：972 - 232 - 3928；e - mail：dbrown@rightnow.com

网址：www.rightnow.com

RightNow Technologies 是专业从事客户服务的客户关系管理公司，为全球 1000 多家企业提供服务。自 1997 年成立以来，公司在 Bozeman、达拉斯、San Mateo、新泽西、伦敦、悉尼和东京都建立了分支机构。公司在全球使用 13 种语言为客户提供服务。

RSM McGladrey Employer Services

联系人：Louise Sharer

联系电话：800 - 274 - 3978；e - mail：louise.sharer@rsmi.com

网址：www.rsmmcgladrey.com

在 2004 年收购了 MyBenefitSource 之后，RSM McGladrey 咨询公司在原有的工资和福利管理的业务基础上，又增添了人力资源管理外包服务。公司为成百上千家美国大中小型企业提供综合性的工资和福利管理服务和福利代理服务。

SAIC

联系人：Joseph P. Walkush

联系电话：800 - 430 - 7629 或 44（0）845 - 366 - 7242 欧洲或

联系人：Zoraidah Hashim

联系电话：703 - 676 - 2541；e - mail：hashimz@saic.com

网址：www.saic.com/outsourcing/business - process.html

SAIC 意识到，未来的业务流程外包服务对发包企业的要求，将远远超出传统外包服务供应商所具备的技能和能力。它需要外包服务供应商同时具备工程学、科研和专业的生产技术。在为客户企业提供服务的过程中，相互信任是十分重要的，因为客户企业不会允许不信任的企业来管理自己的核心业务。而这种密切的合作伙伴关系又必须建立外包服务供应商高度参与发包企业战略决策流程的基础之上。SAIC 恰好可以利用自身的专业优势，为客户企业提供令人满意的外包服务。SAIC 为之服务的客户包括：水力电力等公用事业企业—资产优化（包括涡轮、输电线、核电站资产）；油气企业—油田开采和勘探技术的研发企业；生命科学企业—药品研发；通讯企业—包括电信成本管理、无线计划优化管理、备品供应、出单、收款、存货管理等；政府机构—终端供应链管理（存货和资产管

理)；汽车生产制造企业；纺织品生产企业；尖端技术设计企业、部件生产制造企业等等。

Sand Martin

联系人：Shiveti Ahuja

联系电话：91 - 11 - 5166 - 3000：传真：91 - 11 - 5166 - 2000

联系人：Sunil God

联系电话：+ 91 - 11 - 5166 - 3000；传真：+ 91 - 11 - 5166 - 2000；e - mail：sgoel@sandmartin.com

网址：www.sandmartin.com

Sand Martin Consultants 是印度最早提供以 IT 技术为依托的外包服务的企业。公司为全球客户提供财务和会计服务、人力资源管理服务、税务管理服务、401（k）退休计划福利会计和管理服务以及健康、意外和伤亡索赔处理方面的服务。

SARCOM

联系人：Rick Allen

联系电话：614 - 854 - 1520；传真：614 - 854 - 1508；e - mail：inquirv@sarcom.com

网址：www.sarcom.com

SARCOM 提供 IT 外包服务，服务项目包括：问询台服务、电话支持服务、服务器管理服务、数据中心服务、IT 项目管理服务、网络维护和监测服务以及 IT 采购服务。

Satyam

联系人：Priyank Tripathi

联系电话：908 - 922 - 7652；e - mail：priyanktripathi@satyam.com

网址：www.satyam.com

Satyain 公司的 The Engineering Solutions Group 是一支由经验丰富的工程技术人员组成的工作团队，为多个行业的客户企业提供设计、自动化、工程分析和产品开发服务。

Scholarship Management Services

联系人：Dorothy Hamilton

联系电话：507 - 931 - 0416；传真：507 - 931 - 8034；e - mail：dhamilton@scholarshipamerica.org

网址：www.scholarshipamerica.org

ScholarShop 是一家提供培训课程和多媒体服务的专业机构，致力于培养年轻人学习和造福社区的潜能。

SEEC Software

联系人：Dave Dalton

联系电话：412 - 893 - 0300 或 800 - 682 - SEEC 或 800 - 940 - 3336（Sales）；传真：412 893 0417；e - mail：ddalton@SEEC.com

网址：www.scec.com

SEEC 软件公司多年积累的软件更新和现代化开发技术，是公司的核心业务，能够为客户企业提供尖端的应用软件开发服务，帮助客户企业解决复杂的软件应用问题，去除不必要的软件配置，并且快速地发现新开发的应用软件与其他软件系统的兼容入口。

Siemens Building Technologies, Inc.

联系人：Brad Haeberle

联系电话：800 - 877 - 7545，Ext. 5744；传真：847 - 229 - 3721；e - mail：info.sbt@siemens.com

网址：www.sbt.siemens.com

Siemens 公司是负责设施管理业务的部门，负责对客户企业的经营设施提供现场管理和其他相关的管理服务。公司擅长提供设施的运行和维护服务，具体的服务内容包括：专业管理、现场技术支持、分包管理服务和能源项目管理服务。

Siemens Business Services, Inc.

联系人：James Faletra

联系电话：781 - 830 - 2274；e - mail：james.faletra@siemens.com 或 Jurgen Frischmuth

联系电话：203 - 642 - 2300；传真：203 - 642 - 2399；e - mail：Sales@sbs.siemens.com

网址：www.usa.siemens.com/sbs

企业联系人：+490 800 - 225 53 36；传真：+49 0800 - 736 33 36

Siemens Business Services 是世界领先的 IT 服务供应商之一。凭借全面的专有技术和对多个行业的了解，西门子公司的这个业务部门为客户企业提供从咨询服务到系统整合与设施管理以及 IT 业务外包的全套服务。在 2002 年财政年度（09/30/02），Siemens Business Services 创造了 58 亿美元的销售额，其中超过 70%的业务收入来自西门子公司以外的其他企业。公司在 44 个国家共有 34000 多名员工。

Sin Technologies Pvt. Ltd.

联系人：Sujatha Kapoor

联系电话：91 - 80 - 2 - 6340050，Ext. 1009；传真：+91 - 80 - 2634 - 0066；电子传真：208 - 545 - 5055；e - mail：sujatha.kapoor@siritech.com

网址：www.siritech.com

Sin Technologies 是一家经过了 ISO9001 - 2000 和 SEI - CMM Level 4 认证的企业，为全球客户提供软件开发和质量管理服务。公司的服务项目包括：根据客户需求度身定做的应用软件开发服务、应用软件/操作平台的转换服务以及软件投产前的前期测试服务。

SmartSource Corporation

联系人：Amanda DeBurro

联系电话：781－785－3331；e－mail：adeburro@smartsourceonline.com

网址：www.smartsourceonline.com

SmartSource 提供电子邮件和传真发送的外包服务。

Softtek

联系人：Alejandra Maria Ancira Cardenas 或 John Beischer

联系电话：703－288－5800；传真：703－288－5833；e－mail：alejandra.ancira@softtek.com

网址：www.softtek.com

为迎合企业今天所面临的复杂多变的挑战，Softtek 提供多种 IT 解决方案。不论客户所在的企业是处于服务行业还是处于生产制造行业，Softtek 的解决方案都能够满足客户企业的技术需要。公司提供先进的应用软件和操作平台开发、执行和技术支持服务，目的是帮助跨国企业更好地开展业务。

SourceNet Solutions

联系人：Dan Reiff

联系电话：979－691－7700；传真：979－691－7766；e－mail：business.development@sourcenetsolutions.com

网址：www.sourcenetsolutions.com

对大多数企业来说，在能源和相关支出上耗费的资金往往在上百万美元以上。同时，在完成数据跟踪、监视市场变化、等级验证、查找和解决开单错误以及编制和分析预算开支报告等项工作方面，公司花费了相当数量的珍贵资源：时间和金钱。SourceNet 的 Energy Information Group 部分是为客户提供所有上述业务的外包服务，同时提供账单管理的网上的账单解决方案。对于发包企业来说，这将意味着更少的人工成本，更准确的能源使用消费数据以及最终体现在财务报表上的更健康的企业经营成果。

Sphenion

联系人：Robert W. Morgan，Lisa Lovas，或 Rip Havel

联系电话：800－422－3819 or 678－867－3000；e－mail：Kiphavel@spherion.com

网址：www.spherion.com

Spherion. 在人才招聘方面的丰富经验建立在公司对劳动力及能够促使员工最大程度地发挥潜能的诸多因素的深入理解之上。

SSI Inc.

联系人：Raj Agarwal

联系电话：508 - 410 - 8930；Toll Free 联系电话：866 - 202 - 119；传真：508 - 256 - 6553；e - mail：dhiraj@ssiincusa.com

网址：www.ssijncusa.com

SSI Inc 是一家总部位于美国，提供电话中心和企业后台支持服务的外包服务供应商。公司在印度 Pune 设有先进的全天候电话服务中心，在美国、哥斯达黎加、拉丁美洲和菲律宾也建有广阔的电话服务中心网络。

STA International

联系人：Robert Williams

联系电话：516 - 997 - 2400；传真：516 - 997 - 2632；e - mail：bwilliams@stacollect.com，或 ny@stacollect.com

网址：www.stacollect.com

STA International 是世界上最大的独立商务信贷管理公司，在美国、欧洲、远东和墨西哥等国家和地区设有分部，并在世界各地都建有分支机构。在超过 50 年为客户企业提供收债和应收账款回收等外包服务的基础上，该公司的业务如今已经涵盖信用保险和信贷管理培训等多个方面。

StarTek, Inc.

联系人：Ruth Jenkins

联系电话：970 - 352 - 6800；传真：970 - 353 - 7652；e - mail：sales@startek.com

网址：www.startek.com

StarTek 能认识到每个合作企业的特别需要，并相应地提供从电子商务到互联网风险投资等各方面的技术支持服务、存货管理服务、订单履行服务、订单处理服务以及分销和供应链管理服务等具体的解决方案。公司在全球范围内提供各种综合性的服务。

Staubach Management Services (SMS)

联系人：Louis G. Erskjrse

联系电话：972 - 361 - 5000；传真：972 - 361 - 5908；e - mail：info@staubach.com

网址：www.staubach.com

Staubach Management Services (SMS) 提供战略资产设备管理服务，服务项目包括：建筑物管理服务、运行维护服务、客户管理服务、项目设计服务、搬家管理服务和 24 小时电话中心服务等等。

Strategic Alliances LLC

联系人：Marty Bodelson

联系电话：770 - 205 - 7042；传真：770 - 476 - 7222；e - mail：mbodelson@strategicalliancesllc.com

网址：www.strategicalliancesllc.com

Strategic Alliances 是一家业内顶尖的，通过直接/间接的销售渠道提供专业销售业务外包服务的企业。它们是能够成为客户自身的销售团队，或增强客户企业的现有销售资源。它们通过签订合同的形式，为电话服务中心/客户关系管理企业提供专业的销售和商务支持服务。

StratSource

联系人：Kevin Leonard

联系电话：972-437-2220，Ext. 357；e-mail：kevin.leonard ~ straightsource.com

网址：www.stratsource.com

StratSource 是一个人才招聘领域的专家。公司运用严格的管理工具，为客户企业提供全套的人力资源管理服务。通过它们的服务，客户企业能够享受到更多的服务、更低的成本，招收到素质更高的员工，也可以使公司的人力资源得到有力的控制和管理。

Sundaram Finance Group

联系人：Sri S. Venkatesan

联系电话：+91-44-2852-6353；传真：+91-44-2858-7054；e-mail：info@sundarambpo.com

网址：www.sundarambpo.com

Sundaram Business Services（SBS）是 Sundararn Finance Limited（SFL）负责业务流程外包服务的部门。SFL 有着 50 年的经营历史，是印度最大的非银行业务金融服务公司之一。Sundaram Financial Group 的服务项目主要包括：财务自动化服务、普通保险服务、资产管理服务、物流服务、信息技术和业务流程外包服务。公司与 Royal and Sun Alliance（英国）、国际金融公司（IFC..Washington，美国）和 FMO（荷兰）等跨国公司保持着良好的合作关系。

Supply Chain Dynamics Inc.

联系人：Bill Cantrell

联系电话：360-833-8883；传真：360-833-8810；e-mail：bill.cantrell@scdconsulting.com

网址：www.scdconsulting.com

Supply Chain Dynamics 是一家专门从事于供应链管理咨询服务的公司，主要工作是协助客户进入全球市场。它在产品开发、市场资源调查、生产加工制造、业务拓展以及国内外物流运输等方面，与客户进行着广泛的合作。它的客户可以切身体会到客户服务质量、工作效率和企业收益能力的改善。

Sutherland Global Services

联系人：Dan Lang

联系电话：800 - 388 - 4557，Ext. 6111；传真：585 - 784 - 2200；e - mail：Dan Lang@suth.com

网址：www.suth.com

Sutherland Global Services，Inc. 是一家业内首屈一指的客户管理公司，在业务流程外包方面有着17年的从业历史。Sutherland Global Services为财富1000强企业提供企业前台和后台管理的设计和建设服务、并提供业务流程咨询、技术支持和询问台服务、客户维护和账户管理等项服务。凭借它们的专业知识和产业领导者的形象，Sutherland Global Services公司17年来，已经发展了超过100家客户。

Syntel，Inc.

联系人：Jonathan James

联系电话：919 - 233 - 6200；传真：919 - 233 - 6210；e - mail：jonathan_ james@syntelinc.com

网址：www.syntelinc.com

Syntel提供IT技术应用管理方面的服务，具体内容包括软件开发方面的软件开发、系统整合与维护服务；电子商务方面的企业对企业、企业对消费者的电子商务服务；企业管理方面的：数据储存服务、企业前端服务以及软件包的集体应用服务等。

TalentFusion

联系人：David Pollard

联系电话：413 - 584 - 2552；e - mail：info@talentfusion.com

网址：www.talentfusion.com

TalentFusion是一家全方位服务的BPO，以领先的技术、流程和人员开展业务，通过更低的价格来改进客户的人才猎取成本。其独有的方法，TalentPath，结合了电子商务平台TalentView，创造能使客户达到好的生产水平的一种招募解决方案。

TATA Consultancy Services（TCS）

联系人：Frank Lewis

联系电话：972 - 484 - 6465；传真：972 - 484 - 0450；e - mail：f.lewis@usa - tcs.com

网址：www.tcs.com或

联系人：Atup Gupta

联系电话：212 - 557 - 8038；传真：21 2867 - 8652；e - mail：a.gupta@usa - tcs.com

TATA Consultancy Services（TCS）是世界领先的信息技术咨询、服务和业务流程外包服务公司。它是率先开展业务外包服务的企业之一，正是类似外包服务供应商的出现，才使

得如今的商业企业能够以更高的效率，创造出更大的财富。TCS是世界顶尖的信息技术服务企业之一，在5大洲的32个国家，为不同行业的客户企业提供多种类型的服务。排名在《财富》前10名的公司中，有6家企业是它们的客户。TCS是亚洲最大的企业集团TATA Group的一个分支机构，TATA Group因其在能源、电信、金融服务、化学制品、工程和材料供应行业进行的投资，为TCS提供了大量的了解国际企业所面临挑战的经验。

TATA Infotech Ltd.

联系人：Rahul Thapan

联系电话（美国）：847－240－1122；传真：847－517－7240；

联系电话（英国）：+44－207－838－8910/11/12/13/14 传真：+44－207－838－8929；联系电话（印度总部）：+91－22－5666－4300；

传真：+91－22－5666－4333；e－mail：marketing@tatainfotech.com

网址：www.tatainfotech.com

TATA Infotech通过积极邀请客户参与的方式，为整个企业界提供多重学习的解决方案。说道学习培训项目的提供者，企业需要的是合作伙伴而不是专注于兜售产品的商家。TATA Infotech作为客户企业为员工提供学习培训计划的合作伙伴，能够直接为客户提供令人满意的服务。公司提供：工作能力管理（对企业中的不同工作岗位进行定义，并提出每个工作岗位的员工必须具备的工作能力）培训；技巧提高改进培训（通过对员工进行有针对性的培训，缩小从工作能力评估中发现的能力差距，以达到相应岗位有称职的员工专门负责的目的）；训练课程设置（通过独到的激励模式，帮助客户企业的员工获得各种工作所需的技巧）。公司提供的培训课程包括产品和业务流程培训，终端客户的软件应用培训等。

TechBooks

联系人：Michael O'Brien

联系电话：703－352－0001；传真：703－352－8862；或联系人：Gurvinder Batra

联系电话：703－352－0001，Ext. 119；传真：703－352－0005；e－mail：gbatra@techbooks.com

TechBooks是一家成长迅速的、为客户企业提供文字设计与数据转换服务与解决方案的外包服务供应商。公司的客户包括出版商、信息搜集整理机构、专业协会、政府机构、大学和大型企业。公司的教育出版集团，TechBooks/GTS，为中学和大专院校的教科书提供文字设计、校样、图形设计和编辑服务以及网络版、无线版和电子版图书的设计制作服务。公司的专业出版社集团TechBooks PPG为科学、技术和医疗类书籍出版商提供文字设计和数据转换服务。它的信息出版集团TechBooks IPG为信息管理机构、大学、图书馆、大型企业和财政机关提供数据转换服务和相应的解决方案。公司的财政管理类图书出版集团TechBooks Financial为财务管理类图书出版公司提供数据转换、文字和图像设计服务。

Tecnovate eSolutions

联系人：Shashank Joshi

联系电话：91－11－263－32751－59；传真：91－11－2633－2760；e－mail：information@tecnovate.co.in

网址：www.tecnovate.co.in

由欧洲排名首位的在线旅游公司eBookers于2001年7月在印度成立的Tecnovate eSolutions，是一家提供多种语言服务的业务流程外包服务供应商。Tecnovate公司成长迅速，为客户提供各种电话中心服务、业务流程外包服务和IT业务外包服务。

Telelink, The Call Center, Inc.

联系人：Sydney Ryan

联系电话：888－693－2255；传真：709－722－5220；e－mail：sydney@thecallcentreinc.com

网址：www.thecallcentreinc.com

这家曾经获奖的网络电话服务中心拥有超过35年的丰富经验，为客户企业提供虚拟的呼叫转接服务、直接应答服务、订单记录服务和产品支持服务。

Terra Solutions

联系人：Susan Sanner

联系电话：949－481－7217；传真：949－481－7217；e－mail：ssanner@terrasolutionsonline.com

网址：www.terrasolutionsonline.com

Terra Solutions提供全方位的ERP和GIS服务，其中包括业务外包服务、应用软件开发服务和相关的咨询服务。它的目标是协助和带领客户企业完成ERP和GIS应用软件的开发、实施和维护工作。

TGA Sciences, Inc.

联系人：Michael Settles

联系电话：781－393－6910，Ext. 203；传真：781－393－6894；e－mail：msettles@tgasciences.com

网址：www.tgasciences.com

TGA Sciences, Inc.是一家专业实验室，为医药、生物工程和科研机构提供从抗体和免疫测定开发到临床监控和数据管理的全面外包服务。

Thinksoft Global Services

联系人：A V Asvini Kumar

联系电话：91－44－28525966；传真：91－44－28412999；e－mail：asvini.kunsar@

thinksoftglobal.com

网址：www.thinksoftglobal.com

Thinksoft Global 是印度最大的、为银行、金融机构和保险公司提供独立软件测试服务的公司。Thinksoft 帮助名列全球 500 强的银行、金融机构和保险公司对新开发的软件进行测试，利用外包部分业务缩短产品进入市场的时间，并通过经济有效的方式达到削减成本的目的。

Tim Kirker Creative

联系人：Tins Kirker

联系电话：914 - 232 - 3564；e - mail：info@timkirkercreative.com

网址：www.timkirkercreative.com

这家位于纽约的独立设计工作室提供数字媒体外包服务，服务项目包括网络设计和应用软件开发服务、网站管理服务、交互媒体服务、包括音像和视频产品的制作、数码图像设计和印刷品设计和制作服务。

TMA Resources

联系人：Jim Roche

联系电话：888 - 878 - TMAR，Ext. 2872；传真：703 - 847 - 2899；e - mail：rocheAames@tmaresources.com

网址：www.tmaresources.com

TMA Resources 是为以会员制企业开发高级管理软件的主要服务供应商，因其多年来在技术开发、服务质量和成长速度等方面的杰出表现，而深受业内好评。

TopSource Global

联系人：Richard Lynch

联系电话：44 (0) 845 - 129 - 4993；传真：44 (0) 207 - 900 - 1989；e - mail：sales@topsource.co.uk

网址：www.topsource.co.uk

TopSource Global 提供下列服务：员工招聘服务、法律服务、直接营销支持服务、应收/应付账款管理服务、薪金服务、财务支持服务和数据管理服务。

Totality Corporation

联系人：Dale Brown

联系电话：415 - 402 - 2880；e - mail：dbrown@totality.com

网址：www.totality.com

Totality 提供全天候的应用软件和基础设施管理（AIM）服务。通过在服务标准化和自动化上取得的重大突破，Totality 在基础设施使用、管理系统的操作和持续管理等方面，提供同行企业无法比拟的高质量服务。Totality 主要为财富 2000 强企业提供服务。

Trammell Crow Company

联系人：John Maher

联系电话：203-359-2222；传真：203-353-1139；e-mail：info@trammellcrow.com

网址：www.trammellcrow.com

Trammell Crow Company 公司的业务外包服务部门凭借丰富的管理经验、堪称行业表率的服务质量和最尖端的科学技术，为每一位客户度身定做能够满足它们核心业务需要的外包服务。公司主要提供以下房地产外包服务项目：设备管理、项目管理、交易服务、办公服务、企业咨询服务、行政管理服务和业务开发服务等等。

TriActive, Inc.

联系人：Alison Raffalovich

联系电话：512-330-0337，Ext. 113；传真：512-328-2504；e-mail：info@triactive.com

网址：www.triactive.com

TriActive, Inc. 是一家管理服务提供商，为中型规模的 IT 组织（那些支持 200 到 5000 个程序安装的）开展单一的企业系统管理。Triactive 的全 MSP 方法包括监测和管理个人电脑、服务器、网络和网络服务器，包括一系列充满活力的系统管理能力。

Trinity Partners

联系人：Amit Goyal

联系电话：91124-501-8670/71/72；传真：91124-245-0139；e-mail：amit.goyal@india.trinitybpm.com

网址：www.trinitybpm.com

Trinity Partners, Inc. 是为全球金融机构提供先进的业务流程管理服务。公司凭借设在全球各地的服务网点，为客户企业提供业务流程优化管理、业务转型和业务外包服务。公司总部设在美国亚利桑那州的 Tucson，通过设在印度新德里的先进服务设施提供离岸外包服务。

Trowbridge Group

联系人：Ben Trowbridge

联系电话：214-696-6410；传真：214-239-0698；e-mail：info@trowbridgegroup.net

网址：www.trowbridgegroup.net

将业务外包还是与外包服务供应商合作提供服务，与客户签订传统的产品合同或是与其建立合资企业，这些都是 Trowbridge 集团每天要回答客户企业提出的问题。作为独立的咨询顾问，公司提供不含任何偏见的战略咨询服务，而它的经验则来自于公司在亚洲、欧洲和美洲承接的大型业务流程外包项目、信息业务外包项目和人力资源管理外包项目期间的积累，这些项目的合同金额超过四百亿美元。

TSi Logistics

联系人：John Stinnette

联系电话：770 - 474 - 1555；传真：770 - 474 - 5095；e - mail：TSisales@TSiLogistics.com

网址：www.tsilogistics.com

TSi Logistics 为物流公司提供服务，服务项目包括：货物清单审计和付款服务、货物丢失和损坏索赔服务、供货商监控服务、货物运输优化管理和运输管理服务等。

UNICCO

联系人：Michael F. Dunn

联系电话：617 - 527 - 5222 或 800 - 283 - 9222；传真：617 - 969 - 2210 e - mail：Mdunn@Unicco.com

网址：www.unicco.com

UNICCO Service Company 是北美最大的设备外包服务企业之一，年收入达 6.9 亿美元，拥有 1000 家客户和 20000 名员工。凭借将近 60 年的丰富经验，UNICCO 提供范围最广的设备管理服务，从设备维护、工程设计、保安、到生产供应、照明和行政/办公服务，都在公司的经营范围涵盖之下。UNICCO 同时拥有高达 95%的客户保有率。

Unisys Corporation

联系人：Alan Aptheker

联系电话：904 - 332 - 9454；传真：904 - 733 - 2951；e - mail：alan.aptheker@unisys.com

网址：www.unisys.com/outsourcing

Unisys 在政府职能管理，如行政管理和财务管理、司法和公共安全管理、公共事业、国防、教育和医疗保健行政管理方面，拥有数十年的实践经验。与客户的内部管理职能相比，Unisys 能够凭借它们的在该领域的专门技术，更为高效地完成相关的工作任务，因为它们并不满足于仅仅完成作为客户的政府原先所完成的业务。身为政府机构的业务流程管理的外包服务供应商，Unisys 有能力对政府机构的管理模式进行重新设计和完善，并采用最新的技术，帮助政府机构将预先拟定的战略发展规划，变成现实生活中的成功案例。

Unisys Managed Application Services

联系人：Susan Beck

联系电话：215 - 986 - 6036；e - mail：susan.beck@unisyscom；正常的产品和服务的销售支援信息：800 - 874 - 8647，Ext. 731or 585 - 742 - 6865

网址：www.unisys.com

Unisys Managed Application Services 提供高端的商业应用软件服务，并能够使客户企业的资本投资减少到最低水平。公司为2000多家金融机构、1500家政府机构、90家通讯企业、世界排名前25家航空公司中的18家公司以及200家报纸提供全面的应用软件管理服务。Unisys 在全世界拥有60个全球数据处理中心，任何一家都可以独立为客户提供服务。

United Customer Management Solutions（UCMS Inc.）

联系人：Cynthia McMillin

联系电话：650－610－7890；传真：650－610－7889；e－mail：info@ucms.net

网址：www.ucms.net

UCMS是一家业界顶尖的电子客户关系管理外包服务供应商。它的服务涵盖从赢得客户到保有客户的整个周期。公司提供的解决方案有：客户关系管理模式的设计服务（运用特有的方法，对客户关系管理流程进行设计和分析）；客户关系管理模式的建立服务（根据客户的具体要求，运用最先进的科学技术，为客户提供可以多方利用的商务管理平台）；客户关系管理模式的操作运行服务（利用先进的客户服务经验，对各种特定的解决方案进行持续管理）。UCMS成立于1995年，并于1996年初开始运营，是一家提倡服务至上的澳大利亚企业。

United Systems Integrators Corporation（USI）

联系人：Rick Bertasi

联系电话：203－327－7272；传真：203－327－7264；e－mail：rbertasi@usirealestate.com

网址：www.usirealestate.com

United Systems Integrators Corporation（USI）成立于1991年，它通过与客户结成互惠互利的长期战略伙伴关系，为客户企业提供全面的房地产业务解决方案。

U.S.Bank

联系人：Steve Dale

联系电话：612－303－0784；传真：612－303－0735；e－mail：steve.dale@usbank.com

网址：www.usbank.com

U.S. Bancorp（NYSE：USB），拥有1930亿美元的资产，它是美国第六大金融服务控股公司。该公司在美国的24个州设有2346家分行和4621个24小时营业的自动提款机，并为普通客户、商业企业和事业机构提供全面的银行、保险、投资、抵押贷款、信托和款项支付服务。U.S. Bancorp为客户提供五星级的服务，如果客户对公司的服务不满意，公司承诺将做出相应的赔偿。而U.S Bank的母公司正是U.S Bancorp。

USA－BPO

联系人：Peter F. Hessney

联系电话：585－586－5855，Ext. 2203；传真：585－586－1512；e－mail：phessney@usa

– bpo.com

网址：www.usa – bpo.com

Unique Sourcing Alternatives（USA – BPO）擅长为设备制造厂商提供技术支持外包服务。该公司是一家技术服务和咨询企业，在向设备制造厂商提供技术支持服务的同时，它们同时也向客户企业提供商业评估、设备价值评估、财务服务、商业收购和企业发展服务等其他项目的服务。公司的管理团队在工程服务领域拥有超过20年的丰富经验。

U.S. Personnel, Inc.

联系人：Neal England

联系电话：972 – 871 – 0400；e – mail：Neale@uspersonnel.com

网址：www.uspersonnel.com

U.S. Personnel 向全美的客户企业提供人力资源管理，薪金支付、保险和福利管理等业务外包服务。

vCustomer

联系人：Chris Massot

联系电话：206 – 802 – 0200；传真：206 – 802 – 0201；e – mail：massot@vcustomer.com

网址：www.vcustomer.com

vCustomer 是一家总部位于美国的外包服务供应商，通过其设在印度的技术先进的业务处理中心，为客户企业提供电话中心和技术支持等业务流程外包服务。公司在同行业企业中处于领先地位。

Vedior

联系人：Justine Eggers

联系电话：31 – 20 – 573 – 5600；传真：31 – 20 – 573 – 5601；e – mail：j.eggers@vedior.co.uk

网址：www.vedior.com

Vedior 是世界一流的人力资源招聘管理公司，在36个国家里根据客户企业的不同需要灵活地提供各种劳动力资源。其2300多家办事处的15000多名雇员为数量不断增长的、对公司服务深感满意的客户企业提供周到的服务。公司每年为约100万人提供各类长短期工作。

Veritude

联系人：Peter Dennis 或 Kate Donovan

联系电话：617 – 563 – 4915；传真：617 – 476 – 4264；e – mail：inquire@veritude.com

网址：www.veritude.com

Veritude 与客户企业携手合作，帮助客户企业提高产品/服务质量、经营灵活性和生产力；降低经营风险以及有效地节约行政开支和经营成本。Veritude 提供各种各样的劳工解决方案，帮助客户企业实现独特的经营目标。

VMC

联系人：Kevin Chelius

联系电话：425 - 558 - 7700；免费电话：877 - 393 - 8622；传真：425 - 558 - 7703；e - mail：info@vmc.com

网址：www.vmc.com

VMC 是一家服务全球的客户企业提供员工和客户沟通联络解决方案的外包服务供应商，公司的客户名单中不乏若干世界著名企业的大名。公司提供的服务包括问询台服务、电话销售服务、客户支持服务。VMC 能够根据客户的不同要求，设计出不同的解决方案。VMC 与其母公司，人员招聘管理领域的巨头 Volt（NYSE：VOL）之间的密切联系，将确保其客户企业能够迅速、灵活和低成本地获得高质量的专业人才。

Wipro Spectramind

联系人：David Lewis

联系电话：480 - 515 - 1009；传真：480 - 502 - 5378；e - mail：David.Lewis@spectramind.com

网址：www.wipro.com

Wipro Spectramind 是印度最大的第三方离岸业务流程外包服务供应商。公司通过与客户密切合作的方式，提供以下五个领域的全方位业务流程外包服务：数据录入服务、规则设定处理服务、决策制定服务、客户直接互动服务和专业知识服务。

Wipro Technologies

联系人：Arjun Viswanathan

联系电话：+91 - 80 - 28440251；e - mail：arjun.viswanathan@wipro.com

网址：www.wipro.com

Wipro 主要提供下列业务流程外包服务：客户互动服务、财务和会计服务、付款服务、人力资源管理服务、供应链管理服务、专业知识服务、索赔处理服务和抵押贷款处理服务等。

WNS Global Services

联系人：Eric Selvadurai

联系电话：+91 - 22 - 5597 - 6100；传真：+91 - 22 - 2518 - 8350 或（美国）212 - 599 - 6960；传真：212 - 599 - 6962；联系电话（英国）：+44（0）1784 - 224216；传真：+44（0）1784 - 224256

WNS 是一家顶尖的业务流程外包服务供应商。除了为航空、旅行和运输、保险和电信等特殊行业的企业提供行政管理外包服务之外，公司同时还提供多种客户服务和数据管理服务。

WNS 提供的水平式服务包括：财会、核心业务管理、产品营销计划支持、人力资源管理和福利管理等方面的数据输入服务、业务处理服务和具体的业务执行服务。WNS 的前身是英国航空公司的一家下属子公司，现在则由全球顶尖的私人投资基金 Warburg Pincus、英国航空公司和公司的管理层共同拥有。

Workscape, Inc.

联系人：Karen Shernan

联系电话：877 – 975 – 7227；传真：508 – 861 – 6200；e – mail：iofo@workscape.com

网址：www.workscape.com

设计应用于劳务领域，Workscape 的福利管理和劳务管理解决方案改变了整个企业所采用的人力资源方式，它使组织有能力得到好的成效。Workscape 的获奖应用程序已涵盖了全球 180 多个主要企业的上百万的员工。

Xansa

联系人：Alistair Cox

联系电话：+44（0）8702416181；传真：+44（0）8702426282；e – mail：sales@xansa.com

网址：www.xansa.com

Xansa 是一家国际性的、为客户企业提供业务流程外包服务和 IT 业务外包服务的公司。它们所提供的业务管理方法和科学技术，能够极大地提高客户企业的经营表现。Xansa 提供的服务包括：业务和技术咨询服务、IT 技术实施服务、IT 采购和业务流程外包服务等。Xansa 在伦敦股票交易所挂牌交易的代码是 XAN.L.。

Xchanging

联系人：David Andrews

联系电话（英国）：+44（0）20 – 7780 – 6999；传真：+44（0）20 – 7780 – 6998；

联系电话（美国）：201 – 223 – 2900；传真：201 – 223 – 2744；e – mail：alistair.larnb@xchanging.com

网址：www.xchanging.com

成立于 1998 年的这家英国公司为伦敦股票交易所、劳埃德和 BAE 等著名企业提供业务流程外包服务、财务管理外包服务、信息技术外包服务和人力资源管理外包服务。公司通过在 2004 年收购 RebuslS 公司，扩展了它在信息技术管理和人力资源管理方面的业务能力，使其业务拓展到了美国和亚洲。

Xerox Global Services

联系人：Mike Morales

联系电话：713 - 888 - 6310 or 800 - ASK - XEROX；传真：585 - 383 - 9452；e - mail：michael.morales@usa.xerox.com

网址：www.xerox.com

作为在文件处理业务外包和设备管理市场的领军企业，Xerox Global Services 提供多种业务外包解决方案。在办公室服务方面，Xerox 可以负责整套解决方案的实施，甚至负责管理客户企业整个办公文件的处理工作。在邮件处理方面，Xerox 能够为客户企业提供符合现代邮件管理所有要求的最优质的服务。在图像和档案管理方面，Xerox 能够为客户提供文件/图像搜索、转换和数据管理服务，协助客户企业完成重要的业务。

Zenta Technologies

联系人：Ashish Khandelwal

联系电话：91225762524. Ext. 2509；企业：美国联系电话：610 - 230 - 2328；传真：610 - 230 - 2328；e - mail：info@zentagroup.com

印度联系电话：877 - 936 - 8283；传真：+ 912225762540

Zenta 为客户企业外包的所有业务提供终端服务，也就是说，客户在该公司可以得到一站式的整体外包服务。这种综合性的外包服务业务可以使客户企业充分享受到业务外包的好处，同时将自身的精力集中于企业的核心业务，从而有效地提高企业的收益，并在全球化的市场大环境中保持企业特有的竞争优势。

附录3

网上的外包资源

外包业务监管类就业信息

Branham Group 300
(www.branhamgroup.com)
每一年 Branham Group 都会发布加拿大前300位的信息技术（IT）公司的排名。

Entrepreneur.com franchise 500
(www.entrepreneur.com/franzone)
该网站包括若干涉及特许经营业务的发包企业的信息和热门的就业信息介绍。

Forbes' Lists
(www.forbes.com/lists)
在这里，你可以找到雇主企业的排名，包括小型企业200强、大型企业400强、福布斯500强企业排名、福布斯国际企业500强排名，全球2000家最大的私人企业排名等信息。

Fortune 500
(www.fortune.com/fortune/fortune500)
列有《财富杂志》500强企业的排名。你可以通过输入公司名称、首席执行官姓名、或行业信息，对企业排名进行查询。

Fortune's Global 500
(www.fortune.com/fortune/glohal500)
世界最大的企业排行榜。

The Inc. 500

（www.inc.com/inc500）

《Inc. 杂志》的网站列有 500 家最佳小型企业的排行榜。

NASDAQ 100

（http：//dynamic.nasdaq.com/dynamic/nasdaq100_activity.stm）

含有 NASDAQ 股票交易市场上最大的 100 家非金融企业和海外企业的排名，NASDAQ100 指数反映了 NASDAQ 主要行业板块中规模最大的企业的相关信息，涉及的行业包括计算机硬件和软件开发生产、电讯、零售/批发贸易以及生物科技等等。

Fortune's Best Companies to Work For

（www.fortune.com/fortune/bestcompanies）

该网页上，根据员工福利、薪金、培训预算、工作/生活的平衡点以及股票表现等因素，对最佳的用人企业进行了评估和列表排名。

Outsourcing Career Center

（www.outsourcingcareercenter.com）

专门介绍在外包服务供应商企业和发包企业担任外包业务监管工作的相关职位的网站。

国际外包领域的人才招聘网站

Outsourcing Career Center

（www.outsourcingcareercenter.com）

惟一一家服务希望在外包领域谋求发展的人士的招聘机构和网站。拥有大量国内外的相关就业信息。

Nearshoring Opportunities（加拿大、加勒比、维京群岛和墨西哥）ActiJob

（www.actijob.com）

加拿大知名的大型求职网站。

Canadian Careers

（www.canadiancareers.com）

创建于 1996 年，为加拿大人提供就业信息的专门网站。

Canadian Executive Recruitment

(www.cdnexec.net)

主要着重于为加拿大的化工、消费物资、塑料、汽车、电气、重工业行业招聘员工。

Conjoin

(www.canjobs.com)

该网站拥有数百个求职通道，服务对象是加拿大公民和居民。

Caribbean Employment

(www.crsitjobs.com)

Caribbean Resourcing Solutions Ltd.（CRS）是特里尼达多巴哥第一家提供信息技术人才招聘的服务机构。

Latin America

(www.bolsadetrabajo.com/bolsadetrabajo)

为讲西班牙语的专业人士提供就业机会和个人简历服务。

Sympatico

(www.sympatico.ca)

加拿大媒体，提供来自所有国家的信息和新闻。

Virgin Islands

(www.usvi.org/labor/index.html)

提供人才招聘服务。

WorkopoLis

(http：//globecareers.workopolis.com/index.html)

加拿大最大的求职网站。

全球的离岸求职资源

+jobs

(www.plusjobs.org)

包括全球多个招聘网站的信息，涵盖国家有美国（+Jobs America)、加拿大、澳大利亚、丹麦（in Danish）和英国。

African Jobs

（http：//regional.searchbeat.com/africajobs.htm）

按照字母循序排列的企业和就业信息网站，涵盖了非洲大陆的大部分地区。

All Job Search

（www.alljobsearch.com）

只用提出一个问题，就能进入1000多个工作站点、报纸和新闻信息库。

American Chamber of Commerce in Russia——俄罗斯美国商会

（www.amcham.ru）

AmCham的会员信息不对外开放。但该组织的活动安排、关于俄罗斯的新闻和在俄罗斯生活和经商的建议等信息对所有访问网站的人士开放。

Asia Job Search

（www.asia-links.com/asia-johs）

该网站欢迎美国和亚洲的求职者访问浏览。

Asia Net

（www.asia-net.jp）

成立于1997年的Asia-Net一直致力于在环亚太地区帮助专业人士寻找工作机会，帮助企业寻找适合的人才。

Asia Online

（http：//asiadragons.com/employment/home.html）

包括许多亚洲国家的工作职位和简历信息的网站。

Atlantic Research

（www.atlanticresearch.com）

客户包括高科技、制造和服务业的初创企业、发展迅速的中型企业以及一些在世界上颇具盛名的跨国企业。

Australian Job Search

（www.jobsearch.gov.au）

囊括了若干求职网站的信息，每天都有超过10万个澳大利亚地区的就业信息发布在该网站上。

Avotek

(www.avotek.nl/jobs.htm)

该网站包括许多与 Avotek 出版的在国际市场上求职的书籍相关的信息。同时，该网站也提供国际招聘网站、招聘机构和其他资源的链接。

Career Builder International

(www.careerbuilder.com/JobSeeker/Jobs/jobfindil.asp)

Career.com

(www.career.com)

CareerIndia

(www.careerindia.com)

CareerBuilder International Job Search

(www.careerbuilder.com/JobSeeker/Jobs/jobfindil.asp?sc_cmp2 = JS_HP1_QSB_Intl)

该网站提供了许多国家招聘网站的信息，相关的国家包括加拿大、英国、日本、东南亚国家、欧洲其他国家以及众多其他国家及地区。

Career One

(www.careerone.com.au)

提供澳大利亚的就业信息。

CVOnline

(www.cvonline.cz)

捷克的网站，能为你提供该国企业的招聘政策、就业信息、其他文化和商务信息等。

Direct Employers' Employment Starch Engine

(www.directemployers.com)

创建于 2001 年。由众多美国大型企业发起，主要的目的是顺应互联网招聘的潮流，相关内容包括：招聘政策、实务、招聘标准等各类信息。

Embassy World

(www.embassyworld.com/embassy/directory.htm)

搜索引擎，提供世界各国大使馆和领事馆的查询信息。

Employers Online

(www.employersonline.com)

为雇主、职业中介公司和求职者提供一站式服务的网站。

Employment 911

(www.employment911.com)

为雇主、职业中介公司和求职者提供解决方案的网站。

EscapeArtist.com

(www.escapeartist.com)

十分出色的信息网站，它所提供的信息包括：海外工作情况介绍、海外生活介绍、国家概况、相关文章、电子书籍、Escape Artist 杂志、离岸投资、国际房地产行情、海外退休养老信息等。

EuroJobs

(www.eurojobs.com)

提供欧洲所有国家的就业信息。

European Employment Services

(www.europa.eu.int/eures/index.jsp)

提供欧共体所有成员国的生活和工作状况统计数据。

GisaJob Recruitment

(www.gisajob.com)

英国本土的免费招聘网站。

Going Global

(www.goinglobal.com)

Goinglobal.com 的管理团队由不同国籍的人士组成，但他们都有一个共同的经历：即都在本国以外的国家或地区生活和工作过。

International Jobs.org

(www.internationaljobs.org)

国际性的招聘周报，为订阅者服务，但有一些工作职位信息也对非订阅者公开，其中包括那些雇主急切地需要有人填补的“热门工作”，注册者可以通过电子邮件获得这些信息。

Israel Job Net

(www.jobnet.co.il)

提供以色列的招聘信息。

JobAsia

(www.jobasia.com/home.shtm)

提供中高级员工的职位空缺信息。是香港的主要求职网站。招聘信息技术、会计、投资分析、营销、销售、工程师、图形设计、编辑、实验室管理及实习生等企业各部门的人才。

Job Pilot

(www.jobpilot.com)

在11个欧洲国家提供服务，同时使jobpilot.com成为企业提高国际知名度的良好平台。

Jobs at + .com

(www.jobs - at.com/front/scripts/default.asp)

为英国、苏格兰、威尔士、爱尔兰、美国、加拿大、南非、澳大利亚、新西兰以及欧盟的英语国家服务。

Jobs DB

(www.jobsdb.com)

服务的国家和地区包括：澳大利亚、中国香港、印度、印度尼西亚、韩国、马来西亚、菲律宾、新加坡、中国台湾和泰国。

JobServe

(www.jobserve.com)

提供英国、欧洲、亚洲和澳大利亚信息技术行业的职位信息。

Job Shark

(www.jobshark.ca/caeng/index.cfm)

加拿大最大的职业招聘企业之一，其庞大的数据库管理技术使其与同类企业相比，具有绝对的技术优势。

Job Street Singapore

(www.jobstreet.com.sg)

提供新加坡的就业机会。

Job Web

(www.jobweb.com)

由全国大专院校和雇主协会(NACE)出资赞助的,为在校学生和新毕业生提供服务的职业介绍网站。

Lat Pro

(www.latpro.com)

美国最大的西班牙语和双语就业信息发布网站。

Links to the World's Newspapers

(www.escapeartist.com/media/media.htm)

提供到 International Press and Media of the World 的信息链接。

Middle East Jobs

(www.gulfjobsites.com)

阿拉伯湾和波斯湾地区的综合性求职网站,涵盖地区包括沙特阿拉伯、阿拉伯联合酋长国、阿曼、科威特、巴林、伊拉克和伊朗。

Monster.Com

(http://workabroad.monster.com)

提供全球就业机会和职业建议的专业求职网站。

Naukri

(www.naukri.com)

为印度的求职者和雇主提供全面服务的招聘网站。

New York Times Job Market

(www.nytimes.com/pages/jobs)

读者可以在该网站上寻找工作、寻求就业建议、了解招聘市场的发展动向以及掌握新的求职工具。

Outsource UK

(www.outsource-uk.co.uk/clients.html)

寻找各类 IT 业技术人员的招聘网站。

OverSeas Jobs.com

（www.overseasjobs.com）

特色是为专业人士和海外人士提供国际性的就业机会。

Recruit.net

（www.recruit.net）

亚太地区的IT招聘网站。在这里，你可以找到菲律宾、中国、日本、马来西亚、新加坡和香港地区成千上万条候选人和工作机会的信息。

Russian and European Employment Institute

（www.indiana.edu/ - reeiweb/indemp.html）

在该网站，你可以找到该地区的就业机会及对该地区的语言文化背景进行深入介绍的丰富信息。

Search Engine Colossus

（www.searchenginecolossus.com）

该搜索引擎能够提供与全世界195个国家和47个地区的搜索引擎的网上链接。可以使用多种语言展开搜索。

Superpages. corn

（www.superpages.com）

SuperPages.com是访问次数最多的信息网站。

Total Jobs

（www.totaljobs.com/jobseekers/totaljobs.asp）

拥有成百上千条就业信息，主要涵盖地区是英伦三岛，但并非仅限于此。

U.S.Firms in Russia

（www.departments.hucknell.edu/russian）

该网站主要提供讲俄语，在俄罗斯或东欧地区的就业信息；但是也有在上述地区有业务的加拿大和美国企业的招聘信息。

U.S.State Department

（www.state.gov/ahoutstate）

为在海外工作的美国人提供护照，签证，海外的政府就业，驻外服务，危险的国家报告，出版物及其他服务。

Vietnam Works

(www.vietnansworks.com)

越南的招聘网站。

Work Tree

(www.worktree.com)

世界最大的求职门户网站，有超过50000条各类求职信息。

热门的国际求职和提供移居海外相关服务的网站

Escape Artist

(www.escapeartist.com/jobs/overseas.htm)

该网站为有意移居海外的人士提供海外生活的各种信息，其中包括就业信息。

Expat Exchange

(www.expatexchange.com)

在该网站上，你可以发布个人简历、阅读工作广告、找到关于世界各国文化和生活的深层信息。

Going Global

(www.goinglohal.com)

提供超过23个国家的国家概况信息，就业发展趋势信息，具体的求职信息，个人简历信息以及众多其他方面的信息资源。

The American Foreign Service

(www.aafsw.org)

该网站为美国公民提供海外生活与服务的各种信息。

Transitions Abroad

(www.transitionsabroad.com)

海外学习、生活和工作的指南。这个网上杂志提供海外工作和海外项目的各种有用的信息。

国际职业搜索站点

Action without Borders from Idealist.org

(www.idealist.org/resources.html)

该联络中心提供非政府和非盈利组织的名录，名录中的各类组织按地理位置和工作性质进行排序。

DirectEmployers.com

(http://state.directemployers.com)

能够直接链接到雇主招聘信息的搜索引擎。涵盖国内外的就业信息。可以通过关键字、国家名称、州名、公司名称、行业名称和工作种类进行查寻。

EscapeArtist.com

(www.escapeartist.com/jobs/overseas.htm)

世界所有国家的招聘信息搜索站点列表。

CareerBuilder International Job Search

(www.careerbuilder.com/JobSeeker/Jobs/jobfindil.asp?sc_cmp2=JS_HP1_OSB_lntl)

国际网站列表，在那里你可以找到加拿大、日本、英国等国的招聘信息。东南亚，欧洲和其他地区都有类似的为求职者和雇主提供服务的 CareerMosaic 网站。例如，CareerMosaic 的亚洲网站可以提供新加坡、马来西亚、泰国、印度尼西亚和文莱的就业信息。

Career Resource Center

(www.careers.org)

该中心网站提供与美国、加拿大、英国、澳大利亚、日本和其他国家 11000 多个求职网站的链接。

Career Site

(www.careersite.com)

该网站同时为求职者和雇主提供保密的人才招聘服务。它可以通过虚拟代理人和虚拟招聘人的服务形式，迅速、轻易和准确地帮助求职者找到适合的工作职位，帮助企业找到满意的员工。

Career Web

(www.cweb.com)

提供全球性的招聘服务。求职者可以在这里找到免费的职位信息。世界各地的企业可以通过每月付费的方式，发布职位空缺的信息。

Career Women

(www.careetwomen.com)

该网站提供新闻、求职建议、求职资源和面试技巧以及工作信息、简历撰写和工作信息发布等项服务。

The Embassy Page

(www.embassy.org/embassies)

提供全世界各地各国大使馆的联系信息。

EXPAT Forum

(www.expatforum.com)

提供工作职位信息以及为个人提供在海外工作、生活或经商的信息。包含生活成本、电话的使用、时区和文化差异等信息。在ExpatChat!职业信息板上查看工作和职业部分。你将需要首先进行注册。

Flipdog.com

(www.flipdog.com/js/loc.html?_requestid=1318679)

在该网站，你可以找到海外的就业信息以及许多国家和商业企业的信息与介绍。

Global Careers

(www.Globalcareers.com)

提供就业信息。

International Business Resources on the WWW

(www.globaledge.msu.edu/ihrd/ibrd.asp)

提供成百上千条国际商务新闻、报纸、政府资源和企业名录等信息。

International Career Employment Weekly

(www.internationaljobs.org/contents.html)

提供国际工作职位数据库的清单，与世界上所有主要的求职市场上的招聘网站都有链接，每个链接都进行了相关的描述。

Monster.com International

(www.international.monster.com)

提供国际性的就业机会。涵盖地区包括非洲、亚洲、澳大利亚、加拿大、中美洲、欧洲、墨西哥、中东和南美。同时可以查询 globalgateway.monster.com 网站。

Outsourcing Career Center

(www.outsoureitsgcareercentcr.com)

这是全球惟一一家专门提供与外包业务管理相关的工作职位的招聘网站。

Overseas Digest

(www.overseasdigest.com)

提供海外就业的信息资源，包括海外招聘指南、每月免费的新闻通讯和生活在海外的美国人的详细信息以及其他电子版信息等。

Overseas Jobs

(www.overseasjobs.com)

提供从暑期临时工作到高级管理职位的大量就业信息以及与相关文章、职业中介机构和求职网站的链接。

Saludos.com

(www.saludos.com)

西班牙的招聘服务网站。

Teaching Jobs Overseas: The International Educator

(www.tieonline.com)

教育工作者寻找海外工作的新闻和信息资源。

University of Indiana Center for the Study of Global Change

(www.indiana.edu/~world/gl_careers_html，www.jobpilot.net/index.phtml，或www.job-hunt.org/general.shtml)

在德国、波兰、西班牙、美国、泰国、瑞士、澳大利亚、法国和瑞典设有办公室的国际招聘市场。

地区性的工作搜索站点

Asia Co

(www.asiaco.com/top50/job)

顶级的亚洲招聘网站。

Asia Employment Center

(www.asiadragons.com/employments/home.shtml)

发布世界各地的就业信息，重点提供亚洲地区的高级工作职位。相关信息以列表方式体现。

Asia - Net

(www.asia - net.com)

为日本、中国、韩国等地拥有双语背景的专业人士提供就业信息的网站。

Byron Employment Australia

(www.Employment.byron.com.au)

提供澳大利亚和英国地区大量全面的就业机会的网站。

Enlace Career Resource Links for Latin America

(www.lanic.utexas.edu/enlace/resources)

全面提供中南美洲地区雇主、企业和工作机会的网站。

Europe's Career Market on the Internet

(www.jobpilot.net)

Job Pilot 在网上提供欧洲职业市场的相关信息。

International Computer Professional Associates

(www.icpa.com)

服务计算机专业人士的全球招聘网站，重点在于为日本和其他环太平洋地区的国家吸引和招聘技术、市场营销和金融领域的人才。

Job Street

(www.jobstreet.com)

在该网站上，你可以搜索到下列国家和地区的工作机会：新加坡、印度、马来西亚、菲律宾、澳大利亚、中国香港、印度尼西亚和泰国。

LatPro.com

（www.latpro.com/USER /JOBScsearch _ by _ country.php？ 1034354723）

在这里你可以搜索到中美洲、拉丁美洲、西班牙和马德里的工作机会。

StepStone

（www.stepstone.com）

这是欧洲最大的独立在线招聘网站，每天都会发布成千上万条职位空缺的信息，并为招聘企业提供一系列的服务，以帮助他们找到合格的人选，快速有效地填补相关的职位空缺。

外包专业人士的招聘和培训机构及其网站

Chief Resource Officer.com

（www.chiefresourceofficer.com）

只为发包企业提供服务。它是最大的单独为资源总监们提供全球工作机会的网站。它所提供的资源能够帮助资源总监们展示他们的技能，也能帮助新手成为合格的候选人。

Outsourcing Career Center

（www.outsourcingcareercenter.com）

同时为发包企业和外包服务供应商提供服务。它是全球最大的，只提供与外包业务管理相关的工作职位的招聘机构和网站。发布大量相关工作岗位的招聘信息。

特定行业的外包业务管理招聘机构和网站

Business.com List of International Executive Recruiters

（www.business.com/directory/human _ resources/hiring _ and _ retention/recruiting _ services/exedutive _ search _ firms）

提供招聘企业高级管理人员的企业的名单以及招聘企业高层主管的猎头公司的名单。

Executive Agent

(www.executiveagent.com)

该网站可以让你把你的简历秘密地以当前的格式，直接发送到你所在业务领域的招聘企业或职业中介机构手中。

Executive Direct

(www.bizwiz.com/executive/toprec.htm)

为顶级的行政管理人员提供秘密寻找工作机会的服务，为收入超过$ 200000 的候选人提供保密的公关服务，并为企业提供人力资源管理服务。

Execu Scarch

(http://jobs.execu-search.com)

为纽约周边的三个州提供专业人才招聘和临时就业服务的机构之一。该公司的客户遍布纽约中心地区。

Global 200 Executive Recruiters: An Essential Guide to the Best Recruiters in the United States, Europe, Asia, and Latin America

(www.wiley.com/WileyCDA/WileyTitle/productCd-0787941395.html)

提供世界最成功的 200 家行政管理人员招聘中介机构的信息，包括它们的背景资料和对具体专业领域熟悉程度的详细信息。

GO JOBS

(www.gojobs.com)

提供工作信息发布服务。信息来源于 2000 多个招聘网站。

Google Business Directory: Executive Recruiters

(http://directory.google.com/Top/Business/Employment/Recruitment_and_Staffing/Recruiters)

提供由成百上千家人才招聘机构出资赞助的招聘机构信息网页。

The International Directory of Executive Recruiters

(www.kennedyinfo.com/er/ider.html)

由肯尼迪信息有限公司出版的《行政主管招聘企业名录》。不论求职者希望在小型酿酒厂寻找就业机会，还是希望在 SAP 软件咨询公司担任高级管理职位，都可以在该名录中找到相关人员的联络方式。内部人士称该名录为“红宝书”。在 2003 年出版的版本中包含了北美 7800 多个办公地点办公的 14700 家招聘企业的信息以及 2515 家企业在 80 多个国

家的详细联络方式。

Kennedy Information

（www.kennedyinfo.com/wsj/ider_db.html）

Kennedy Information 提供的《行政主管招聘企业名录》网上数据库，可以为你提供全球80多个国家成百上千家招聘企业的信息。你可以根据你所在的国家、行业和工作性质来挑选你希望与之联系的招聘企业。

The Recruiter Network

（www.therecruiternetwork.com）

该网站提供成千上万家招聘企业以及它们所发布的招聘信息；同时，该网站还提供成千上万份求职者的简历。求职者可以在该网站免费张贴自己的简历，而在网上看到该简历的用人企业会与他们进行直接联系。

Recruiters Online Network

（www.recruitersonline.com）

为职业中介机构和专业人才招聘机构提供大量实用的工具和技术。

Reed UK

（www.reed.co.uk）

英国最大最好的求职网站。

Top Echelon

（www.topechelon.com）

为独立的招聘企业提供独到和有效的服务。

Yahoo Business Director: International Executive Recruiters

（http://dir.yahoo.com/Business_and_Economy/Business_to_Business/Corporate_Services/Human_Resources/Recruiting_and_Placement/Executive_Search_Firms）

提供成百上千条招聘企业的信息。

在全球范围内招聘管理和专业人才的企业和相关的网站资源

你可以在下列的公司和相应的网站上找到顶级的外包业务行政主管的职位：

Allen & Associates（www.allenandassoc.com/home.php）

The Amrop Hever Group（www.amrop.com）

A.T. Kearney Executive Search（www.executive.scarcb.atkearney.com）

Battalia Winston International（www.batraliawinston.com）

Boyden（www.boyden.com）

Christian & Timbers（www.ctnet.com）

Egon Zehnder International（www.egonzehnder.com）

Executive Advisors（www.executive - advisors.com）

Hall Kinion International（merged with K Force in 2004）（www.kforce.com）

Heidrick & Struggles（www.heidrick.com）International Executive Search（www.international - executive - search.com/about executive oh search.htm）

International Staffing（www.international - staffing.com）

JB Hunt Executive Search（www.jbhunt.net）

K - Force（www.kforce.com）

KMC International（www.kmcinternational.co.uk）

Korn！Ferry International（www.kornferry.com）

Lucas Group（www.lucasgtoup.com）

Management Recruiters International（MRI）（www.brilliantpeople.com）

Manpower Professional（www.manpowerprofessional.com/procom/index.jsp）

Michael Page International（www.michaelpage.com）

Norman Broadbent（www.nornianhroadbent.com）

Ray & Berndtson（www.rayberndtson.com）

Robert Half International（www.rhii.com）

Robert Waltcrs（www.robertwalters.com）

Russell Reynolds Associates（www.russreyn.com）

Sanford Rose（www.sanfordrose.com）

Snclling（www.snelling.com）

Solomon - Page Group（www.solomonpage.com）

Spencer Stuart（www.spencerstuatt.com）

Spherion Recruitment（www.spherion.com/recruitinghome.jsp）

SYNERGY International Recruitment（www.synergyindia.com/internatsonal_recruitnaent.htm）

TMP Highlands Executive Search（www.highlandsearch.com）

Whitney Group（www.whitneygroup.com/whitney）

为外包项目的过渡期提供管理人才的网站

有意寻找外包项目过渡期管理的人士可以浏览下列的四个网站：

Outsourcing Career Center（www.outsourcingcareercenter.com）

SiCoTee（www.sicotec.com/EN_SOP Interim.htm）

BHR Outsourcing（www.bhrgrp.com/outsourcing/interim.htm）

Pink Roccade（www.pinkroccade.co.uk）